ESG minded consumption and consumers

ESG를 생각하는 소비와 소비자

서여주 저

(주)백산출판사

ESG(환경, 사회, 지배구조) 경영의 변화는 그 어느 때보다 다급하게 진행되고 있습니다. 기업들은 이제 단순히 이윤 추구를 넘어서, 지속가능한 경영 방식을 통해 사회적 책임을 다하는 것이 필수인 시대를 접하고 있습니다. 이러한 변화의 중심에는 소비자들이 있습니다. 오늘날의 소비자들은 더욱 현명해졌으며, 그들은 기업의 윤리적이고 지속가능한 경영을 중요한 선택 기준으로 삼고 있습니다. ESG를 등한시하는 기업은 소비자들로부터 외면받고 있으며, 그로 인해 시장에서의 경쟁력을 잃어가고 있습니다.

최근 몇 년간 소비자들의 가치관과 소비 행동에 큰 변화가 있었습니다. 특히, 기후 변화, 환경 오염, 사회적 불평등 문제들이 심화되면서 소비자들은 이러한 문제에 대한 인식을 더욱 높이고 있습니다. 기후 위기는 전 세계적으로 많은 이슈를 일으켰고, 많은 나라에서 기록적인 폭염, 홍수, 산불 등이 발생하며 기후 변화의 심각성을 체감하게 되었습니다. 이러한 현상들은 소비자들로 하여금 환경 보호와 지속가능한 소비에의 관심을 높이게 했습니다.

또한, 코로나19 팬데믹은 소비자들의 인식을 크게 변화시킨 중요한 사건 중 하나였습니다. 팬데믹을 통해 글로벌 공급망의 취약성이 드러났고, 이는 소비자들로 하여금 지역 사회와 환경에 더 많은 관심을 기울이게 했습니다. 많은 소비자가 지역 생산품을 선호하게 되었고, 기업들이 사회적 책임을 다하는지를 중요한 구매 기준으로 삼게 되었습니다.

디지털화와 소셜미디어의 발전도 소비자들의 변화를 가속화시켰습니다. 정보의 접근성이 높아지면서 소비자들은 기업의 경영 방식, 제품의 생산 과정, 그리고 사회적 책임 이행 여부에 대한 정보를 쉽게 얻을 수 있게 되었습니다. 소셜미디어를 통해 소비자들은 자신의 목소리를 더 강하게 내고, 기업의 행동에 직접적인 영향을 미칠 수 있게 되었습니다. 이러한 환경에서 ESG 경영은 기업의 평판을 좌우하는 중요한 요소가 되었습니다.

이 책은 급변하는 소비환경과 소비자들의 변화에 초점을 맞추어, ESG 경영의 안목을 넓히는 데 도움을 주고자 합니다. 독자들은 이 책을 통해 ESG 경영의 중요성과 그 실행 방안을 깊이 있게 이해할 수 있을 것입니다. 더 나아가, ESG 경영이 단순한 유행이 아닌, 지속가능한 경영의 핵심 요소임을 깨닫게 될 것입니다.

첫째로, 환경(Environment) 측면에서는 기후 변화, 자원 고갈, 생물 다양성 감소 등의 문제를 해결하기 위한 기업의 역할을 강조합니다. 환경 보호를 위한 노력은 더 이상 선택이 아닌 필수이며, 이를 위해 기업은 자원 효율성을 높이고, 재생 가능 에너지를 활용하며, 환경 영향을 최소화하는 제품과 서비스를 개발해야 합니다.

둘째로, 사회(Social) 측면에서는 기업의 사회적 책임, 노동 인권 보호, 공정 거래 및 지역사회 발전에 대한 중요성을 다룹니다. 기업은 사회적 책임을 다함으로써, 직원들의 복지 향상, 지역사회와의 협력, 그리고 공정한 거래를 통해 사회적 가치를 창출해야 합니다.

셋째로, 지배구조(Governance) 측면에서는 투명하고 책임 있는 경영, 윤리적 경영, 그리고 법과 규정을 준수하는 기업 문화를 강조합니다. 기업의 지속가능성을 위해서는 투명한 의사 결정 과정과 강력한 내부 통제 시스템이 필수적입니다.

이 책은 ESG 경영의 중요성과 그 실천 방안을 체계적으로 설명함으로써, 독자들이 변화하는 소비환경과 소비자의 요구에 대응할 수 있도록 도울 것입니다. 또한, ESG 경영을 통해 기업이 어떻게 장기적인 성장을 이루고, 지속가능한 가치를 창출할 수 있는지에 대한 명확한 방향을 제시할 것입니다.

미래의 경영 환경에서 성공하기 위해서는 ESG 경영이 필수적이며, 이를 통한 혁신과 변화를 지속해서 추구해야 합니다. 이 책이 독자 여러분에게 ESG 경영의 새로운 안목을 열어주고, 지속가능한 미래를 만들어가는 데 큰 도움이 되기를 바랍니다.

끝으로 새로운 모습으로 출판되도록 독려해 주신 백산출판사 진욱상 대표님과 편집과 마케팅에 힘써준 분들께 이 자리를 빌려 감사드립니다.

2024년 7월
서여주

최근 들어 ESG에 대한 관심이 고조되고 있고, 누구나 이를 자신의 영역에 접목시키려는 움직임이 광범위하게 일어나고 있다. 코로나로 인해 '삶의 문법'이 달라진 것과 유사한 맥락으로, 기업계에서는 ESG로 인해 '기업의 삶의 문법'이 확연히 달라졌기 때문이다.

ESG에 진정성이 있는 기업은 소비자들이 자신들의 소비 의사결정을 할 때, 중요한 나침반 역할을 한다. 제품이나 서비스만 잘 만들어 파는 기업인가라고 묻는 대신에 창업자나 경영자가 선한 경영철학을 가지고 있는지, 기업이 세금을 잘 내고 경영을 투명하게 유지하고 있는지, 협력업체와 상생은 잘 하는지, 친환경 제품을 생산하거나 사용하는지 등을 따져보는 것이다. 기존에 기업들이 사회적 책임 활동으로 수행해 온 윤리적 생산이나 수익금 기부 등의 활동보다는 기업들이 평소에 만들어 온 전반적인 이미지가 소비자들의 선택에 더 중요한 영향을 미치는 것이다.

따라서 본 책은 ESG의 본질에 대한 이해를 높이기 위해 소비자가 바라본 시선에 초점을 맞추었다. 즉 소비자 관점에서 바라본 ESG를 보다 쉽게 이해하는 데 도움을 주고자 했다.

이 책은 총 5부 12장으로 구성하여 심도있게 다루었다.

제1부는 ESG의 개념과 의의에 관한 내용으로 ESG의 개념과 역사, ESG의 의의, ESG의 특징에 관하여 알아보았다.

제2부는 ESG와 소비에 관한 내용으로 소비 트렌드, 소비자행동모델에 대하여 설명하였다.

　제3부는 ESG와 소비자에 관한 내용으로 소비자의 개념, 소비자 문제, 소비자 가치, 소비자 성격에 관하여 다루었다.

　제4부는 ESG와 정부 그리고 민간조직에 관한 내용으로 중앙정부, 소비자단체 및 한국소비자단체협의회, ESG와 연관된 인증제도에 관하여 다루었다.

　제5부는 ESG와 기업에 관한 내용으로 ESG와 성공 기업, ESG와 실패 기업에 관하여 다루었다.

　이 책을 준비하는 데 여러분이 도움을 주셨다. 무엇보다 무리한 일정에도 기꺼이 출판을 허락해 주신 백산출판사 진욱상 대표님과 책을 만드느라 애써주신 편집부 및 마케팅부 여러분께도 진심을 담아 고마움을 표시하고자 한다.

2023년 2월
서여주

차례

ESG의 개념과 의의

PART

1

ESG를
생각하는
소비와 소비자

01
CHAPTER

ESG의 개념과 역사

1 ESG의 의미

ESG는 환경(Environmental), 사회(Social), 지배구조(Governance)의 영문 첫 글자를 조합한 단어로, 기업의 가치 평가를 할 때 일반적 분석대상인 재무정보의 상대적 개념인 '비재무정보'를 의미한다.

세계 3대 연기금 중 하나인 노르웨이의 국부펀드는 ESG 평가 기준에 따라 석탄, 담배, 핵무기를 생산하는 기업과 환경오염을 일으키는 기업, 부패하거나 인권을 침해하는 기업을 투자 대상에서 제외하고 있다. 마찬가지로 세계 3대 연기금 중 하나인 우리나라의 국민연금기금도 ESG 요소를 투자 결정에 반영하고, 2022년까지 ESG관련 투자를 운용하는 기금의 50%로 확대하겠다고 밝혔다. 기업이 돈을 빌리거나 투자를 받을 때 중요한 평가 기준인 신용등급을 평가하는 스탠더드앤드푸어스(S&P)와 무디스, 피치와 같은 신용평가기관은 이미 2019년부터 기업의 신용을 평가할 때 ESG 요소를 고려해 왔다.

ESG 관련 새로운 규제나 법안도 등장하고 있다. 유럽연합(EU)은 ESG 관련 여러 법안을 도입하고 있는데, 그중에는 기업의 생산·공급망 전체에서 환경과 인권 보호 상황에 대한 조사를 의무화하는 제도도 포함하고 있다. 기업의 ESG 관련 정보를 의무적으로 공개하도록 하는 움직임도 나타나고 있다. 영국은 2025년까지 모든 기업에 ESG 정보 공시를 의무화한다는 계획을 밝혔으며, 우리나라의 금융위원회도 코스피 상장사를 대상으로 2030년까지 기업의 지속가능경영 보고서 공시를 의무화할 계획이다. 이외에도 미국, 일본 등 여러 국가에서 ESG 공시 의무화를 추진하고 있다.

ESG가 다루는 영역은 방대하다. 환경(E)은 오염방지, 지속가능한 자원 사용, 기후 변화 및 탄소 배출, 자연환경 보호 및 복원, 사회(S)는 인권, 노동관행, 공정운영관행, 소비자 이슈, 지역사회 발전, 지배구조(G)는 주주권리보호, 이사회, 감사기구, 공시 등이 주요 의제이다.

ESG를 구성하는 세부 요소들은 〈표 1-1〉과 같다.

〈표 1-1〉 ESG 구성 세부 요소

환경(Environmental)	사회(Social)	지배구조(Governance)
▶ 기후 변화 ▶ 자원 고갈 ▶ 낭비 ▶ 공해 ▶ 삼림 파괴	▶ 인권 ▶ 현대 노예 ▶ 아동 근로 ▶ 근로조건 ▶ 고용관계	▶ 뇌물 및 부패 ▶ 경영진 보상 ▶ 이사회 다양성 및 구조 ▶ 정치적 로비 및 기부 ▶ 조세 전략

출처 : UN, Principles for Responsible Investment

기업이나 비즈니스의 투자가 갖는 지속가능성 혹은 윤리적 영향력을 대표하는 '3가지 중요 요소'이다. 환경(Environmental) 관련 요소에는 쓰레기와 오염, 자연자원 고갈, 온실효과, 산림의 황폐화, 기후 변화 등이 포함되고, 사회적(Social) 요소에는 취약계층 고용증대, 다양성 추구, 근무환경 개선, 지역사회 개선, 건강과 안정성 제고 등이 있으며, 지배구조(Governance) 요소에는 이사회 역할, 임원 보수체계, 부정부패 방지, 성실 납세전략 등이 있다.

과거에는 기업을 평가함에 있어서 '얼마를 투자해서, 얼마를 벌었는가?' 중심으로 '재무적'인 정량 지표가 기준이었다. 그러나 기후변화 등 최근 기업이 사회에 미치는 영향력이 증가하며 '비재무적'인 지표가 기업의 실질적인 가치평가에 있어서 더 중요할 수 있다는 인식이 늘어나고 있다. 기업의 사회적 책임에 대한 담론이 형성되며, 투자자와 소비자들도 기업을 평가함에 있어 재무적 가치가 아닌 비재무적 가치를 중시하고 있다.

ESG는 비재무정보를 말하지만, 주로 투자 및 그에 대한 성과, 비교를 통한 평가등급 등과 결합한 의미로 사용되기도 한다. 투자의 관점에서 더 좋은 투자 성과를 만들어내기 위해서는 기업의 재무정보뿐만 아니라 환경, 사회, 지배구조 등 비재무정보도 고려해야 한다는 움직임에서 ESG가 시작됐기 때문이다. 따라서 ESG는 기업의 ESG 수준에 대한 평가, 그러한 평가를 가능하게 하는 기업의 비재무적정보 공시, ESG가 좋은 기업들로 구성된 ESG 지수, ESG가 좋은 기업에 투자하는 직간접적 ESG 투자상품의 성과, 성과에 따른 금융소비자의 선택 등 ESG 금융시스템과 밀접한 관계가 있다.

ESG 투자 규모가 확대되면 기업들은 투자를 유치하기 위해 ESG 정보 공시를 확대하고, ESG 경영을 강화하는 선순환 구조에 돌입하게 된다. 기후 재난의 정도와 빈도 증가, 코로나19 등 기업을 둘러싼 경영 환경의 불확실성이 커짐에 따라 투자자들은 ESG 리스크를 줄이는 투자를 하게 되고, 기업의 ESG 경영 도입은 가속화할 전망이다.

2 ESG의 역사

1) 브룬트란트 보고서

ESG의 시작은 ESG라는 용어 자체가 아니었다. '지속가능발전(Sustainable Development)'이라는 용어에서 시작되었다. '지속가능한 발전'은 UN 조직인 '유엔환경계획(United Nations Environment Program, UNEP)'이 1987년 '세계 환경 및 개발위원회(World Commission on Environment and Development, WCED)'에서 발간한 '우리의 공통된 미래(Our Common Future)'라는 선언문을 채택하면서 처음 사용된 용어로 이 선언문은 세계 경제 주체로서 각국이 상호 의존하고 협력하여 다자주의에 입각한 공생적 발전을 도모하자는 취지였다. 여기서 '지속가능발전'이란 '미래 세대가 자신들의 필요를 충족시킬 수 있는 능력을 훼손하지 않으면서 현재 세대가 자신들의 필요를 충족시키는 발전'을 뜻한다. 이는 '브룬트란트 보고서'라고도 부르는데 당시 위원장이 그로 할렘 브룬트란트(Gro Harlem Brundtland) 노르웨이 전 총리였기 때문이다. 정리하면 ESG의 시작은 '지속가능발전'이라는 용어를 본격적으로 사용한 브룬트란트 보고서에서 비롯되었다. 경제 활동뿐만 아니라 환경, 생태계와 사회를 생각하는 공존의 패러다임이 제시된 것이 큰 의미다.

2) 리우선언 '지속가능한 발전'

1992년 브라질 리우데자네이루에서 '지구를 건강하게, 미래를 풍요롭게'라는 슬로건 아래, 178개국 정상은 환경적으로 건전하고 지속가능한 발전을 추진하기 위한 협력 방안으로 27가지 원칙을 채택하였다. 리우데자네이루에서 채택된 선언이라 '리우선언'이라고도 한다.

ESG는 마치 족보를 찾듯이 모두 연결되어 있다. '리우선언' 제1원칙은 '인류는 지속가능에 관한 논의의 중심에 있다.'이다. 브룬트란트 보고서 이후 5년 만에 지속가능발전이란 단어가 활발히 통용되며 국제 용어로 자리 잡은 것이다. '리우선언' 원칙 27가지 모두 개발과 환경의 조화, 국가의 환경보호에 대한 책임 등에 관한 내용이다. 특히 원칙 7은 이후에 기후변화협약의 근간이 되었다.

원칙 7은 '국가는 지구 생태계의 건강과 무결성에 대한 보존, 보호 및 복원을 위해 글로벌 파트너십 정신으로 협력해야 한다. 지구 환경 파괴에 대한 다양한 기여를 고려할 때, 국가는 공통적이지만 차별적인 책임을 지고 있다. 선진국은 지구 환경에 대해 그들이 취하는 압력과 그들이 지휘하는 기술 및 재정 자원을 고려하여 지속가능한 발전을 위한 국제적 추구에 대한 책임을 인식한다.'고 되어 있다. 여기에서 중심적인 단어는 '선진국의 차별적 책임(differentiated responsibilities)'이란 단어다. 선진국은 재원이나 기술이 앞서 있고, 지구 환경 보존에도 경제 활동에 따른 책임이 있으니 그만큼 개발도상국보다 더 책임을 부담해야 한다는 논리였다. 이 표현은 기후변화협약의 아주 중요한 흐름이 되며 '교토의정서'의 키워드가 된다.

3) 유엔환경계획의 3가지 협약

'유엔환경계획'은 리우선언에서 3가지 협약을 채택한다.

① 기후변화협약(United Nations Framework Convention on Climate Change, UNFCCC)

차별화된 책임 원칙에 따라 협약 부속서 1에 포함된 42개국(Annex I)에 대해 2000년까지 온실가스 배출 규모를 1990년 수준으로 안정화시킬 것을 권고하였다. 부속서 1에 포함되지 않은 개도국에 대해서는 온실가스 감축과 기후변화 적응에 관한 보고, 계획 수립, 이행과 같은 일반적인 의무를 부여하였다. 한편, 협약 부속서 2(Annex II)에 포함된 24개 선진국에 대해서는 개도국의 기후변화 적응과 온실가스 감축을 위해 재정과 기술을 지원하는 의무를 규정하였다.

② 생물다양성협약(Convention on Biological Diversity, CBD)

이 협약은 전문과 42개 조항, 2개 부속서로 구성되어 있는데, 국가별 지침을 별도로 마련해 생물자원의 주체적 이용을 제한하고 있다. 이 협약의 주요 목표는 3가지다. 생물다양성 보전, 생물다양성 구성요소의 지속가능한 사용, 유전자원 이용으로 얻은 이익을 공평하게 공유하는 것이다. 이 협약의 원칙은 '국가는 유엔 헌장, 국제법 원칙 및 자국의 환경 정책에 따라 자체 자원을 개발할 주권적 권리와 관할권 또는 통제 내의 활동으로 인해 다른 국가나 자국 관할권을 벗어난 지역에 환경적 피해를 주지 않을 책임을 소유한다.'이다.

③ 사막화 방지 협약(United Nations Convention to Combat Desertification, UNCCD)

이 협약은 197개국 당사국이 있으며 각국은 사막에 사는 사람들의 생활 조건을 개선하고 토지와 토양 생산성을 유지 및 복원하며 가뭄의 영향을 완화하기 위해 협력한다는 것이 주된 내용이다.

4) 교토의정서

1997년 일본 교토에서 당사국들이 모여 의정서(Protocol)이라는 이름으로 체결한 협약이다. 교통의정서는 출범 당시부터 선진국과 개발도상국 간의 '차별적 책임'이 문제가 되었다. 교토의정서가 선진국과 개발도상국을 구분하여 감축 기준, 시한 등을 차별했다는 등의 이유로 온실가스 감축 부담이 컸던 미국의 조지 W. 부시 대통령은 비준을 거부했다. 교토의정서는 조건부 발효였던 터라, 2001년 미국이 탈퇴하면서 발표가 불확실했지만, 2004년 11월 러시아가 비준하여 2005년 2월 16일 국제 협약으로서 공식 발효되었다.

5) 파리기후변화협약

교토의정서는 시도는 좋았지만, 미국의 탈퇴, 중국과 인도의 개발도상국 분류 등으로 활발히 실행되지 못한 면도 있다. 결국 교토의정서는 미완의 상태로 2020년 12월 31일 효력을 다했고, 2021년 1월 부터는 '파리기후변화협약'이 그 자리를 대신하게 된다.

파리 협약의 주요 내용은 모든 회원국의 자발적인 감축 목표 설정으로 교토의정서에서 미진했거나 문제였던 부분을 개선했다. 특히 파리협약은 교토의정서와 달리 미국 바이든 정부가 적극적인 동조를 보여 그야말로 ESG의 E에 관한 국제헌법이 되었다.

파리기후변화협약과 교토의정서의 가장 큰 차이점은 당사국 모두에게 구속력 있는 보편적 감축 의무를 부여하고 있다는 점이다. 각 국가는 자발적 감축 목표(Intended Nationally Determined Contributions, INDC)에 따라 온실가스를 저감하고, 5년마다 상향된 목표를 제출하게 되어 있다. '선진국의 차별적 책임' 기조는 유지되었다. 선진국은 절대량을 줄여야 하지만, 개발도상국은 '절대량 방식' 혹은 '배출 전망치 대비 방식' 중 선택하여 온실가스 저감을 추진해야 한다.

파리협약의 공통 목표는 '산업화 이전보다 지구 평균기온 상승을 2℃보다 낮은 수준으로 유지'하는 것이다. 비록 국제법까지 되지는 못하였지만, 파리협약은 195개 전 당사국이 환경보호에 관한 인류 공동의 목표 지점을 찾고, 실행 방안에 합의하였다는 점에서 본격적인 기후변화협약이라 할 수 있다.

우리나라는 2015년 제21차 당사국총회(COP21, 파리)에서 2020년부터 모든 국가가 참여하는 신기후체제의 근간이 될 파리협정(Paris Agreement)이 채택되었다. 이로써 선진국에만 온실가스 감축 의무를 부과하던 기존의 교토의정서 체제를 넘어 모든 국가가 자국의 상황을 반영하여 참여하는 보편적인 체제가 마련되었다.

파리협정은 지구 평균기온 상승을 산업화 이전 대비 2℃보다 상당히 낮은 수준으로 유지하고, 1.5℃로 제한하기 위해 노력한다는 전 지구적 장기 목표하에 모든 국가가 2020년부터 기후행동에 참여하며, 5년 주기 이행점검을 통해 점차 노력을 강화하도록 규정하고 있다. 파리협정은 또한, 모든 국가가 스스로 결정한 온실가스 감축목표를 5년 단위로 제출하고 국내적으로 이행토록 하고 있으며, 재원 조성 관련, 선진국이 선도적 역할을 수행하고 여타국가는 자발적으로 참여하도록 하고 있다. 협정은 기후행동 및 지원에 대한 투명성 체제를 강화하면서도 각국의 능력을 감안하여 유연성을 인정하고 있으며, 2023년부터 5년 단위로 파리협정의 이행 및 장기목표 달성 가능성을 평가하는 전 지구적 이행점검(global stocktaking)을 실시한다는 규정을 포함하고 있다.

2015년 12월 파리에서 채택되고, 2016년 4월 22일 미국 뉴욕에서 서명된 파리협정은 10월 5일 발효요건이 충족되어 30일 후인 11월 4일 공식 발효되었다.

파리협정 발효 이후 처음으로 개최된 제22차 유엔기후변화협약 당사국총회(COP22)(2016.11.7.–18)에서는 2018년까지 파리협정 이행에 필요한 세부지침을 마련하자는 데 합의하였다. 이와 관련, 2018년 제24차 당사국총회(COP24, 카토비체)에서는 파리협정 제6조(국제탄소시장) 지침을 제외한 감축, 적응, 투명성, 재원, 기술이전 등 8개 분야 16개 지침을 채택하였다. 그리고 마침내 2021년 제26차 당사국총회(COP26, 글래스고)에서 6년간 치열한 협상을 진행해 온 국제탄소시장 지침을 타결함으로써 파리협정의 세부이행규칙(Paris Rulebook)을 완성하였다.

출처 : 외교부(https://www.mofa.go.kr/www/wpge/m_20150/contents.do)

6) ESG 용어의 등장

ESG라는 용어는 언제부터 활용되었을까? ESG 용어가 최초로 사용된 것은 2004년 6월 UN 글로벌콤팩트(The Global Compact)가 국제금융공사와 스위스 정부가 공동으로 발간한 '돌보는 자가 이긴다(Who Cares Wins, WCW)'라

는 보고서였다. 이 보고서는 자산 규모 총합계 6조 달러인 골드만삭스, 모건스
탠리, UBS, 도이체방크 등 23개 금융기관들의 지지를 얻어냈다. 2006년에는
UN PRI(United Nation Principle of Responsible Investment, 유엔책임투자
원칙)가 제정되면서, ESG 투자를 지지하는 금융기관들의 참여를 이끌어냈고,
ESG 투자가 더욱 널리 알려지게 되었다.

6가지 책임투자원칙은 기관투자자들이 ESG를 투자 의사결정 절차와 주주행동
정책에 포함시켜 책임투자원칙 실행의 효율화를 꾀하도록 하는 ESG 투자의
프레임워크를 처음으로 제시했다. 유엔이 지원하는 국제투자자네트워크인 PRI
의 2021년 3월 말 기준 3,826개까지 확대되었고, 서명기관의 운용자산은 총 121조
달러에 달한다. 이는 2006년 설립 당시 6조 달러에서 연평균 22%씩 성장한
것이다. 우리나라에서는 국민연금을 포함해서 11개 금융기관이 서명했다.

① 6가지 유엔책임투자원칙

- 원칙 1. 우리는 ESG 이슈를 투자 분석 및 의사결정 프로세스의 일부로
  반영한다.
- 원칙 2. 우리는 ESG 이슈를 오너십 정책 및 관행에 통합하는 적극적인
  주인이 된다.
- 원칙 3. 우리는 우리가 투자하고 있는 기업에 대해 ESG 이슈에 대한
  적절한 공시를 요청한다.
- 원칙 4. 우리는 투자 산업 내에서 원칙의 수용과 이행을 위해 노력한다.
- 원칙 5. 우리는 원칙을 시행하는 데 있어 우리의 효율성을 높이기 위해
  함께 노력한다.
- 원칙 6. 우리는 각각 원칙을 이행하기 위한 우리의 활동과 진척 상황을
  보고한다.

이렇듯 ESG는 기관투자자들의 장기 투자 성과 극대화를 위한 모색에서 시
작되었지만, 앞에서도 말한 것처럼 환경 문제가 가져온 지속가능성에 대한 고
민 역시 ESG 확산에 기여한 바가 크다.

② ISO 시리즈

ISO 국제 표준은 ESG 평가기관의 평가 못지않게 권위를 가진 국제 표준 인증이다. ESG 관련 4대 ISO 표준은 ISO 14001(환경경영), ISO 37031(준법경영), ISO 45001(안전보건경영), ISO 26000(사회적 책임)이다.

- ISO 14001은 기업이 환경경영을 실행할 때 환경경영의 시스템에 대한 요구사항을 지정한다. 환경 목표의 설정, 환경 의무의 준수, 환경 성과의 향상 등을 위하여 기업이 지켜야 할 표준 지침을 망라한 것이다.
- ISO 37301은 기업이 규정과 법률을 준수함으로써 준법 경영을 실행하고 법규 위반으로 인한 손해 및 비용을 감소시킬 수 있는 지침이다.
- ISO 45001은 산업현장에서 발생할 수 있는 각종 위험을 방지하기 위한 지침으로 기업의 안전과 보건 시스템을 마련하고 내재화하기 위한 지침이다.
- ISO 26000은 ESG와 관련하여 가장 많이 인용되는 표준이다. ISO 26000은 기업이 단순한 법규 준수를 넘어 공동의 이익을 촉진하고 기업이 사회적 책임을 다할 수 있는 지침이며, 인증을 받는 것은 적절하지 않고, 다른 사회적 규범과 조화롭게 될 지침이라고 되어 있다.

③ ISO 26000에서 보는 사회적 책임

ISO 26000은 사회적 책임을 조직이 수행하는 데 있어 핵심주체 7가지를 제시했다. 7대 주제는 '거버넌스, 인권, 노동 관행, 환경, 공정 운영 관행, 소비자 이슈, 지역사회 참여와 발전'이다.

- 거버넌스(organizational governance) : 조직은 '사회적 책임 수행을 위한 인센티브를 개발하고, 재무 경영과 같은 민감한 영역에 대해서는 제3자 검토를 포함하도록 조직 구조를 조정하며, 책임과 완료까지 보장할 수 있도록 의사 결정과 실행을 추적하는 방법을 창안하고, 이해관계자들과 의미 있는 양방향 커뮤니케이션 프로세스를 실행하라'라고 되어 있다.
- 인권(human right) : 조직은 '귀 조직의 행동으로 야기되는 실제적, 잠재적

인권 손상을 확인하고, 다루고 방지할 방법으로 실사(due diligence)를 위한 메커니즘을 개발하고, 장애인, 노령자, 이주민과 같은 사람, 인종, 민족이나 종교에 근거하여 역사적으로 차별받아 온 이들, 여성, 원주민 같은 이들처럼 취약한 그룹에 대한 처우를 점검하고 처리와 고충 처리 절차를 제공하라'라고 되어 있다.

- 노동 관행(labor practice) : 조직은 '아동 노동과 강제 노동을 제거하고, 의료 조치 및 노동조합 권리, 단체교섭권, 일시적 노동 불가 휴가 등과 같은 사회적 보호와 같은 법과 규정을 준수하며, 채용과 해고에 있어 차별을 제거하고, 활동에 관련되는 건강과 안전 위험을 이해하고 통제하며, 안전장비와 훈련을 제공하고, 일정 결정을 할 때 노동자의 가정 생활에 대한 영향을 고려하며, 불공정하고 폭력적인 노동관행(아동 노동 포함)을 사용하는 공급자나 하청업체와의 계약은 회피하라'라고 되어 있다.

- 환경(environment) : 조직은 '공해를 방지하고, 공기, 물, 토양 등에 가능하면 최대한 공해물질 배출을 감소시키고, 공급자의 제품과 서비스가 환경에 미치는 영향을 평가하고 녹색조달(green procurement)을 실행하며, 언제든 가능하다면 지속가능하고 재생가능한 자원을 활용하고, 물을 보존하며, 물을 절약하고, 제품이나 부품을 재사용하며 자원을 재생하는 생활주기적 접근(life-cycle approach)을 수행하라'라고 되어 있다.

- 공정 운영 관행(fair operating practice) : 조직은 '정직을 실행해야 한다. 뇌물을 멀리하고, 정치적 영향력을 통해 위법을 시도해선 안 된다. 재산권을 존중해야 한다. 귀 조직이 취득하거나 사용하는 재산에 대해서는 정당한 보상을 하여야 한다. 문제에 대한 즉각적인 주목과 즉각적인 보상을 포함하여 공급자와 고객을 공정하게 대우하며, 귀 조직의 가치 사슬과 공급사슬을 점검하고 귀 조직의 공급자들이 그들의 사회적 책임을 완수할 수 있도록 충분히 보상하라'라고 되어 있다.

- 소비자 이슈(consumer issues) : 조직은 '고객의 건강과 안전을 보호하며 제품의 설계와 테스트도 이를 담보한다. 포장재를 최소화하여 쓰레기를

저감하고, 만약 적절하다면 재생과 처리 서비스를 제안하며, 소음과 폐기물처럼 제품과 서비스의 건강과 환경에 부정적인 임팩트를 제거하거나 최소화한다. 제한된 시간, 청각, 해독력을 가진 취약한 개인들의 정보 수요에 특별한 주목을 하라'라고 되어 있다.

• 지역사회 참여와 발전(community involvement and development) : 조직은 '프로그램을 설계하기 전에 지역사회 구성원들과 상의하고, 지역 고용을 창출하는 데 초점을 맞춘다. 지역에 투자할 때는 투자의 경제적, 사회적, 환경적 영향을 고려하고, 지역 주민에 의한 자원의 전통적 사용을 존중하고, 처벌이 없다 하더라도 법상 세금 등 여타 의무를 완수하며, 삶의 질을 향상하고 지역사회를 지속가능하게 발전시킬 역량을 증대할 수 있는 인프라와 프로그램을 고려하여 사회적 투자를 하라'라고 되어 있다.

④ 지속가능발전목표(UN-SDGs)

2015년 제70차 UN총회에서 2030년까지 달성하기로 결의한 의제인 지속가능발전목표(Sustainable Development Goals, SDGs:)는 지속가능발전의 이념을 실현하기 위한 인류 공동의 17개 목표다. '2030 지속가능발전 의제'라고도 하는 지속가능발전목표(SDGs)는 '단 한 사람도 소외되지 않는 것(Leave no one behind)'이라는 슬로건과 함께 인간, 지구, 번영, 평화, 파트너십이라는 5개 영역에서 인류가 나아가야 할 방향성을 17개 목표와 169개 세부 목표로 제시하고 있다. 유니레버, 파타고니아 등 ESG 경영의 선두주자들은 지속가능경영 목표를 설정할 때 이 지표를 활용하고 있다. 우리나라는 지속가능발전법, 저탄소 녹색성장기본법, 국제개발협력기본법 등 정부정책 및 관련 법을 통해 UN-SDGs의 개별목표를 이행하고 있다.

• Goal 1. No Poverty : 모든 곳에서 모든 형태의 빈곤 종식
• Goal 2. Zero Hunger : 기아 종식, 식량 안보와 개선된 영양상태의 달성, 지속가능한 농업 강화
• Goal 3. Good Health and Well-Being : 모든 연령층을 위한 건강한 삶

보장과 복지 증진

- Goal 4. Quality Education : 모두를 위한 포용적이고 공평한 양질의 교육 보장 및 평생학습 기회 증진
- Goal 5. Gender Equality : 성평등 달성과 모든 여성 및 여아의 권익신장
- Goal 6. Clean Water and Sanitation : 모두를 위한 물과 위생의 이용가능 성과 지속가능한 관리 보장
- Goal 7. Affordable and Clean Energy : 적정한 가격에 신뢰할 수 있고 지속가능한 현대적인 에너지에 대한 접근 보장
- Goal 8. Decent Work and Econimic Growth : 포용적이고 지속가능한 경제성장, 완전하고 생산적인 고용과 모두를 위한 양질의 일자리 증진
- Goal 9. Industry, Innovation and Infrastructure : 회복력 있는 사회기반 시설 구축, 포용적이고 지속가능한 산업화 증진과 혁신 도모
- Goal 10. Reduced Inequalities : 국내 및 국가 간 불평등 감소
- Goal 11. Sustainable Cities and Communities : 포용적이고 안전하며 회복력 있고 지속가능한 도시와 주거지 조성
- Goal 12. Responsible Consumption and Production : 지속가능한 소비 와 생산양식의 보장
- Goal 13. Climate Action : 기후변화와 그로 인한 영향에 맞서기 위한 긴급 대응
- Goal 14. Life Below Water : 지속가능발전을 위한 대양, 바다, 해양자원 의 보전과 지속가능한 이용
- Goal 15. Life on Land : 육상생태계의 지속가능한 보호·복원·증진, 숲의 지속 가능한 관리, 사막화 방지, 토지황폐화의 중지와 회복, 생물다양성 손실 중단
- Goal 16. Peace, Justice and Strong Institutions : 지속가능발전을 위한 평화롭고 포용적인 사회 증진, 모두에게 정의를 보장, 모든 수준에서 효과 적이며 책임감 있고 포용적인 제도 구축
- Goal 17. Partnerships for the Goals : 이행수단 강화와 지속가능발전을 위한 글로벌 파트너십의 활성화

02 ESG의 의의

1 이해관계자 자본주의

ESG가 각광받게 된 배경에는 환경에서의 관점이 아닌 자본주의의 발전사와 관련된, 더 중심적인 이슈가 있다. 지금까지의 자본주의에서의 기업의 목표는 수익의 극대화, 나아가 주주 이익의 극대화로 대별되는 '주주자본주의(Shareholder Capitalism)'였다. 이는 1970년에 경제학자 밀턴 프리드먼에 의해 제시된 것으로, '프리드먼 독트린(Friedman Doctrine)'으로 불리며 제2차 세계대전 이후 자본주의 경제학의 큰 가정으로 회자되었다. 주주자본주의는 1998년도에 발간된 OECD의 '기업 지배구조(Corporate Governance : A Report to the OECD)' 보고서에서도 그 명맥을 유지하고 있었다.

하지만 최근 들어 이보다 더 큰 개념으로 '이해관계자 자본주의(Stakeholder Capitalism)'가 다수의 지지를 받고 있다. 이 개념은 1973년 다보스포럼이 발표한 '다보스 매니페스토'에서 새롭게 제시되었는데, 기업의 목적을 '여러 이해관계자들의 다양한 이해관계를 잘 조화롭게 하는 것(harmonize the different interest of the stakeholders)'으로 정의하고 있다. 이러한 변화의 움직임은 서서히 형태를 갖춰왔으며, 2019년에는 미국의 상공회의소 격인 비즈니스 라운드테이블(Business Roundtable)이 '기업의 목적에 대한 성명서'를 발표했다. 성명서는 주주자본주의를 탈피해, 모든 이해관계자의 이익에 부합하도록 노력하는 '이해관계자 자본주의'로의 본격적인 이전을 주창하는 내용을 담고 있다.

이러한 변화의 움직임은 대서양을 사이에 둔 영국에서도 나타났는데, 그것이 바로 영국의 유력 경제일간지인 〈파이낸셜 타임즈(Financial Times)〉지가 주창한 '타임 포 리셋(Time for a Reset)' 운동이었다. 〈파이낸셜 타임즈〉의 수석 경제 평론가인 마틴 울프(Martin Wolf)는 'Rentier Capitalism(불로소득 자본주의)'은 민주주의의 가치를 위협하고 있다고 지적하며, 자본주의의 변화가 필요함을 언급하였다.

자본주의의 병폐에 대한 심각한 인식은 2020년 다보스포럼의 '다보스 매니페스토 II(Davos Manifesto II)'에서 본격화되었다. 2020년은 다보스포럼이 설립된 지 50년이 된 해로, 다보스포럼은 이를 기념해 자본주의의 본질에 대해 재고민했다. 그 결과 2020년의 테마로 '지속가능한 세상을 위한 이해관계자(Stakeholder for a Cohesive and Sustainable World)'를 내세웠고, 다보스 매니페스토 II의 주제도 '제4차 산업혁명 시대의 기업의 보편적인 목적(The Universal Purpose of a Company in the Fourth Industrial Revolution)'으로 결정했다. 다보스 매니페스토는 '이해관계자' 중심 자본주의가 약 47년의 시차를 두고 어떻게 진화해 왔는지를 보여주는데, 관련 내용은 아래 표를 통해 확인 가능하다.

1973년의 다보스 매니페스토 I과는 달리 2020년에 발표된 다보스 매니페스토 II는 본격적으로 이해관계자를 경제활동의 중심에 내세우고, 기업의 목표가 가치를 창출함에 있어서 이해관계자와 직간접적으로 연계되어야 한다(to engate all its stakeholders in shared and sustainable value creation)고 분명히 밝히고 있다. 그리고 기업은 단순한 경제적 주체 그 이상(more than an economic unit)이 되어야 하며, 기업의 성과는 경제적 수익뿐만 아니라, ESG 달성 정도까지도 함께 측정되어 평가해야 한다고 설파하고 있다(나석권, 2021).

〈표 2-1〉 다보스 매니페스토 1973, 2020의 주요 내용과 차이점

다보스 매니페스토 1973 비즈니스 리더 윤리강령	다보스 매니페스토 2020 4차 산업혁명 기업의 보편적 목적
A. 전문경영의 목적은 사회뿐만 아니라 고객, 주주, 근로자, 종업원 등에게 봉사하고 이해관계자의 다양한 이해관계를 조화시키는 것이다.	A. 기업의 목적은 모든 이해당사자를 지속적인 가치 창출에 참여시키는 것이다. 이러한 가치를 창출하는 데 있어 기업은 주주뿐만 아니라 직원, 고객, 공급업체, 지역사회 및 사회 전반에 걸쳐 모든 이해관계자에게 봉사한다. 모든 이해당사자들의 다양한 이해관계를 이해하고 조화시키는 가장 좋은 방법은 기업의 장기적인 번영을 강화하는 정책과 의사결정에 대한 공동의 헌신을 바탕으로 삼는 것이다.
B.1. 경영진은 고객에게 서비스를 제공해야 한다. 고객의 요구를 충족시키고 최고의 가치를 제공해야 한다.	i. 기업은 고객의 요구에 가장 적합한 가치를 제공함으로써 고객에게 서비스를 제공한다.
B.2. 경영진은 국채수익률보다 높은 투자수익률을 제공하여 투자자에게 봉사해야 한다. 경영진은 주주들의 수탁자이다.	ii. 회사는 사람을 존엄과 존경으로 대한다. 다양성을 존중하고 근무환경과 직원 복지를 지속적으로 개선하기 위해 노력한다.
B.3. 경영진은 직원들을 섬겨야 한다. 경영진은 직원의 연속성, 실질 소득 향상, 사업장의 인간 등을 보장해야 한다.	iii. 기업은 공급업체를 가치 창출의 진정한 파트너로 간주한다. 신규 시장 진입자에게 공정한 기회를 제공하며, 인권에 대한 존중을 공급망 전체에 통합한다.
B.4. 경영진은 사회에 봉사해야 한다. 미래 세대를 위한 물질적 세계의 수탁자 역할을 맡아야 한다.	iv. 기업은 기업활동을 통해 사회에 봉사하고, 자신이 속한 지역사회를 지원하며, 세금을 공평하게 납부한다. 안전하고 윤리적이며 효율적인 데이터 사용을 보장하고, 미래 세대를 위한 환경 및 물질 세계의 관리인 역할을 한다.
C. 경영진은 자신이 책임지는 기업을 통하여 상기 목적을 달성할 수 있기 때문에 기업의 장기적인 존립을 보장하는 것이 중요하다. 충분한 수익성 없이는 장기적인 존재가 보장될 수 없으므로, 수익성은 경영진이 고객, 주주, 직원 및 사회에 봉사하는 데 필요한 수단이다.	B. 기업은 부를 창출하는 경제 단위 이상이다. 기업은 더 넓은 사회 시스템의 일부로서 인간적이고 사회적인 열망을 충족시킨다. 성과는 주주 수익률뿐만 아니라 환경, 사회, 지배구조 목표 달성 방법에 대해서도 측정해야 한다. 임원 보수는 이해관계자의 책임을 반영해야 한다.
	C. 다국적 기업은 직접 참여하는 모든 이해관계자에게 봉사할 뿐만 아니라 정부 및 시민사회와 함께 전 세계 미래의 이해관계자 역할을 수행한다. 세계 기업 시민으로서 기업의 핵심 역량, 기업가정신, 기술 및 관련 자원을 활용하여 세계를 개선하기 위해 다른 기업 및 이해관계자들과의 협업 노력이 필요하다.

출처 : 김동양·황유식(2022)

2 기업변화의 원동력

ESG의 출발점이 기관투자자들의 장기 투자 성과 극대화이기도 하고, 그 위에 전 세계적으로 빠르게 증가하고 있는 ESG 펀드 운용자산이 기업들의 ESG 경영체제의 도입 확산을 앞당기고 있다.

총 운용자산이 10조 달러를 넘는 세계 최대 자산 운용사 블랙록(BlackRock)의 창업자이자 최고경영자인 래리 핑크(Larry Fink)는 2012년부터 매년 초 블랙록이 주주로 있는 기업의 CEO들에게 공개적인 연례 서신을 발송해 왔다.

〈표 2-2〉 블랙록 연례 서신 주제의 변화

2012~2015년	• 우수한 장기 사업 성과를 위한 좋은 지배구조의 필요성
2016~2017년	• 환경 및 사회적 요소를 고려한 경영 의사 결정의 필요성
2018~2019년	• 외부 이해관계자들의 이익에 대한 부응 및 사회에 대한 더 광범위한 목적의식 필요성
행동 지향적 변화 ⇓	
2020~2021년	• 기후변화 위기를 투자 위기로 인식 • 지속가능성을 투자의사결정과 리스크 관리항목으로 고려하기로 결정 • SASB, TCFD기준을 따르는 공시요구 • 넷제로 계획 요구
2022년	• 이해관계자 자본주의와 ESG 경영의 중요성을 강조하면서, 투자기업들에게 온실가스 감축목표 설정을 요구
2023년	• 세계경제의 파편화를 논의하며, 은퇴자와 노동 생산성 문제를 강조
2024년	• 에너지 인프라 분야에서는 친환경과 전통적인 에너지의 혼합 사용이 중요

출처 : 김동양 · 황유식(2022)

2020년 서한에서는 기후 변화 위기를 투자 위기로 보고, 지속가능성을 투자 의사결정과 리스크 관리 항목으로 고려하기로 하는 한편, 투자 기업들에게는 지속가능성회계표준위원회(Sustainability Accounting Standards Board, SASB) 및 기후관련재무공시협의체(Task Force on Climate-related Financial Disclosures,

TCFD)의 기준을 따르는 공시를 요구했다. 더 나아가 2021년 서한에서는 2050년 넷제로(Net Zero, 대기 중 이산화탄소 제거량과 배출량이 상쇄되어 '제로'가 되는 것) 달성을 위해 투자 기업들로 하여금 사업 모델이 넷제로 경제에서 성공적으로 기능할 수 있는 계획과 해당 계획의 장기 전략과의 통합 및 이사회 검토 진행 상황을 공시하도록 요구했다. 2022년 주주 서한에서 이해관계자 자본주의와 ESG 경영의 중요성을 강조하면서, 투자기업들에게 온실가스 감축목표 설정을 요구했다. 그는 석유와 가스 기업에 대한 투자를 유지하겠다고 밝히며, 기후변화 대응과 경제적 이익 창출을 위한 기업의 역할을 강조했다.

2023년 주주 서한에서 블랙록이 기후변화 문제에 대응하는 '환경 경찰'이 아님을 강조하고, 에너지 전환과 관련된 투자 접근 방식을 설명했다. 또한, 고객의 다양한 투자 목표를 존중하며, 디지털 자산의 잠재력과 경제적 변화를 통한 새로운 기회를 강조했다.

2024년 주주 서한에서 글로벌 금융자본 시장은 개인과 사회의 부와 성장을 촉진하는 주요 요소로, 미국은 선진적인 시장을 구축하려는 노력을 기울이고 있다. 인구 고령화에 따라 은퇴자금 문제를 해결하기 위해 퇴직 연금 제도 개선이 필요하며, 에너지 인프라 분야에서는 친환경과 전통적인 에너지의 혼합 사용이 중요한 '에너지 실용주의'가 유지될 것으로 전망하고 있다.

우리나라에서는 2009년 책임투자원칙에 서명한 국민연금이 2018년 스튜어드십 코드(기관투자자들이 타인의 자산을 관리·운영하는 수탁자로서 책임을 충실히 이행하기 위해 만들어진 지침) 도입, 2019년 책임투자 활성화 방안 발표 등을 통해 ESG 투자 규모와 기업의 ESG 경영체제 도입의 판을 키우고 있다.

종합하자면 ESG는 2가지 이슈로 정리할 수 있다. 가시적인 측면에서는 인류의 생명을 위협하는 기후변화의 가속화이고, 철학적·시대적 사고 측면에서는 자본주의의 발전, 즉 주주자본주의에서 이해관계자 자본주의로의 전환이다. 이두 측면에 의해 ESG는 각광을 받게 된 것이다(나석권, 2021).

래리 핑크의 10년치 '서한' 메시지는 … "E,S,G에 균형을"

많은 이들은 ESG(환경·사회책임·거버넌스)의 시발점을 보통 2006년으로 본다. 유엔이 사회책임투자(PRI) 원칙을 발표했을 때이다.

그런 ESG에 본격적으로 열풍이 불기 시작한 것은 2020년 1월이다. 세계 최대 자산운용사 블랙록의 래리 핑크 회장이 '20년 1월 투자대상 기업 'CEO에게 보내는 연례 서한'이 계기가 되어 국내외에서 ESG가 뜨겁게 달아올랐다.

4년 전 핑크 회장은 연례 서한에서 "ESG 성과가 나쁜 기업에는 투자하지 않겠다"라는 폭탄선언으로 기업들을 놀라게 했다. 투자 기업의 성과를 평가할 때 재무적 이익만 볼 것이 아니라 ESG 지표를 철저히 따지겠다는 메시지였다.

핑크 회장은 투자에 대한 자신의 견해를 설명하기 위해 연례 CEO 서한을 발표하는데, 2012년부터 2023년까지 2013년을 제외하고 매년 발표했다.

10조 달러의 자산을 관리하는 세계 최대 자산관리회사의 핑크 회장은 세계 투자시장과 비즈니스 커뮤니티에서 엄청난 권력과 권위를 누리고 있다. 투자를 받아야 할 기업의 CEO들은 물론 대중들도 자연스럽게 그의 투자 철학이 담긴 연례 서한에 관심을 가질 수밖에 없다.

그런 핑크 회장의 과거 연례 서한(2012~2022) 10개를 분석, 어떤 메시지가 담겼는지를 따진 논문이 최근에 발표되어 화제가 되고 있다.

미국 워싱턴대학과 오스트리아 빈 경제경영대학의 연구팀은 지난달 미 공공과학도서관 저널 '지속가능성과 혁신(PLOS Sustainability and Transformation)'에 발표한 논문에서 "언론을 통해 부각된 것과 달리, 핑크 회장은 연례 서한에서 기후 대응만 강조한 것이 아니다"라고 밝혔다.

핑크 회장이 사회(S)와 기업 거버넌스(G)보다 기후문제, 즉 환경(E)을 강조한 것은 2020년 이후라는 것이다.

연구팀은 대규모 언어모델을 사용해서 전체 문장 중에서 각각 E, S, G와 관련이 있는 문장의 비율을 계산했다.

분석 결과, 2012~2018년 핑크 회장은 연례 서한의 대부분을 G에 할애했다. 2019년부터는 S의 비중이 늘고 G의 비중은 줄면서, 이후 S와 G 비중이 엎치락뒤치락하는 상황이다.

E에 대한 내용은 2019년까지도 전체의 5% 미만에 불과했다. 그러다 2020년 50% 가까이 크게 늘면서 가장 큰 비중을 차지했다. 2021년 주춤했다가 2022년에는 다시 E가 60%를 차지했다. ESG 중에서 E가 가장 큰 비중을 차지하게 된 것이다.

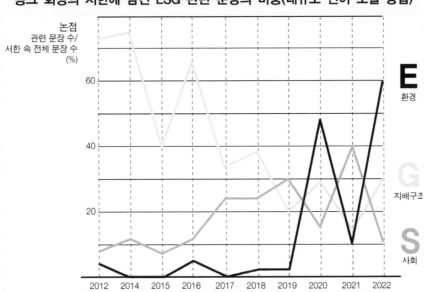

핑크 회장의 서한에 담긴 ESG 관련 문장의 비중(대규모 언어 모델 방법)

출처 : PLOS Sustainability and Transfirmation, 2023

연구팀이 분석하지는 않았지만, 지난해 3월 발표한 2023년 연례 서한에서도 핑크 회장은 E에 해당하는 에너지 전환 문제에 대해 상당 부분을 할애했다.

그는 "전 세계 여러 곳에서 일어나는 자연재해에서 기후변화의 영향을 볼 수 있다. 더 큰 홍수, 더 많은 산불, 더 강렬한 폭풍이 발생하고 있다. 사실, 우리 생태계나 경제에서 (기후변화의) 영향을 받지 않는 부분을 찾기가 어렵다. 금융도 이러한 변화에 면역되지 않는다. 날씨 패턴의 변화에 따라 이미 보험 비용이 증가하고 있다"라고 했다. 기후와 에너지 등 E에 대한 깊은 관심을 표시한 것이다.

다만, 연구팀은 최근 경향에 집중하기보다는 2012~2022년 분석 기간 전체를 놓고 본다면, 핑크 회장은 E보다 S나 G에 더 큰 관심을 보였다고 판단했다.

연구팀은 "언론에서는 ESG 가운데 기업의 기후변화 대응에 중점을 두는 경향이 있고, 이로 인해 기업들이 사회와 거버넌스 문제를 외면하는 결과를 낳을 수 있다"라고 지적했다. ESG를 기후 대응 규범으로 협소하게 재해석하면, ESG가 성평등 문제, 인종 평등 문제, 기업 거버넌스 같은 다른 사회적 문제를 다루는 것을 제한할 수 있다는 것이다. 특히, ESG가 기후 규범만으로 인식된다면, 재생에너지 도입 확대 등으로 논의가 집중돼 기업들 사이에서 ESG의 수용성이 떨어질 수도 있다고 우려했다.

러시아의 우크라이나 침공이 글로벌 에너지 위기를 촉발했을 때처럼 화석 연료에 대한 새로운 투자 관심이 일어날 경우 투자자 입장에서는 기후 중심의 ESG를 추구하는 기업, 상황 변화에도 불구하고 재생에너지만 고집하는 기업에는 매력을 못 느낄 수도 있다는 것이다.

결국 ESG의 본질은 '투자자의 수익'이다. 기후위기가 심화하면서 ESG에서 E가 점점 더 중요해지더라도 E만 강조해서는 투자자를 위한 ESG 자체가 성립하기 어렵다. 국내외 일부 기업 중에는 G나 S의 취약성을 덮기 위해 E를 앞세우며 ESG경영을 한다고 떠벌이는 사례도 눈에 띈다.

E만 강조하다 반발을 불러일으킬 수도 있다. 기업의 성과를 평가할 때 E, S, G의 균형이 필요하다는 얘기다. E만 보고 높은 평가를 했는데, 노사문제나 과장 광고, 오너 리스크 등 S나 G에서 문제가 터지면 투자자가 낭패를 볼 수 있다.

이런 가운데 화석연료 산업계와 가까운 공화당 등 미국 내 보수파의 ESG 반대 움직임도 거세다. 핑크 회장 본인도 지난해 6월 "ESG가 정치적으로 무기화돼 더 이상 ESG라는 용어를 쓰지 않겠다"고 밝히기도 했다.

올해 발표될 핑크 회장의 연례 서한에는 어떤 내용이 담길지 궁금하다. 에너지 전환 과정에서 화석연료 산업과 재생에너지 산업 사이에 적절히 투자를 안배할 필요가 있다는 내용이 담기지 않을까.

출처 : ESG경제(2024.01.07.)

3 ESG 진화 과정

타임라인별로 본 ESG 관련 주요 이벤트를 간략하게 살펴보면, 우선 기후변화 체제는 1992년 브라질 리우에서 열린 유엔환경개발회의(UNCED)에서 각국 정상이 유엔기후 변화협약에 서명하면서 시작되어, 1997년 교토의정서 채택으로 37개 선진국 중심의 온실가스 감축 의무로 구체화되었다. 이후 2015년 파리협정에서 전 세계 모든 국가가 참여하는 보편적인 기후변화 대응 기조로 전환되었으며, 5년 단위로 각국의 온실가스 배출 현황과 감축 정책 이행 과정을 점검하기로 규정했다.

기후변화에 대응하기 위한 인류의 노력이 전 세계적 합의점을 찾아가면서
ESG는 이런 노력을 측정, 평가, 관리하는 수단으로 주목받고 있고, 특히 세계
각국이 탄소중립, 즉 이산화탄소 배출량만큼 흡수량도 늘려 실질적인 배출량을
0(net-zero)로 만들겠다고 선언하면서 탄소국경제, 플라스틱 규제 등을 도입
함에 따라 앞으로 ESG 경영 흐름은 더욱 강화될 것으로 보인다.

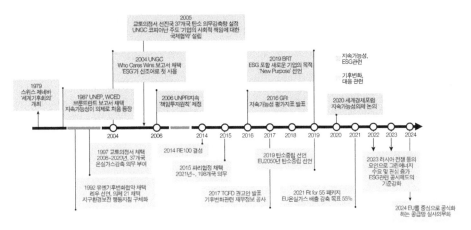

출처 : 손광표 · 황원경(2024.09.) 자료를 기반으로 저자 추가 수정

[그림 2-1] **타임라인별로 본 ESG 관련 주요 이벤트**

각국 정부도 기후변화 대응 전략을 수립하고 ESG 정보 공시 의무 규정을
마련하고 있다. 2019년에는 유럽연합(EU)이 기후변화와 환경 분야 청사진을
담은 '유럽 그린딜(Green Deal)'을 발표하면서 2050 탄소중립을 선언했고,
2020년 9월에는 중국, 10월에는 일본과 한국, 2021년 1월에는 미국이 2050년
(중국은 2060년) 탄소중립을 선언하였다.

우리 정부도 2020년 12월 관계부처 합동으로 '2050 탄소중립 추진 전략'을
수립하고 탄소중립과 경제 성장, 국민 삶의 질 향상을 동시에 달성하겠다고
밝혔다. 산업 부문의 탄소중립 달성을 위한 컨트롤타워로 '탄소중립 산업전
환 추진위원회'를 출범하고, '환경기술 및 환경산업 지원법'을 개정하는 등
관련 산업 경쟁력 강화와 신산업 창출 지원을 위해 다양한 정책을 추진하고

있다.

더불어 ESG 정보 공시 의무화 관련 정책도 마련하고 있다. 2021년 1월 금융위원회는 ESG 정보 공개와 책임투자 확대 추세에 따른 제도적 기반을 마련하기 위해 ESG 정보 자율 공시 규정을 활성화하고 단계적 의무화를 추진하는 '기업공시제도 종합 개선 방안'을 발표했다. 한국거래소는 상장법인의 ESG 정보 공개 활성화를 위해 'ESG 정보 공개 가이던스'를 제정했다. 가이던스는 보고서 작성과 정보 공개 절차 등 기업이 ESG 보고서를 작성할 때 준수해야 할 원칙을 담고 있다. ESG 정보 공개가 자발적 공시에서 의무적 공시로 바뀜에 따라 이제 'ESG는 선택이 아닌 필수'라는 말이 현실이 되고 있다.

ESG가 빠른 속도로 확산되면서 기업들도 기후변화 대응 관련 캠페인에 가입하거나, ESG 위원회와 전담 조직을 신설하는 등 자체적으로 노력을 활발히 전개하고 있다.

〈표 2-3〉 정부2050 탄소중립추진전략

국가비전	2050년까지 탄소중립을 목표로 하여 탄소중립 사회로 이행하고, 환경과 경제의 조화로운 발전을 도모			
전략목표	탄소중립·녹색성장, 글로벌 중추국가로의 도약			
3대 정책방향	책임 있는 실천	질서 있는 전환	혁신주도 탄소중립·녹색성장	
	과학과 합리에 바탕을 둔 의사결정과 정책 추진	법과 절차의 준수, 초당적 협력과 사회적 합의 중시	혁신에 기반한 온실가스 감축 및 경제·사회 구조 전환	
4대 전략· 12대 중점 과제	〈온실가스 감축〉 책임감 있는 탄소중립	〈민간〉 혁신적인 탄소중립·녹색성장	〈공감과 협력〉 함께하는 탄소중립	〈기후위기 적응과 국제사회〉 능동적인 탄소중립
	① 무탄소 전원 활용 ② 저탄소 산업구조 및 순환경제 전환 ③ 탄소중립 사회로의 전환	④ 탄소중립·녹색성장 가속화 ⑤ 세계시장 선도 및 新시장 진출 ⑥ 재정·금융 프로그램 구축·운영 및 투자 확대	⑦ 에너지 소비절감과 탄소중립 국민실천 ⑧ 지방 중심 탄소중립·녹색성장 ⑨ 산업·일자리 전환 지원	⑩ 기후위기 적응 기반 구축 ⑪ 국제사회 탄소중립 이행 선도 ⑫ 상시 이행관리 및 환류체계 구축

출처 : 대통령직속 2050 탄소중립녹색성장위원회(https://www.2050cnc.go.kr/)

제조업 분야에서는 2050년까지 전략 사용량의 100%를 태양광, 풍력 등 재생에너지로 전환하겠다는 글로벌 기업들의 자발적 약속인 RE100(Renewable Electricity 100%) 캠페인은 기업이 필요한 전력량의 100%를 '태양광·풍력' 등 친환경 재생에너지원을 통해 발전된 전력으로 사용하겠다는 기업들의 자발적인 글로벌 재생에너지이니 셔티브다. RE100 캠페인은 국제 비영리 환경단체인 The Climate Group과 CDP(Carbon Disclosure Project)가 연합하여 2014년 뉴욕 기후주간에서 처음 발족되었으며, 2014년 파리협정의 성공을 이끌어내기 위한 지지캠페인으로 시작되었다.

RE100 참여기업은 2050년까지 100% 달성을 목표로 하며, 연도별 목표는 기업이 자율적으로 수립하되, 2030년 60%, 2040년 90% 이상의 실적 달성을 권고하고 있다. RE100 참여 기업은 연간 전력소비량이 100GWh 이상 소비기업이나 Fortune 1,000대 기업과 같이 글로벌 위상을 가진 기업을 대상으로 하며, RE100 이행에 대한 검증방법은 기업의 재생에너지 사용실적을 제3기관을 통해 검증하며, CDP 위원회의 연례보고서를 통해 이행실적을 공개하고 있다.

2024년 6월 기준 전 세계 432여 개 기업이 RE100 캠페인에 참여하고 있으며 애플, 구글, BMW 등 글로벌 기업이 협력업체에도 동참을 요구하고 있다. 2024년 6월 기준 국내 기업은 36개로 RE100 가입을 마쳤다.

다만, 헬렌 클락슨은 RE100 캠페인 최고책임자는, 한국의 재생에너지 도입 상황을 비판하며, 현재 국내 RE100 가입 기업이 36개라고 언급했다. 한국의 전력 공급에서 재생에너지 비율이 전세계 평균의 약 9%로 낮다며, 정부의 2030년 재생에너지 목표가 매우 낮다고 비판했다. 또한 원전 확장 계획을 국제적인 환경과 경쟁에서 밀릴 수 있는 실수로 경고했다.

금융권 역시 그룹 차원에서 ESG 경영전략과 비전을 수립하고, ESG 전담 조직과 의사결정 기구를 신설하며, ESG 관련 상품·투자·대출을 확대하는 등 ESG 확산에 주력하고 있다. 또한 '탈석탄 금융'(국내외 석탄발전소 건설을 위한 프로젝트파이낸싱에 참여하지 않고, 석탄발전소 건설을 위한 채권을 인수하지 않는다는 친환경 금융 전략)을 선언하고, '적도원칙'(대형 개발 사업이 환경

파괴나 인권 침해 등의 우려가 있을 경우 금융 지원을 하지 않는다는 전 세계
금융기관의 자발적 협약)에 가입하는 등, ESG 가치 실현을 위한 움직임도 이어
지고 있다.

〈표 2-4〉 국내 RE100 참여 선언 및 가입 기업

가입연도	기업 수	기업명(가입 완료 기업)
2020	6개	SK하이닉스, SK텔레콤, (주)SK, SK머티리얼즈, SK실트론, SKC
2021	8개	아모레퍼시픽, LG에너지솔루션, 한국수자원공사, KB금융그룹, 고려아연, 미래에셋증권, SK아이이테크놀로지, 롯데칠성음료
2022	13개	인천국제공항공사, 현대모비스, 현대위아, 현대자동차, 기아, KT, LG이노텍, 네이버, 삼성전자, 삼성SDI, 삼성디스플레이, 삼성전기, 삼성바이오로직스
2023	9개	삼성생명, 삼성화재, 롯데웰푸드, 신한금융그룹, 카카오, LG전자, 롯데케미칼, HD현대사이트솔루션, LS 일렉트릭

출처 : RE100정보플랫폼(https://k-re100.or.kr/)

4 ESG의 중요성과 우려

1) ESG의 강점

ESG의 장점은 다음과 같다.

첫째, 제품이나 서비스가 지속가능을 지향하다 보면, 실제로 제품과 서비스
의 질이 좋아진다. 기업은 순환형 제품을 생산하거나 사회적 가치를 지니는
서비스를 고객에게 제공하기 위해 그 방향으로 자꾸 궁리를 하게 될 것이고,
그 결과물은 실제로 소비자의 선택을 더 받게 될 것이다.

둘째, ESG 경영을 하면 기업과 지역사회, 정부와의 관계가 좋아지면서 여론
도 좋아지고, 심지어 국가 지원도 받는 부수효과도 있을 수 있다. 기업 입장에
서는 다양한 소스에 접근할 수도 있고, 규제도 덜 받아 기업 경영에 더욱 집중

할 수 있다. 특히 세금을 잘 내는 것이 중요하다. 납세를 성실히 하는 것은 ESG 경영의 중요한 가늠자가 되고 있다.

셋째, ESG는 비용절감을 가져다준다. ESG 중 E는 기본적으로 아껴 쓰는 것이다. 공기 중에 탄소를 덜 내보내고, 폐기물을 줄이며, 원단위 에너지 효율을 높이는 것이 ESG의 기본이다. 불필요한 낭비를 하지 않는 것이야말로 ESG의 출발점이다. 투입대비 가장 효율이 좋은 산출을 뽑는 것을 '최적화'라고 한다. ESG는 최적화 경영을 실천하게 해준다.

넷째, 생산성 향상과 우수 인재 영입이다. 기업에 자긍심을 갖는 직원들이 생산성이 좋은 것은 당연하다. 그래서 성과가 좋아지고 생산성이 높아지다 보면, 또 그 기업에는 우수 인재들이 몰려 인사관리 면에서 선순환에 들어가게 된다. 회사의 맨파워도 지속가능해진다는 장점이 있다.

종합하면, ESG는 낭비를 줄이고, 불필요한 자원의 소비를 없애고 우수한 인력을 모으며, 그 인력들이 동기부여가 되어 생산성이 높아진다. 정부로부터 규제를 덜 받고 오히려 호의와 지지를 얻어서 더 좋은 리소스에 접근할 수 있고, 고객 역시 지속가능한 제품이나 서비스를 더 선택한다.

2) ESG의 우려

ESG가 새로운 무역장벽이 되고 있다는 우려도 없지 않다. 유럽연합(EU)은 2022년 12월 12일 수입 공업품에 탄소국경세를 물리는 탄소국경조정제도(Carbon Border Adjustment Mechanism, CBAM) 도입에 합의했다. 이번 합의로 적용되는 품목은 철강·시멘트·비료·알루미늄·전력·수소 등 6개로 기존 입법 초안보다 확대되었으며, 2026년(EU ETS 무상할당 폐지 계획에 따름)부터 2034년까지 단계적으로 도입될 예정이다. 탄소국경조정제도(Carbon Border Adjustment Mechanism, CBAM)는 환경규제가 약한 EU 역외국에서 생산된 제품이 EU 역내로 수입될 경우 제품의 탄소 함유량에 따라 EU ETS에 기반한

탄소 가격을 부과·징수하는 제도로, 적용 대상은 EEA 국가와 스위스를 제외한 모든 EU회원국이다. CBAM은 유럽연합 자국 산업을 보호하고 '핏포55(Fit for 55, 2030년까지 1990년 대비 온실가스 55% 감축)'를 달성하기 위해 유럽연합의 탄소가격 대비 수입 제품에 대해 탄소 배출량 차이만큼을 관세 형태로 물리게 된다.

EU 집행위는 Fit for 55 패키지를 2021년 7월에 제안하였으며, 이의 일부로 탄소국경조정제도(CBAM)의 입법 초안을 공개했다. 이어서 2022년 6월 22일 EU 의회 본회의에서 CBAM 도입 법안이 가결 처리되었고, 2022년 12월 12일 EU는 세계 최초로 탄소국경조정제도(이하 CBAM, Carbon Border Adjustment Mechanism) 도입을 합의하였다.

ESG가 기업의 생존과 직결되는 문제로 자리 잡은 가운데, 친환경 기술 개발을 놓고 비즈니스 선점 기회가 열리고 있다. 이 때문에 ESG를 '리스크 관리'이면서 '제2의 배터리'를 찾는 비즈니스 혁신의 기회로 삼아야 한다.

ESG 바람은 슬그머니 사라질 이슈가 아니다. 개별 기업이 스스로 해결할 수 있는 이슈도 아니다. 기업에 일자리가 있고, 기업이 생산하는 제품은 소비자가 쓴다. 그러니 모든 경제주체가 함께 ESG 구현에 나서야 한다.

03 ESG의 특징

1 CSR(Corporate Social Responsibility)

기업의 사회적 책임(CSR)은, 기업이 이윤 추구 외에 사회적 가치를 위해 어떤 노력을 해야 하고 어떤 책임을 져야 하는지에 대한 논의에서 출발한다. 일찍이 Bowen(1953)은 그의 저서 『기업가의 사회적 책임(Social Responsibilities of the Businessman)』에서 기업가는 사회의 바람직한 목적과 가치를 위해 의사결정을 하고 이를 실천에 옮기는 의무를 지닌다고 규정하였다. 이 정의에 의해 'CSR'이라는 용어가 처음 등장하게 되었으며, 이후 기업의 사회적 책임에 대한 다양한 논의들이 이어졌다. 한편 Friedman(1970)은 기업은 이윤극대화라는 본질적 목적을 추구하는데, 이 과정에서 고용이 창출되고 국가재정이 증대되므로 이윤극대화가 최고의 사회적 책임이라는 주장을 제시했다. 주주 중심의 입장이었던 Friedman은 기업이 본질적 목적인 이윤 추구 외에 다른 사회적 문제에 관심을 기울이는 것은 불필요한 비용 지출이며, 이것은 주주에게 돌아갈 혜택이 줄어드는 것으로서 기업 본연의 임무가 아니라고 하였다. 따라서 그는 기업의 이윤을 극대화하는 것이 곧 사회적 공헌이라고 주장하였다. 그러나 이에 대한 반론으로 기업은 이윤극대화와 더불어 다양한 이해관계자들을 만족시키고 사회적 지지를 얻기 위해 주주, 종업원, 고객, 채권자 및 지역사회 등 경영성과에 영향을 미치는 모든 이해관계자들의 요구를 만족시켜야 한다는 이해관계자론이 제기되었다(Freeman, 1984). 이러한 이해관계자 이론은 기업의 사회적 책임에 대한 새로운 접근 방식을 제시하고 있다. 기업 본연의 목표가 주주의 이익을 극대화하는 것이지만 그 목적을 실현하기 위해서는 다른 이해관계자들의 이익도 동시에 고려해야 한다는 것이다. 따라서 기업의 목표는 이해관계자 전체의 이익을 증가시키는 것을 전제로 하여 주주의 이익극대화를 추구해야 한다고 하였으며(Hawkins, 2006; Phillips et al, 2003; Wallace, 2003), 사회 문제에 적극적으로 참여하고 이해관계자들이 요구를 받아들인 기업이 결국 주주의 가치를 향상시키는 결과를 가져온다고 하였다(Hillman & Keim, 2001). 이후 CSR의 내용적 연구를 주도한 Carroll(1979, 1991)은 CSR 개념을 4단계 피라미드 모형으로 구분하여, 경제적·법적·윤리적·자선적 책임으로 설명하였다. Carroll의 이론이 현재까지 CSR 연구에 많이 차용되고 있다.

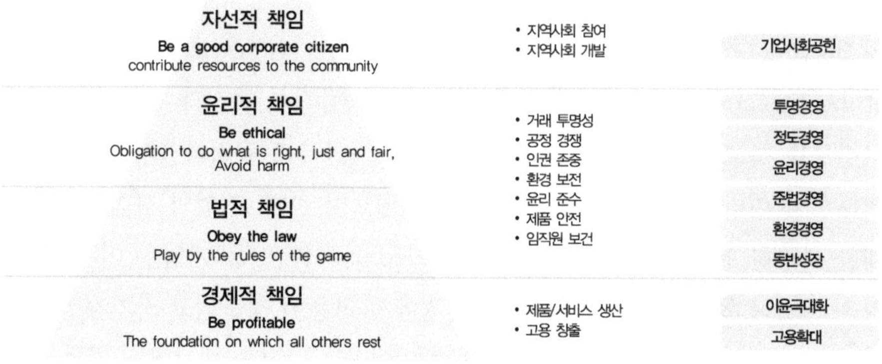

자선적 책임 Be a good corporate citizen contribute resources to the community	· 지역사회 참여 · 지역사회 개발	기업사회공헌
윤리적 책임 Be ethical Obligation to do what is right, just and fair, Avoid harm	· 거래 투명성 · 공정 경쟁 · 인권 존중 · 환경 보전 · 윤리 준수 · 제품 안전 · 임직원 보건	투명경영 정도경영 윤리경영 준법경영 환경경영 동반성장
법적 책임 Obey the law Play by the rules of the game		
경제적 책임 Be profitable The foundation on which all others rest	· 제품/서비스 생산 · 고용 창출	이윤극대화 고용확대

출처 : 이현(2016.09.29.)

[그림 3-1] CSR 피라미드 모델

Carroll은 CSR 개념을 4단계 피라미드 모형 가운데 경제적 책임은 기업의 생산 활동을 통하여 가치를 창출하고 고용 및 유효수요를 창출하는 등의 사회적 기여를 의미하고, 법적 책임은 사회가 허용하는 법의 테두리 내에서 공정한 경영을 해야 하는 책임을 의미한다. 윤리적 책임은 법적 강제성은 없지만 사회의 기대에 부합하는 행동을 해야 한다는 것이고, 자선적 책임은 경영 활동과는 직접 관련이 없는 기부, 문화 활동, 자원봉사 등을 의미한다. 또한 CSR을 기업의 주주, 소비자, 근로자, 협력사, 지역사회 등 이해관계자들이 윤리적으로 추구하는 모든 행동으로 규정하면서 기업을 둘러싼 모든 이해관계자 관점을 포괄하여 정의하였다(유승권·박병진, 2017). 사회적 책임 활동은 기업의 긍정적 이미지 제고에 기여하고 기업에 대한 호감도를 상승(Porter & Kramer, 2002)시켜 재구매로 이어지는 역할을 하고 있으며(박상록·박현숙, 2013) 물질적 이윤 추구로만 인식되었던 기업의 브랜드 이미지를 바꾸어 기업 호감도와 명성을 높이고 기업 경영자와 소비자의 우호적 관계를 지속해 나가는 방법이라는 것에 공감하고 있다(Balmer & Greysner, 2006). 또한 CSR과 기업의 재무적 성과 간의 관련성(McWilliams & Siegel, 2000)에 대한 연구도 지속되고 있다. 그리고 기업의 당위적인 차원에서 진행되는 사회적 책임에 대한 논의들을 살펴보면, 보다 장기적 관점에서 지속가능한 발전을 보장하는 기업 성과와 연결시켜 연구하고자 하는 '전략적 CSR'에 관한 연구가 활발하게 진행되고 있다(Lantos, 2001; Porter & Kramer, 2006; 장정우·채서일, 2007; 김진욱·변선영 2011). CSR의 개념이 처음 등장한 시기에는 책임을 포괄하는 범위가 이념적 차원이었다면, 이후 실질적 차원으로 범위가 확장되었고 다시 여러 가지 대안적 개념으로 세분화되는 과정을 거쳐 전략적 CSR로의 전환이 이루어지고 있다.

2 CSV(Created Shared Value)

공유가치창출(CSV)은 자본주의 체계하에서 기업이 사회적 책임을 하면서 기업의 경쟁력을 높일 수 있는 사업적 전략 및 경영활동이다(Porter & Kramer, 2011). CSV는 2006년 1월 FSG의 공동창업자 Porter와 Kramer가 하버드 비즈니스 리뷰에 발표한 'Strategy & Society: The Link Between Competitive Advantage & Company Social Responsibility'에서 처음 등장한 개념이다. 기업의 사회적 책임활동에도 불구하고 계속되는 경제, 사회, 환경 문제와 시장경쟁 속 새로운 전략적 패러다임의 필요에 의해 CSV는 연구되기 시작했다(이영일 · 김영신, 2015). 기업의 이윤추구는 불공정 거래, 빈부 격차 심화, 노동자의 인권침해 등 다양한 사회적 갈등을 유발할 수 있기 때문에 기업과 사회의 이익을 동시에 추구하는 CSV의 중요성이 언급되었다. CSV는 기업과 협력업체, 주주, 구성원, 소비자를 포함하는 이해관계자들이 공유가치를 창출하고, 그 공유가치가 사회적 · 경제적 · 문화적 가치로써 합리적 배분을 통해 균형적인 성장을 함으로써 사회와 기업의 동반성장을 유도하는 활동을 의미한다(김세중 · 박의범, 2012). CSV는 기업의 발전이 사회의 발전으로 이어지고, 또 사회의 발전으로 인해 다시 기업의 발전이 촉진되는 선순환 구조에 있으며(박병진 · 김도희, 2013), 기업과 사회가 상호 발전하는 것을 의미한다. 즉, 기업이 수익을 창출한 이후 사회공헌활동을 진행하는 것이 아니라 기업의 수익창출활동이 사회적 가치와 경제적 가치를 동시에 창출해 내는 활동이 CSV이다(임종혁 · 전달영, 2018). Porter와 Kramer(2011)는 CSV는 기업이 사회적 가치 창출과 경제적 수익을 분리해서 계획하는 것이 아니라 기업 활동이 사회적 가치 창출과 경제적 수익을 동시에 추구하는 것으로, 기업 활동이 경제적 · 사회적 여건을 개선시키면서 기업의 핵심 경쟁력을 강화하는 기업정책 및 경영활동이라고 설명했다. CSV는 기업이 사회와 환경에 부정적인 영향을 미치지 않도록 비즈니스 프로세스를 구성하고 공유 가치를 반영하도록 기업을 경영하는 확장된 의식이다(Pavlovich & Corner, 2014). 다시 말해서, CSV는 기업 성과와 사회구성원의 이익 관계를 이분법적으로 나누는 것이 아니라 사회, 기업, 이익 등이 양립 가능한 관계를 형성할 수 있다는 전제하에 이를 궁극적인 사회발전과 경제적 효율성 추구의 원동력으로 볼 수 있다(나종연 등, 2014). 재무적 성과와 거리가 멀었던 CSR과 달리, CSV는 사회공헌을 기업의 경쟁력 향상과 장기적 발전을 위한 투자로 보고(윤각 · 이은주, 2014) 사회적 책임과 함께 경제적 이윤을 동시에 추구한다(Porter, 2011; 이영일 · 김영신, 2015). 이처럼 CSR과 CSV는 공유가치를 창출하는 과정과 목적에 차이가 있다(Porter and Kramer, 2011). 즉, CSR은 브랜드 이미지와 내외부 압력에 의한 사회적 책임 활동이며, CSV는 경제적 가치를 더한 사회적 책임 활동이라는 점에서 차이가 있다. 이렇듯 CSV의 등장으로 인하여 기업들은 공유가치창출을 위한 활동을 하면서 동시에 기업의 이익을 도모할 수 있었다(김세중·박의범, 2012). CSR이 기업의 사회적 영향력을 확인할 수 있도록 도왔다면, CSV는 기업이 사회에서 추구해야 할 존재가치를 확인한다(이영일·김영신, 2015).

3 CSR, CSV, ESG 비교

CSR은 기업활동에 영향을 받거나 영향을 주는 직간접적 이해관계자에 대한 법적, 경제적, 윤리적 책임을 감당하는 경영 기법을 말한다. 20세기 후반 기업활동으로 인한 대형 안전사고, 환경사고, 노동 이슈들이 연이어 대두하면서 CSR이 전 세계적인 화두가 되었다. CSR과 ESG는 비재무요소에 대한 고려와 개선이라는 공통점을 갖고 있지만, CSR이 '시장실패(시장 경제 제도에서 정부의 개입 없이 시장의 기능에만 맡겨둘 경우, 효율적 자원배분이 곤란한 상태)'에 대한 기업의 책임 이행이나, 기업가의 노블레스 오블리주(noblesse oblige)[1]의 실천처럼, 말 그대로 책임에서 시작하여 사회적 가치를 추구하는 활동 자체에 집중한다면, '수탁자책임'에서 출발한 ESG는 모든 비재무요소 개선을 통한 투자 성과에 집중한다. 따라서 CSR의 비재무요소 고려 및 개선은 자선, 기부, 환경보호 등 시혜적 사회공헌활동을 말하고 그에 따른 비용을 수반하지만, ESG의 비재무요소 고려 및 개선은 투자자와 금융시스템의 요구에 부합하기 위한 투자활동으로, 기업가치의 상승으로 이어지게 된다.

또한 CSR이 사회적 논란을 감추기 위한 선택적인 사회공헌활동으로 악용될 소지가 있는 반면, ESG는 비재무요소의 종합적인 개선의 정도를 평가해 ESG 등급을 산출하고, 투자 성과로 이어진다는 점에서 차별화된다.

마지막으로 ESG가 추구하는 사회적 가치 중에는 CSR에서는 다루지 않는

---

1) 사회 고위층 인사에게 요구되는 높은 수준의 도덕적 의무

가치들이 있다. 즉, 기업 구성원까지 포함한 모든 이해관계자의 가치와 지배구조이다. 지배구조는 ESG 경영을 가능하게 하는 컨트롤타워이다. 한마디로 ESG는 CSR보다 포괄적인 사회적 가치를 실현하고 이에 따른 성과를 지향한다. 이렇듯 ESG와 CSR은 분명 다른 개념임에도 불구하고, 그동안 CSR이 사회책임경영의 대명사로 자리 잡았기 때문에, 최근 ESG 경영 및 투자가 강조되는 상황에서 과거부터 있었던 기업의 CSR 실무조직이 ESG 실무조직 역할을 하는 등 ESG와 CSR이 여전히 혼용되기도 한다.

CSR만큼은 아니어도 자주 쓰이는 CSV는 마이클 포터와 마크 크레이머가 2011년 〈하버드 비즈니스 리뷰〉에 실은 논문, 〈전략과 사회: 경쟁력과 CSR의 관계〉에서 정립된 개념으로 기업이 사회 문제 해결을 통해 경제적 성공도 달성하는 새로운 방법이다. 즉, CSR에서의 사회공헌활동이 기업의 경제적 수익 창출과 괴리된 반면, CSR에서 진일보한 CSV는 기업활동을 통해 경제적 수익과 동시에 사회적 가치를 창출하는 사업 전략이다. 그러나 ESG처럼 투자자 및 금융시스템과의 상호작용을 전제로 하지는 않는다는 점에서 필수적이지 않은, 자발적 사업 전략이며, 지배구조를 명시적으로 다루고 있지 않다는 점도 ESG와 차이가 나는 부분이다.

종합하자면, 각각의 개념은 다음과 같다.

- CSR: 책임에서 시작. 비용을 수반하는 사회공헌활동 자체에 집중. 기업의 영리활동을 하며 발생시키는 사회불평등, 환경오염 등에 대한 책임감을 갖고 사회적 의무를 수행하는 활동
- CSV: 기업활동을 통해 경제적 수익과 사회적 가치를 동시에 창출하는 기업의 자발적 사업 전략. 사회적 가치를 창출하면서 동시에 경제적 수익을 추구하는 기업활동
- ESG : 금융시스템과 상호관계 속에서 비재무요소 개선을 통한 기업가치 상승 성과에 집중. 비재무적 성과를 판단하는 기준으로 투자자 관점에서 지속가능경영 수준을 평가

〈표 3-1〉 CSR·CSV·ESG 비교

구분	CSR	CSV	ESG
가치	선한 일의 수행	비용 대비 사회적 편익 및 경제적 가치 창출	비용이 아닌 투자 개념 확대
활동	시민의식을 바탕으로 한 자선 및 지속가능성	기업과 공동체 모두를 위한 공동 가치의 창출	비재무적 관점의 평가 시스템 확보
동기	이해관계자의 평판 관리에 중점	경쟁 우위 확보 및 추구	지속가능경영을 위한 생태계 조성
지향점	투자 비용	투자 가치	미래 가치 향상
사회공헌에 대한 의식	수익 창출과는 무관한 사회 활동(비용으로 인식)	이윤 극대화를 위한 요소	장기적 관점의 이해관계자 수익 및 권리 강화
접근	외부 요청에 대한 응답	이윤 극대화 및 경쟁 우위 확보	지속가능 성장 잠재력 제고

출처 : 강진수 · 정대현(2021)

4 ESG를 이끄는, ESG 이니셔티브(Initiative)

ESG를 이해하는 데 있어 ESG를 이끄는 협의체인 이니셔티브에 대한 정보를 파악하는 것이 중요하다. 그러한 관점에서 ESG 이니셔티브에 대해 알아보자.

이니셔티브는 어떤 주제에 대한 논의를 이끌고 실천 방안을 만들어내는 구조를 말한다. 다시 말해, ESG 이니셔티브는 ESG 경영의 목표 설정, 실행, 보고, 평가와 관련된 프레임워크를 제시하는 협의체를 의미한다. 그리고 다양한 이해관계자들이 참여하여 지속가능성과 관련한 주요 이슈를 균형감 있게 논의함으로써 새로운 주제를 주도하고 확산시키는 역할을 한다. 또한 ESG 경영과 평가의 가이드라인이 된다. 그 종류로는 투자기관 중심의 이니셔티브나 다국적 기업 연합도 존재한다. 협업하거나 합병하는 경우도 있다. 최근에는 ESG 정보공시 기준을 통일하기 위해서 여러 이니셔티브들이 협업하거나 합병하는 경우도 있다(김동양 · 황유식, 2022).

1) UNGC

UNGC(UN Global Compact, 유엔글로벌콤팩트)는 1999년 세계경제포럼에서 유엔 사무총장 코피 아난에 의해 선언된 후 2000년 뉴욕에 본사를 두고 출범했다. UNGC는 기업이 핵심 가치인 인권, 노동, 환경, 반부패 등 4개 분야에 걸친 10대 원칙 및 17개 지속가능발전목표(SDGs)와 같은 포괄적인 유엔의 목표를 기업의 운영과 경영 전략에 내재화시키는 것을 목표로 한다. 그것을 통해 지속가능성과 기업 시민의식 향상에 동참할 수 있도록 권장하고, 이를 위한 실질적 방안을 제시하는 이니셔티브이다. 2021년 7월 현재 162개 국가에서 1만 3,555개 기업 및 기관이 참여하고 있으며, 8만 808건의 보고서를 발간했다. 우리나라에서도 262개 기업 및 기관이 참여했다. UNGC 10대 원칙은 인권 존중, 인권 침해 연루 금지, 결사의 자유와 단체교섭권 보장, 강제노동 금지, 아동노동 금지, 차별 철폐, 환경 문제에 대한 예방적 접근, 환경 책임, 친환경 기술 개발, 부패방지 등이다.

2) UNEP FI

UNEP FI(UN Environment Programme Finance Initiative, 유엔환경계획 금융 이니셔티브)는 1992년 유엔환경계획 브라질 리우회의에서 지속가능한 발전에 대한 합의를 계기로 상업은행, 투자은행, 자산운용사들의 제의로 설립된 UNEP와 금융 산업 간의 공공–민간 파트너십이다. 후에 따로 설립된 UNEP 보험 산업 이니셔티브와 2003년 합병했다. UNEP FI는 금융기관의 전반적인 경영활동이 지속가능성을 바탕으로 이루어지는 것을 목표로 한다. 2021년 7월 현재 400여 개의 회원사를 두고 있으며, 한국의 금융 기업 14개사도 회원사이다.

3) PRI

PRI(Principle of Responsible Investment, 책임투자원칙)는 유엔 사무총장 코피 아난 주도로 2006년 설립된 국제적 투자자 네트워크이다. 6가지 책임투자원칙은 기관투자자들이 수탁자책임을 다하기 위해서 ESG를 투자 의사결정 절차와 주주행동 정책에 포함시켜 책임투자원칙 실행의 효율화를 꾀하도록 했다. 유엔과는 창립부터 협력 관계를 유지하고 있는데, 유엔 산하 UNEP FI와 UNGC가 PRI의 이사회 멤버이다. PRI의 서명기관은 2021년 3월 말 현재 3,826개까지 확대되었고, 운용자산은 총 121조 달러에 달한다. 이는 2006년 설립 당시 6조 달러에서 연평균 22%씩 성장한 것이다.

우리나라에서는 국민연금을 포함해서 11개 금융기관이 서명했다. 서명한 기관은 매년 책임투자 이행 상황을 보고하고 그에 대해 6단계로 평가를 받는다. 미흡할 경우 2년간의 재평가 기회가 있지만, 여전히 미흡할 경우 탈락하게 된다.

4) GSIA

GSIA(Global Sustainable Investment Alliance, 글로벌지속가능투자연합)는 2014년 유럽, 호주, 캐나다, 영국, 미국, 일본, 네덜란드 등 7개 국가의 지속가능투자연합 기관들이 설립한 글로벌 이니셔티브이다.

GSIA의 목표는 지속가능 투자기관의 영향력과 가시성을 글로벌 레벨에서 강화하는 것이며, 전 세계에서 ESG 요소가 기존의 금융시스템과 투자 과정에 통합되는 환경을 만들고자 한다. 격년 발행하는 보고서 〈트렌드 리포트〉를 통해 네거티브 스크리닝(투자 대상 선정을 위해 규칙을 정하고 규칙에 따라 취사선택하는 투자방식), 포지티브 스크리닝, 규범 기반 스크리닝, ESG 통합, 지속가능 테마, 임팩트 및 지역사회, 주주관여활동 등 7가지 투자 전략별 및 지역별 지속가능 투자 규모 통계와 정책, 시장 동향 등을 발표하고 있다.

5) GRI

GRI(Global Reporting Initiative, 글로벌리포팅이니셔티브)는 환경책임경제 연합과 유엔환경계획이 중심이 되어 1997년에 설립되었다. 이후 2002년 네덜란드 암스테르담으로 본부를 이전하고 상설기관으로 확대 개편했다. GRI

는 지속가능성(기후 변화, 인권, 지배구조 등)과 관련된 비재무적 요소 보고를 위한 글로벌 프레임워크, 가이드라인을 개발하는 비영리기관이다. 현재 VRF와 함께 세계적으로 통용되는 가장 권위 있는 지속가능성보고서 가이드라인인 GRI 기준을 2016년 제정하고 지속해서 개정하고 있다.

GRI 기준은 90개 이상 국가의 NGO, 정부, 기업체 등에서 비재무 정보 공시 기준으로 다양하게 사용되고 있으며, 회계법인 KPMG 조사에 따르면 2020년 에는 포춘250 기업(G250, 선정 전 세계 매출액 상위 250개 기업) 중 73%가 GRI 기준을 사용한다고 응답했다(단일 및 공동 기준 합계). 2020년 CDP, CDSB, SASB, IIRC 등과 함께 ESG 공시 표준화를 위한 협업을 결의했다.

6) CDP

CDP(Carbon Disclosure Project, 탄소공개프로젝트)는 전 세계 기업, 도시 들의 기후 변화 대응 및 환경 관련 정보공개 시스템을 제공하는 비영리단체로 2000년 설립되었다. CDP 글로벌이 CDP 월드와이드그룹, CDP 노스아메리카, CDP 유럽 AISBL을 지배하는 구조로 50개 이상 국가에 거점을 보유하고 있다. 현재 90개 이상 국가 소재 기업 및 도시들이 CDP를 통해 정보공개를 하고 있다. 또한 CDP는 제공된 정보를 활용하여 각국의 9,600개 이상의 기업, 800 개 이상의 도시에 대해 기후 변화, 수자원, 산림자원 등 세 가지 영역에 대한 평가를 A~D 및 F등급으로 공개하고 참여 기관의 기후 변화 대응과 환경 관리 에 대한 인센티브를 제공한다.

2020년 기후 변화 277개 기업, 수자원 106개 기업, 산림자원 16개 기업이 A등급을 받았으며, 우리나라에서는 LG디스플레이 등 4개 기업이 기후 변화, 수자원에서 동시에 A등급을 받았다. CDP를 통한 정보 공개는 TCFD 공시와도 문항 간 유사성 및 관련성이 크기 때문에, CDP 정보 공개를 통해 TCFD 공시 가이드라인 역시 상당 부분 충족할 수 있다. 2020년 GRI, CDSB, SASB, IIRC 등과 함께 ESG 공시 표준화를 위한 협업을 결의했다.

7) CDSB

CDSB(Climate Disclosure Standards Board, 기후공시기준위원회)는 세계 경제포럼에서 제기된 환경정보 공시의 일관성 및 통합성 결여 문제를 개선하기 위해 출범했다. CDSB는 기후 변화와 관련된 정보를 금융 공시 시스템에 통합함으로써, 투자자 및 금융시장에 중요한 비재무적 정보를 제공하는 비영리기관으로 기업과 환경 NGO의 국제 컨소시엄이다. CDSB는 환경정보 공시 프레임워크를 제공하여 현존하는 기준과 사례들이 어떻게 금융시스템과 기후 변화 정보 통합에 사용될 수 있을지를 살피는 협력 포럼의 역할도 수행하고 있다.

CDSB 공시 프레임워크는 2018년 4월에 업데이트되었으며, 일관성을 위해 TCFD, GRI, CDP 등 각종 주요 공시 가이드라인에 적용될 수 있도록 만들어졌다. 또한 회계사, 교수 등 외부 인력으로 구성된 기술적 업무그룹을 통해 CDSB 공시 프레임워크를 관리하고, 이해관계자들의 소통을 촉진하는 시스템도 보유하고 있다. 2020년 GRI, CDP, SASB, IIRC 등과 함께 ESG 공시 표준화를 위한 협업을 결의했다.

CDSB는 ESG 공시 기준 통합에 활발한 행보를 보이고 있는 IFRS 재단에 2022년 1월 통합되었다.

8) VRF

VRF(Value Reporting Foundation, 가치공시재단)는 2021년 6월 SASB(지속가능성회계표준위원회)와 IIRC(국제통합보고위원회)가 합병되어 만들어진 재단으로, 지속가능성, 전략, 거버넌스 등 비재무요소 공시를 위한 통합적 프레임워크와 가이드라인을 제공한다. 2011년 설립된 SASB는 11개 산업의 총 77개 하부 산업군별로 세분화된 비재무정보 공개 지침과 산업별로 다르게 적용되는 이슈별 중대성 정도에 특화되어 있고, 2010년 설립된 IIRC는 기업의 재무성과와 비재무성과를 통합적으로 공개하는 기준에 특화되어 있기 때문에, 양사 간 합병 시너지가 기대된다.

합병이 이뤄지기 전까지 2014년 IIRC가 주도한 CRD를 통해 8개 ESG 이니셔티브들이 ESG 공시 기준 통합 논의를 시작했고, 2020년에는 그중 GRI, CDP, CDSB, SASB, IIRC 등 5개 기관이 ESG 공시 표준화를 위한 협업을 결의한 바 있다. VRF는 IFRS와 같은 전통적 회계 기반 공시 기구들과도 긴밀하게 협업하여, 궁극적으로는 더욱 통합적이며 유용한 공시 시스템을 만드는 것을 목표로 삼고 있다.

VRF는 ESG 공시 기준 통합에 활발한 행보를 보이고 있는 IFRS재단에 2022년 6월 통합될 예정이다.

9) TCFD

TCFD(Task Force on Climate-related Financial Disclosures, 기후관련재무공시협의체)는 2015년 G20 산하에 국제 금융규제·감독 역할을 하는 금융안정위원회에서 설립했다. TCFD는 기후 변화와 관련된 데이터를 기존 금융 공시 자료에 적용할 수 있는 프레임워크를 개발하는 이니셔티브이다. 2017년 발표한 TCFD 권고안은 지배구조, 전략, 리스크 관리, 지표 및 목표치 등 4개 주요 공개 항목에 걸쳐 기업이 조직의 위험 관리 및 의사결정에 반영하도록 하는 것을 목표로 한다.

2020년 BlackRock(블랙록) CEO 연례 서신에서 TCFD 기준에 따른 공시를 요구한 이후로 빠르게 확산해, 2022년 말 기준 글로벌기업들이 약 4,200여 개로 늘어났고, 정부, 기관 등이 TCFD 권고안을 지지하고 있고, 우리나라에서도 123개 기관이 지지한다(2022년 7월 기준). 국가별 ESG 공시 의무화나 ESG 공시 기준 통합 방안에서도 가장 많이 언급되는 기준 중 하나이다. 일례로, 싱가포르증권거래소(SGX)의 모든 상장 기업들은 2022년 회계연도부터 TCFD 권고안에 따라 작성된 지속가능성 보고서를 '준수 또는 설명(CoE, Comply or Explain)' 방식으로 공시하고 있다. 2025년 회계연도부터 모든 상장사의 전면 의무 공시를 시행하고, 2027년 회계연도부터는 대형비상장사에도 이를 적용하는 방안을 발표한 후 업계 내 의견수렴을 시작한 바 있다.

10) VBA

VBA(Value Balancing Alliance, 가치균형연합)는 2019년 화폐화 기반 사회적 가치 측정 표준 개발을 위해, BASF 등 8개 다국적 기업들이 설립한 글로벌 민간 협의체이다. VBA는 사업의 환경적, 사회적 영향을 정량화하여 비교 가능한 금융 데이터화하고 궁극적으로는 하나의 일관적이며 국제적으로 통용 가능한 지속가능성 평가 및 비교 방법론을 만드는 것을 목표로 하는 다국적 기업 연합이다. 해당 방법론은 회원사들이 유효성 및 유용성을 테스트하고 있다. 세계 4대 회계법인 KPMG, EY, 딜로이트, PWC가 무료 봉사 컨설팅을 맡고 있고, 현재 18개 회원사 중에는 우리나라의 SK, 신한금융지주도 포함되어 있다.

5 평가 지표 및 평가기관

1) K-ESG

기업의 ESG활동 추진에 대한 필요성이 높아지고 있으나, 시작에 대한 어려움과 목표를 어떻게 설정해야 하는지, 구체적인 실천방안에 대해 특히 중소기업은 더욱 어려워하고 있다. 또한 국내외 600개 이상의 ESG 평가지표들이 제시되고 있으나, 기업 내부에서 평가기준, 평가방식을 파악하기 어려운 상황이다. 이에 정부는 기업이 우선적으로 고려해야 할 K-ESG 경영요소와 평가기관에서 가장 많이 다룬 항목을 제시하여, 국내외 주요 13개 평가지표와 공시기준 등을 분석하여 공통적이고 핵심적인 61개 사항을 마련하였고, 주요 평가기관들이 사용하는 공시방법, 사용 단위 등 항목별 평가기준 기반의 항목해설서를 제공하여 기업 사용자의 이해도를 제시하였다. 또한 각 분야별 전문가, 전문기관, 관계부처 의견 등을 반영하여 글로벌 기준에 충족하면서도 국내 기업이 활용 가능한 문항으로 구성하였고, 글로벌 기준 중심의 기본진단 항목, 일부 사용되고 있는 국내 제도의 중요한 ESG 활동 요소를 추가진단항목으로 구분하여 제시하였다. 일반기업을 대상으로 ESG 활동 수준을 높이기 위한 방향성을 제시하는 것에 초점을 두고 기업 스스로 ESG 활동 목표수립이 용이하도록 활용가이드를 제시하였고 기업을 대상으로 ESG 활동수립을 하고자 하는 중소·중견기업이 먼저 활용할 수 있는 27개 항목을 선별하여 제시하였다. 평가 및 검증기관은 ESG 평가를 진행할 경우 K-ESG 가이드라인을 활용하여 설계하고 평가·검증기관의 수요를 고려하여 기본 진단항목 외의 대체 및 추가 항목을 제시하였다. K-ESG 가이드라인은 ESG 정의를 기반으로 하여 ESG 관련 정보 공개여부 측정 항목을 추가하여, 정보공시, 환경, 사회, 지배구조 4개의 영역을 기준으로 가이드라인 대분류를 설정하였다. 각 항목은 조직의 ESG 성과를 진단하기 위한 항목을 설명하고, 기본 진단항목의 단계별 상세 기준 및 방향성, 자가 진단을 위한 기본 진단항목에 대한 상세 설명, 기본 진단 항목 외 추가/대체 활용가능한 추가 진단항목, 다양한 이해관계자가 활용할 수 있는 활용방안 등을 발표하였다.

〈표 3-2〉 랩리스크 ESG 평가기관

분류		세부내용
정보공시 (5개 문항)	정보공시형식	ESG 정보공시 방식, ESG 정보공시 주기, ESG 정보공시 범위
	정보공시 내용	ESG 핵심이슈 및 KPI
	정보공시 검증	ESG 정보공시 검증
환경 (17개 문항)	환경경영 목표	환경경영 목표 수립, 환경경영 추진체계
	원부자재	원부자재 사용량, 재생 원부자재 비율
	온실가스	온실가스 배출량, 온실가스 배출량(Scope1 & Scope2) 검증, 온실가스 배출량(Scope3) 검증
	에너지	에너지 사용량, 재생에너지 사용 비율
	용수	용수 사용량, 재사용 용수 비율
	폐기물	폐기물 배출량, 폐기물 재활용 비율
	오염물질	대기오염물질 배출량, 수질오염물질 배출량
	환경 법/규제위반	환경 법/규제 위반
	환경 라벨링	친환경 인증 제품 및 서비스 비율

사회 (22개 문항)	목표	목표 수립 및 공시
	노동	신규 채용 및 고용 유지, 정규직 비율, 자발적 이직률, 교육훈련비, 복리후생비, 결사의 자유 보장
	다양성 및 양성평등	여성 구성원 비율, 여성 급여 비율, 장애인 고용률
	산업안전	안전보건 추진체계, 산업재해율
	인권	인권정책 수립, 인권 리스크 평가
	동반성장	협력사 ESG 경영, 지원, 협약사항
	지역사회	전략적 사회공헌, 구성원 봉사 참여
	정보보호	정보보호 시스템 구축, 개인정보 침해 및 규제
	사회 법/규제위반	사회 법/규제 위반
지배구조 (17개 문항)	이사회 구성	이사회 내 ESG 안건상정, 사외이사 비율, 대표이사 이사회 의장 분리, 이사회 성별 다양성, 사외이사 전문성
	이사회 활동	전체 이사 출석률, 사내이사 출석률, 이사회 산하 위원회, 이사회 안건 처리
	주주권리	주주총회 소집 공고, 주주총회 개최일, 투표제, 배당정책 및 이행
	윤리경영	윤리규범 위반사항 공시
	감사기수	내부감사부서 설치, 감사기구 전문성
	지배구조 법/규제 위반	지배구조 법/규제 위반

출처 : K-ESG 가이드라인(2021)

2) MSCI ESG 평가기관

MSCI는 모건스탠리의 자회사로 전 세계적으로 가장 공신력 있는 ESG 평가기관으로 전 세계 주식, 채권, 헤지펀드 지수를 제공하여 산업별 자본 및 채권 발행 규모를 기준으로 평가 대상을 선정하고 있다. 1년에 2~3회 수시로 평가를 진행하며, 대기업의 경우 평가 후 평가결과보고서를 제공하고 있다.

MSCI는 2010년부터 ESG 평가를 시작하였으며, 현재 약 8,500개 기업을 대상으로 평가를 시행하고 있다. 심층적인 기업 리뷰는 연 1회 진행하지만, 투자자 정보 제공을 위해 주 단위로 업데이트된 정보를 제공하고 있다.

MSCI ESG 평가의 평가 대상 정보는 기업의 홈페이지와 지속가능성보고서 공시자료, 정부 및 NGO의 데이터베이스, 미디어조사 등을 활용하여 수집된다. 다른 평가기관과 달리 별도 질문지 조사는 진행하지 않고 있다.

평가등급은 신용평가 등급과 유사한 AAA-CCC 7개 등급으로 부여된다. 평가지표는 총 37개 ESG 이슈에 대해 자체 개발한 지표로 평가를 수행하고 있다(양진수, 2021).

〈표 3-3〉 MSCI ESG 평가항목

분류		세부내용
환경	기후변화	• 탄소배출 • 탄소발자국 • 자금조달의 환경영향 • 기후변화 취약성
	천연자원	• 물부족 • 생물다양성 및 토지 사용 • 원자재 조달
	오염물질 및 폐기물	• 유독성 물질 배출 • 패키징 원자재 • 전력낭비
	환경 관련 기회	• 친환경 기술 기회 • 근린빌딩기회 • 신재생에너지 기회
사회	인적 자원	• 노무관리 • 보건&안전 • 인적 자본 개발 • 공급망 근로기준

사회	제품책임	• 제품 안전&품질 • 화학제품 안전 • 금융소비자 보호 • 개인정보 및 데이터 보안 • 사회책임 투자 • 보건&인구구조 위험
	이해관계 상충	• 논쟁의 원천
	사회적 기회	• 의사소통, 재무적 접근성 • 의료서비스 접근성 • 보건 및 건강 기회
지배구조	기업 지배구조	• 이사회 다양성 • 경영진 임금 • 오너십, 회계
	기업 행동	• 기업윤리 • 비경쟁요소 • 세금투명성 • 부정부패 불안전성 • 재무관리 체계 불안정성

출처 : MSCI 홈페이지

3) 랩리스크 ESG 평가기관

랩리스크(RepRisk)는 가장 오래된 ESG 평가지표 중 하나로 1998년부터 평가를 시작하여 현재 약 8,400개 기업에 대해 평가를 수행하고 있다. 평가대상 정보는 80,000여 개의 미디어 및 이해관계자 데이터소스를 기반으로 자동 모니터링을 수행하고 있으며, 일 단위로 ESG 정보를 업데이트하는 것을 원칙으로 하고 있다. 랩리스크는 CDP(Carbon Disclosure Project)와 UNPRI와 파트너로 정보를 공유하고 있는 가장 영향력 있는 ESG 평가기관 중 하나이기도 하다. 평가지표는 4개의 대분류와 총 28개의 이슈로 구성되어 있으며, 크로스 이슈(cross-cutting issues) 항목을 통해 ESG 전체 이슈를 총괄 관리하는 규정을 두고 있다. 크로스 이슈는 사회적 논란(제품 또는 서비스), 보건과 환경 이슈(제품), 공급망 관리, 국내법/국제법 위반 등이다(양진수, 2021).

〈표 3-4〉 랩리스크 ESG 평가기관

분류		세부내용
크로스 이슈 (Cross-cutting issues)		• 사회적 논란(제품 또는 서비스) • 보건과 환경 이슈(제품) • 공급망 관리 • 국내법 위반 • 국제법 위반
환경		• 기후변화, 온실가스 배출량, 글로벌 오염 • 지역(local) 오염 • 환경, 생태계, 생물다양성에 미치는 영향 • 자원 오남용 • 폐기물 문제 • 동물학대
사회	지역사회	• 인권침해와 이와 관련된 기업의 공모 • 지역사회에 미치는 영향 • 지역사회 발전에 대한 참여 • 사회적 참여
	임직원	• 강제노동 • 아동노동 • 단체교섭 및 결사의 자유 • 노동자 차별 • 직장 내 보건과 안전 • 열악한 고용 조건
지배구조		• 부패, 뇌물, 착취, 자금세탁 • 임원 보상 문제 • 잘못된 의사소통 • 사기 • 탈세 • 조세 최적화 • 반경쟁관행

출처 : RepRISK 홈페이지

4) 한국ESG구조원 ESG 평가기관

한국ESG구조원으로 국내에서는 가장 영향력 있는 ESG 평가기관이다. 2003년부터 실시해 오던 지배구조 평가와 더불어 ESG에 발맞춰 환경과 사회책임을 추가하고, 2011년부터 경제협력개발기구(OECD) 기업지배구조 원칙과 사회적 책임에 관한 국제표준 ISO26000 등과 관련된 국제기준을 충족하는 ESG 평가모형을 개발하였다. 주로 상장법인의 ESG 활동을 평가하여 그 결과를 바탕으로 ESG의 각 부문별 등급과 ESG 통합등급 등 4개의 등급을 발표해 오고 있으며, 매년 3월과 6월에 평가를 시작하여 10월에 정기평가로 등급을 부여한다.

ESG 등급 평가결과는 2015년부터 한국거래소 KRX 사회책임투자지수(SRI Index)인 KRX ESG Leaders 150, KRX Governace Leaders 100, KRX Eco Leaders 100, KRX ESG 사회책임경영지수(S), KRX KOSPI 200 ESG 등의 종목구성에도 활용되고 있다(채건석, 2020).

현재까지 ESG 평가를 통해 기업의 지속가능성을 유도하고 이해관계자에게 정확한 판단 정보를 제공하고자 노력하고 있다. 이해관계자는 기관투자자, 국내 상장기업, 자본시장 인프라, 정부 등이다(안용준, 2021).

〈표 3-5〉 ESG 항목별 핵심지표

구분	핵심지표
환경	• 환경경영인증 • 환경 정보 공개 • 국제이니셔티브 참여 • 환경 경영 조직 • 환경 교육 • 환경 성과 평가 • 온실가스 배출량 • 에너지 사용량 • 유해화학물질 배출량 • 용수 사용량/재사용량 • 폐기물 배출량/재활용량

사회	• 기간제 근로자 비중 • 인권보호 프로그램 운영 • 여성 근로자 비중 • 협력사 지원 • 공정거래 프로그램 • 부패방지 프로그램 • 제품 및 서비스 안전성 인증 • 사회공헌 지출액
지배구조	• 주주총회 • 배당 • 기업지배구조 공시 • 이사회 독립성 • 이사회 운영 실적 • 이사회 내 전문위원회 • 감시기구 • 감사위원회 운영 현황 • 외부감사인 독립성 • 이사회운영규정 등 공개 • ESG등급 공개

출처 : 한국ESG구조원(2022)

ESG 등급명칭 및 의미는 〈표 3-6〉에 작성하였다. ESG 평가는 기업의 지속 가능경영과 사회적 책임에 대한 관심이 증가함에 따라 평가절차와 방법을 개선 하고 있다. 다양한 선행 연구에서 한국ESG구조원이 발표하는 ESG 자료를 활용하였으며, 그 밖에 경제정의실천시민연합(경실련) 산하 경제정의연구소에서 평가하는 경제정의지수(KEJI Index)와 함께 발표된 자료를 활용해 2015년부터 2018년까지 ESG활동이 기업 가치에 미치는 효과를 분석하여, ESG 성과와 기업가치 간의 관계는 대체적으로 유의하였으며 외국인 투자자의 지분이 많고 기업경영의 글로벌화가 많이 전개되는 기업에서 ESG활동의 효과가 큰 것으로 확인하였다(정무권 외, 2020)

〈표 3-6〉 ESG 등급 명칭 및 의미

등급	의미
S	지배구조, 환경, 사회 모범규준이 제시한 지속가능경영 체계를 매우 충실히 갖추고 있으며, 비재무적 리스크로 인한 주주가치 훼손의 여지가 매우 적음
A+	지배구조, 환경, 사회 모범규준이 제시한 지속가능경영 체계를 충실히 갖추고 있으며, 비재무적 리스크로 인한 주주가치 훼손의 여지가 상당히 적음
A	지배구조, 환경, 사회 모범규준이 제시한 지속가능경영 체계를 적절히 갖추고 있으며, 비재무적 리스크로 인한 주주가치 훼손의 여지가 적음
B+	지배구조, 환경, 사회 모범규준이 제시한 지속가능경영 체계를 갖추기 위한 노력이 다소 필요하며, 비재무적 리스크로 인한 주주가치 훼손의 여지가 다소 있음
B	지배구조, 환경, 사회 모범규준이 제시한 지속가능경영 체계를 갖추기 위한 노력이 다소 필요하며, 비재무적 리스크로 인한 주주가치 훼손의 여지가 있음
C	지배구조, 환경, 사회 모범규준이 제시한 지속가능경영 체계를 갖추기 위한 노력이 절대적으로 필요하며, 비재무적 리스크로 인한 주주가치 훼손의 여지가 큼
D	지배구조, 환경, 사회 모범규준이 제시한 지속가능경영 체계를 거의 갖추지 못하여 비재무적 리스크로 인한 주주가치 훼손이 우려됨

출처 : 한국ESG구조원(2022)

5) 서스틴베스트 ESG 평가기관

서스틴베스트는 국내 평가기관으로 한국적 상황에 맞게 개발한 자체 평가 모델 ESG Value를 통해 국내 기업에 대해 ESG 평가를 시행하고 있으며, UNPRI, UN Global Compact 등에 가입하여 활동하고 있다. 평가대상은 국내 1,000개 이상의 상장사를 대상으로 하며, 평가대상 정보는 기업보고서 및 공시 자료, 뉴스, 공공부문 데이터 등에 대한 데이터 수집을 알고리즘을 통해 자동화

하였다. 평가는 국내 ESG 관련 정책, 학계 및 산업계 관계자들과의 인터뷰,
증권사 애널리스트와의 설문조사 등을 통해 수행된다. 이해관계자 관점에서
기업의 가치사슬과 ESG 성과 간의 관계를 분석, 기업의 리스크와 기회요인을
평가하고 있다. 서스틴베스트 평가지표는 랩리스크 평가지표의 크로스이슈와
같이 공급망 관리와 고객관리 부문을 모든 부문에 추가하여 차별화하고 있다
(양진수, 2021).

〈표 3-7〉 서스틴베스트 ESG Value 평가항목

분류		세부내용
환경	혁신활동	• 친환경 혁신역량 • 환경성 개선성과 • 환경경영시스템 인증
	생산공정	• 환경사고 예방 및 대응 • 공정관리 • 온실가스
	공급망 관리	• 친환경 공급망 관리
	고객관리	• 그린마케팅
사회	인적 자원 관리	• 근로조건 • 고용 평등 및 다양성 • 노사관계 관리 • 근로자 보건 및 안전
	공급망 관리	• 공정거래 • 상생협력 • 공급사슬관리
	고객 관리	• 고객정보보호 • 소비자만족경영 • 품질관리
	사회공헌 및 지역사회	• 국제 이니셔티브 가입 및 활동 • 사회공헌활동 • 지역사회 관계

지배구조	주주의 권리	• 경영권 보호장치 • 주주총회 • 주주가치 환원
	정보의 투명성	• 공정공시 • 공시위반 • 회계 투명성
	이사회의 구성과 활동	• 이사의 선임 • 이사회의 구성 • 이사회의 활동 • 감사 및 감사위원회
	이사의 보수	• 이사 보수의 적정성 • 보상위원회
	관계사 위험	• 관계사 우발 채무 • 관계사 거래 • 내부거래 위반
	지속가능경영 인프라	• 지속가능경영 거버넌스 • 지속가능경영 보고 • 윤리경영

출처 : 서스틴베스트 홈페이지

6) 경제정의연구소 KEJI 지수

KEJI 지수는 1991년 경제정의실천시민연합(이하 경실련) 산하 (사)경제정의연구소가 개발한 것으로, 기업의 사회적 책임을 국내 최초로 평가하는 지수이다. 기업이 윤리경영을 근간으로 하여 사회공동체에 대한 책임의식을 가지고 사회 환원에 먼저 실천하여 시민기업이 될 수 있는 문화를 조성하는 것을 목적으로 하고 있다. 1991년에 개발된 이후 꾸준히 시행되고 있으며, 글로벌 금융위기가 발생했던 2008년을 제외한 매년 평가를 시행하여 그 결과를 발표하고 있다

매년 전년도 코스피 시장 상장기업을 대상으로 '3개년 순이익 적자회사, 자본잠식, 이자보상배율 1.0 미만 기업, 합병회사, 결산기 변경사, 신규상장사,

관리대상기업 및 자료 미제출 기업' 등은 평가대상에서 제외하고 있다.

따라서 매년 300여 개 코스피 시장 상장기업을 대상으로 평가가 이루어진다.

KEJI는 각 평가항목과 관련하여 평가대상 기업의 2차 자료를 수집하여 정량적 평가를 시행한다. 2011년까지는 정량평가(75점)와 정성평가(25점)를 혼합하여 평가하였으나 2012년부터 정량평가(100점)만으로 이루어지고 있다(황수현 외, 2019). 정성평가는 KEJI 평가 이후 우수기업 시상 시 활용되고 있다. 정량 평가 절차는 평가항목에 해당하는 실제값을 평점화하여 100점 만점을 기준으로 평점을 환산하고, 이를 항목별 가중치를 적용해 최종적으로 100점 만점을 기준으로 산출한다. 평점화는 두 가지 방법을 통해 산출된다.

첫째, 표준화 방식을 각 항목별로 전체 평가대상 기업이 가진 값의 분포 정도에 따라 각 항목당 최소 25점에서 최대 100점까지 부여하고 있다.

둘째, 등급화 방식으로 각 항목의 값을 'A, B, C, D, E'의 5개의 등급으로 구분하고, 항목의 유형에 따라 등급별로 배정된 점수를 부여하는 방식으로 기업별 평가한 내용에 대해 점수를 종합하여 총 100점 만점으로 산출한다.

경실련은 매년 평가대상 기업 중 평가점수 상위 200개 기업에 대한 평가결과를 총점 및 평가항목별 점수로 공개하고 있고, KEJI 결과를 활용해 1991년부터 우수기업을 대상으로 '경제정의기업상'을 시상하고 있으며, 2012년 '좋은 기업상'으로 명칭을 변경하여 이어오고 있다(양진수, 2021).

〈표 3-8〉 경제정의연구소 KEJI 평가항목

분류			세부항목
환경	환경경영	환경개선 노력	• 환경경영보고 • 에너지효율 • 환경투자(투자실적, 경영방침) • 환경보호 프로그램
		환경친화성	• 환경관련 인증 및 수상
		위반 및 오염실적	• 수질, 대기분진, 특정유해물질 오염실태

사회	사회공헌도	고용평등 및 확대	• 장애인 고용 비율 • 여성 채용 비율 • 고용인력증가율 • 고용 관련 정부 포상
		사회공헌 활동	• 기부금 • 사회복지지원
		국가 재정기여	• 조세납부
	소비자보호	소비자 권리보호	• 고객만족 관련 인증 • 고객만족 관련 수상 • 소비자불만 상담 건수 • 금융소비자 보호
		소비자관련법 준수	• 불공정약관 • 전자상거래소비자보호법령 위반 • 청약확인 등 통지의무 위반 • 구매 등 거부의사표시에 대한 강요행위 • 방문판매 등에 관한 법률 위반 관련 • 가맹사업거래의 공정화에 관한 법령 • 위반 관련 • 표시광고 공정화에 관한 법률 위반
		소비자 안전	• 품질 및 소비자안전 인증
	직원만족	작업장 보건 및 안전	• 산재다발 및 중대사고 발생 • 작업장 보건 및 안전 관련 인증 및 수상
		인적 자원 개발	• 1인당 교육훈련비 • 교육훈련비 증가율
		임금 및 복리후생	• 임금보상수준 • 복리후생 • 근속연수 • 사내근로복지기금
		노사관계	• 노사분규 발생여부 • 비정규직 비율 • 노사관계 개선 프로그램

지배구조	건전성	지배구조의 건전성	• 내부지분율 • 전문경영인 정도 • 사외이사 활동 • 소유지배괴리도
		투자지출의 건전성	• 소비성 지출 • 연구개발 지출 • 설비투자
		자본조달의 건전성	• 위험성 • 관계사 출자 • 관계사 채무보증
	공정성	경제력 집중	• 대규모 기업집단 지정 • 공정거래법 준수
		협력사 관계	• 불공정 하도급 거래행위 • 재판매가격 유지행위
		금융관련 법규준수	• 자본시장과 금융투자업에 관한 법률 준수 • 은행법 준수 • 보험업법 준수
		금산분리	• 비금융회사의 금융자회사 보유 • 금융회사의 비금융자회사 보유
		투명성	• 불성실공시 • 사업보고서 적정성 • 감사위원회 운영 • 투표제 실시

출처 : 경제정의연구소 홈페이지

ESG와 소비

PART

2

ESG를
생각하는
소비와 소비자

04 소비 트렌드

1 ESG와 소비자 인식

미래학자 토머스 프리드먼은 뉴욕타임스에 기고한 "Our New Historical Divide: B.C. and A.C."를 통해 인류사는 이제 B.C.(Before COVID & A.C.(After COVID) 즉, 코로나 이전과 이후로 나뉠 거라 말했다. 역사학자 유발 하라리 또한 현재 일어나는 변화들, 비상 대책들이 우리 삶에 고착화되어 근본적이고 장기적인 변화를 가져올 것이라 말했다. 중앙방역대책본부의 정례 브리핑에서도 "코로나19 팬데믹 발생 이전 세상은 다시 오지 않는다. 이제는 완전히 다른 세상으로, 생활 속에서 감염병 위험을 차단하고 예방하는 방역 활동이 우리의 일상이다"라는 발언이 화제가 됐다.

코로나19 팬데믹은 계절과 시간의 변화에 따라 규칙적으로 일어나던 일들을 완전히 바꾸어 놓았다. 훗날 역사는 코로나-19 팬데믹을 단순한 보건, 경제 위기의 범위를 넘어서는 것으로 기록할 것이다. 다시 말해 글로벌 기후 위기가 심화되고 새롭고 예측할 수 없는 위험이 더해지는 가운데, 코로나-19 팬데믹이 초래한 보건과 경제 위기는 전 세계적인 불평등에 대한 관심을 높이는 등 사회적인 인식을 촉발했다.

특히 코로나19 팬데믹으로 기후변화의 물리적 위험을 일상으로 체감하고, ESG 경영 확산으로 다양한 기업 정보를 접하게 되면서 소비자의 소비 행태와 기업에 대한 요구도 변화하고 있다. 이는 소비자 선택, 투자 선호도, 취업 결정,

보이콧을 통해 이루어질 수 있다. 건강, 경제, 사회, 기후의 종합적인 위기는 사람들이 기업의 권력에 반해 목소리를 낼 수 있는 분기점이 되었다. 소셜미디어를 통해 노동자를 혹사하거나, 인종차별 또는 성차별을 용인하거나, 환경을 해치는 기업에 대한 보이콧이 가능하게 되면서, 전 세계 곳곳에서 개인들의 목소리가 증폭되었다.

　미국에서는 고용주가 지속가능성에 반하는 행동을 저질렀을 때 노동자들은 퇴사를 두려워하지 않는다. 그리고 점점 많은 소비자들이 기업의 지속가능성에 대한 평가에 따라 소비결정을 내리고 있다. 따라서 기업들은 소비자와 투자자가 내린 결정을 경청하고 이에 대응해야 하며 이러한 목소리를 외면해서는 안된다.

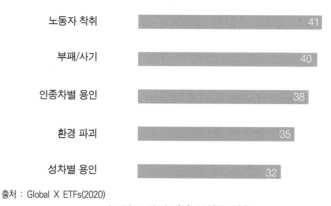

미국 설문조사 : 다음과 같은 이유로 브랜드를 보이콧하시겠습니까?
"예"라고 응답한 퍼센트

노동자 착취	41
부패/사기	40
인종차별 용인	38
환경 파괴	35
성차별 용인	32

출처 : Global X ETFs(2020)

[그림 4-1] **소비자 보이콧 이유**

　기업의 ESG 경영이 소비자의 제품 구매에 영향을 준다고 답한 응답자의 비율은 63%, ESG에 부정적인 기업의 제품을 의도적으로 구매하지 않은 경험이 있다고 답한 비율은 70%였다. ESG 우수 기업 제품에 추가 가격을 지불할 의사가 있다고 답한 비율도 88%에 달했는데(대한상공회의소, 2021.05.), 이를 통해 기업의 ESG 활동이 소비자가 어떤 기업의 제품을 구입할지 결정하는 데 영향

을 준다는 것을 알 수 있다. 같은 조사에서 기업의 역할에 대한 소비자의 인식
도 변화한 것으로 나타났다. 기업의 역할이 '주주의 이익극대화'라고 답한 응답
자는 9%에 그친 반면, '주주가 아닌 사회 구성원의 이익'이라고 답한 응답자는
39%에 달했다. 이는 기업이 단순히 제품을 팔아 이익을 추구하는 것에서 나아
가 사회적 책임을 다해야 한다는 소비자의 요구가 드러난 결과로 볼 수 있다.

[그림 4-2] **기업 ESG 활동과 소비자의 제품 구매**

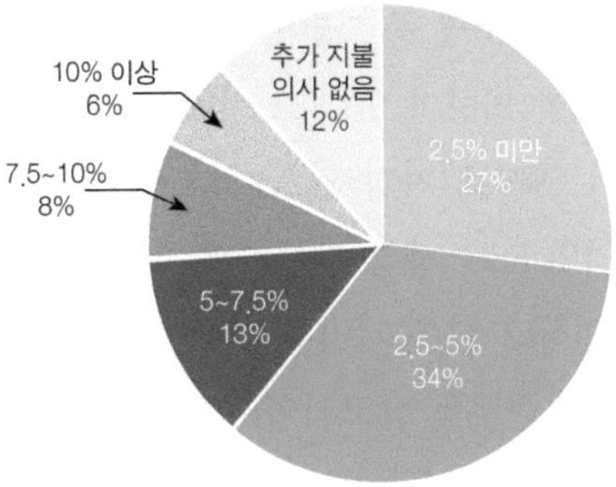

[그림 4-3] **ESG 우수 기업의 제품 구매 시 추가 지불 의향**

[그림 4-4] **착한 소비인식과 동참 의향**

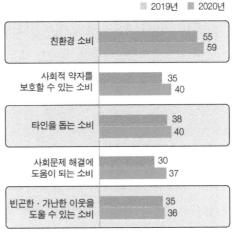

[그림 4-5] **착한 소비의 의미**

출처 : 대한상공회의소(2021.05.30.), KB 트렌드 보고서(2021.09.)

또한 소비자의 대표적인 변화로 '미닝아웃(MeaningOut)'을 꼽을 수 있다. 미닝아웃은 정체성을 드러낸다는 의미의 '커밍 아웃(ComingOut)'과 '신념(Meaning)'이 합쳐진 말로, 소비를 통해 자신의 가치관이나 신념을 표출하는 행위를 말한다. 기업이 환경 보호에 기여하는지, 제품이 윤리적으로 생산되는지 등을 고려해 구매를 결정하는 '착한 소비'를 의미한다. 시장조사 전문기업 엠브레인 트렌드모니터가 2020년 실시한 '착한 소비 활동' 설문조사에 따르면, 소비자 10명 중 7명이 '착한 소비를 실천하는 사람이 늘 것이다', '착한 소비에 동참할 의향이 있다'고 답했다. 또 '착한 소비는 친환경 소비를 의미한다'는 응답이 59%로 가장 많았다.

기업의 ESG 경영 여부가 제품이나 서비스 구매를 넘어, 최근에는 청년세대가 취업하고 싶은 기업을 선택하는 데까지 영향을 미치고 있는 것으로 나타났다. 채용 플랫폼 잡코리아가 알바몬과 함께 2022년 1월 현재 취업 활동 중인 청년세대 구직자 1,183명을 대상으로 'ESG 경영 기업 취업선호도'를 조사한 결과, 기업의 ESG 경영 여부가 청년세대 구직자들의 입사 지원율을 높이는 것으로 나타났다. 청년세대 구직자에 '취업 희망 기업 선정 시, 기업의 ESG 경영 여부를 확인하는지' 질문한 결과, 51.6%가 '확인하는 편'이라고 답했다.

이들이 기업의 ESG 경영 여부를 확인하는 이유로는 'ESG 경영을 실천하는 기업이 앞으로 더욱 성장할 것이기 때문'이란 응답이 41.5%로 가장 높게 나타났다. 이외에 'ESG 경영을 실천하는 기업의 근무환경이 더 우수할 것 같아서'(28.9%), '환경보호와 사회문제 등을 중요하게 생각하는 나의 가치관과 맞아서'(20.7%), 'ESG 경영 실천 기업에서 일한다면 애사심과 업무 보람이 더욱 높아질 것 같아서'(8.5%) 등을 이유로 꼽았다.

전국경제인연합회(현 한국경제인협회)가 2023년 국민 1,000명을 대상으로 '자유시장경제와 기업의 역할에 관한 국민인식조사'를 실시한 결과, 사회적 책임의 이행 수준이 높은 기업의 제품을 우선 구매하려는 경향이 높았다. 사회적 책임을 적극적으로 이행하는 기업의 제품을 구매하겠다는 응답이 87.3%(매우 그렇다 30.6% + 그런 편이다 56.7%)로 나타난 반면, ▶ 구매와 무관하다(9.9%),

▶잘 모르겠다(2.8%)는 상대적으로 낮은 응답비중을 보였다. 전경련은 자유시장경제의 확산발전으로 소비자들의 권한이 확대되는 상황이므로, 기업들은 지속가능한 성장을 담보하기 위해서라도 소비자들이 중시하는 사회적 책임 이행을 강화할 수밖에 없을 것이라고 지적했다. 우리 국민 대다수(87.5%)는 소비자 가치 제고, 친환경 등 기업의 사회적 책임 강화가 국민 개개인의 삶의 질과 행복에 긍정적인 영향을 미친다고 보았다.

기업의 사회적 책임 강화의 국민 삶에 대한 영향을 묻는 질문에 대해 ▶매우 긍정적 영향(29.6%), ▶다소 긍정적 영향(57.9%)으로 긍정적 평가가 ▶무관(10.2%), ▶다소 부정적 영향(1.6%), ▶매우 부정적 영향(0.7%)에 비해 높게 나타났다.

국민의 삶의 질과 행복 증진에 이바지하기 위해 향후 기업의 사회적 책임이 강화되어야 할 분야로는 ▶고용안정·양질의 일자리 제공(20.8%), ▶오염방지·기후변화 대응(18.4%), ▶법규 준수 및 윤리경영(14.3%), ▶소비자보호 및 분쟁해결(11.1%) 등이 지적되었다.

ESG는 기업의 지속가능성을 위한 중요 요소이며(민재형 · 김범석, 2019) 소비자중심경영과 부합되는 가치이다. 다양한 산업이 가진 제품/서비스의 라이프사이클과 공급사슬을 분석하여 잉여가치를 교환하고 지역 내 다양한 공동체 수요에 주목하여 ESG 생태계를 확장할 필요가 있다. 더욱이 특히 기업들은 노사갈등, 산업재해 관련 사건이 지속적으로 발생하면서 제품문제, 지배구조개선, 오너 리스크 등 각종 리스크에 대한 사전 예방 및 전문적 홍보 등의 실천력 있는 프로그램들도 중요하지만 소비자들과의 3가지 원칙(빠르고, 투명하고, 책임 있는)에 따른 진정성 있는 소통이 가장 중요하다.

한편, 개인의 영향력이 강화되는 사회의 변화에 맞추어 혁신적 소비가치(ESG)를 창출하고 소비자평판(김성숙, 2021)을 관리할 필요가 부상하고 있다. 궁극적으로 투자자 및 소비자에게 정확한 정보를 줄 수 있어야 하므로 소비자중심경영지표의 역할이 중요하다(서여주, 2016).

ESG의 시작은 신뢰할 수 있는 제품과 서비스의 품질로 소비자중심경영 모니터 방안을 제도화하는 등 기업의 자율성이 침해되지 않는 선에서 최소한의 소비자 경영 운영 사항을 ESG 평가지표에 명시해 볼 필요가 있다.

ESG 비즈니스 모델을 만들기 위해서는 신뢰를 기반으로 한 본질적인 소비자 가치 창출에 집중해야 한다(서여주, 2018). 즉 도덕적 경영활동은 선택이 아닌 의무가 되며, 실질적 소비자 가치 창출은 소비자의 목소리를 듣는 것(VOC)에서 출발하므로, 소비자 분야에서 그간 축적해 온 소비자상담, 피해구제 등의 사례를 바탕으로 소비자의 후생(welfare) 증진을 ESG와 연계하도록 하는 노력이 필요하다.

2 전 세계 ESG와 관련한 소비 트렌드 5가지

ESG시대에 맞는 소비자의 니즈가 완전히 변했다. 시장이나 사회는 물론이고 개인의 삶과 가치관에서, 그동안 당연하게 여겨지던 '전형성'이 사라지고 있다. 이는 새로운 흐름 속에서 서로 다름을 인정하고 변화를 수용하며 각자의 삶의 방식을 만들어간다는 뜻이다. 이러한 흐름에서 보다 구체적으로 전 세계 ESG와 관련한 소비 트렌드 5가지를 살펴보자.

1) 지속가능한 패션

지속가능한 패션은 패스트(fast) 패션에 대한 반발로 시작된 움직임으로, 환경에 미치는 영향을 최소화하고, 사회적 책임을 다하는 패션 소비를 의미한다. 이 트렌드는 소비자들이 환경과 사회적 문제에 대해 더욱 민감해지면서 빠르게 성장하고 있다.

- 소재와 생산: 소비자들은 재활용 소재, 유기농 면, 대나무 섬유 등 지속가능한 원료로 만들어진 제품을 선호한다. 또한, 생산 과정에서의 탄소 발자국 감소, 물 사용량 절감, 화학 물질 사용 억제 등의 요소도 중요하게 고려된다.

- 투명성: 소비자들은 패션 브랜드가 원료 조달, 생산 과정, 노동 조건 등에 대한 투명한 정보를 제공하길 기대한다. 이에 따라 많은 브랜드가 공급망을 공개하고, 생산 과정에서의 지속가능성 인증을 받기 위해 노력하고 있다.
- 중고와 재판매: 중고 의류 시장의 성장도 지속가능한 패션의 일환으로 볼 수 있다. 소비자들은 새로운 제품을 구매하는 대신 중고 제품을 구매하거나, 자신이 사용하던 제품을 재판매함으로써 자원의 낭비를 줄이려는 경향이 있다.
- 대여 서비스: 패션 대여 서비스는 소비자들이 최신 패션을 경험하면서도 환경에 미치는 영향을 최소화할 수 있는 방법으로 인기를 끌고 있다. 최근 미국에서 일고 있는 렌트 더 런웨이(Rent the Runway)의 꾸준한 성장세를 눈여겨봐야 한다. 이러한 서비스는 특히 특별한 행사나 시즌 의류에 대한 수요를 충족시킨다.
- 기업의 역할: 패션 기업들은 지속가능한 패션을 추구하는 소비자들의 요구에 부응하기 위해 다양한 정책과 프로그램을 도입하고 있다. 이는 제품 디자인에서 공급망 관리, 마케팅 전략에 이르기까지 전반적인 경영 방식에 영향을 미치고 있다.

2) 친환경 식품 소비

친환경 식품 소비 트렌드는 건강과 환경에 대한 관심이 높아짐에 따라 빠르게 확산되고 있다. 이 트렌드는 유기농, 지역 생산, 식물 기반 식품 등을 포함한다.

- 유기농 식품: 화학 비료와 농약을 사용하지 않은 유기농 식품은 건강에 더 안전하고, 환경에도 긍정적인 영향을 미친다는 인식이 확산되고 있다. 이에 따라 유기농 제품의 수요가 증가하고 있다.
- 지역 생산: 지역에서 생산된 식품을 소비함으로써 운송에 따른 탄소 발자국을 줄이는 것이 중요한 트렌드로 자리 잡았다. 지역 농산물을 사용하는 레스토랑이나 지역 농산물 직거래 장터가 인기를 끌고 있다.

- 식물 기반 식품: 육류 소비를 줄이고 식물 기반 식품을 섭취하는 것이 환경에 미치는 긍정적인 영향 때문에 채식주의나 비건(vegan) 식단이 널리 퍼지고 있다. 이는 식물성 고기, 대체 유제품 등의 식품 시장 성장을 이끌고 있다.
- 지속가능한 어업: 과잉 어획과 해양 생태계 파괴를 막기 위해 지속가능한 어업 방식으로 잡힌 해산물을 선호하는 소비자들이 늘고 있다. 이는 MSC(세계해양책임관리회, 본 책 10장에서 자세하게 다룸) 인증 제품의 수요 증가로 이어지고 있다.
- 푸드 마일리지: 소비자들은 식품이 생산지에서 소비지까지 이동하는 거리를 의미하는 '푸드 마일리지'를 고려하여, 가능한 가까운 곳에서 생산된 식품을 선택하려는 경향이 있다.

3) 에너지 절약과 친환경 가전

에너지 절약과 친환경 가전에 대한 소비자 관심이 높아지면서, 이러한 제품 시장이 급성장하고 있다. 이는 환경보호와 에너지 비용 절감을 동시에 추구하는 소비자들의 니즈를 반영한다.

- 에너지 효율성: 소비자들은 에너지 효율 등급이 높은 가전제품을 선호한다. 이는 전기 사용량을 줄이고, 장기적으로는 에너지 비용 절감 효과를 가져오기 때문이다.
- 스마트 홈: 스마트 홈 기술은 에너지 소비를 최적화하고, 사용자 편의성을 높이는 동시에 환경에 미치는 영향을 최소화할 수 있는 솔루션으로 주목받고 있다. 스마트 온도 조절기, 스마트 조명 시스템 등이 그 예다.
- 재생 가능 에너지: 태양광 패널, 지열 시스템 등 재생 가능 에너지를 활용한 가전제품과 설비가 인기를 끌고 있다. 이는 가정에서의 에너지 자급자족을 가능하게 하여 탄소 배출을 줄이는 데 기여한다.
- 전자제품의 수명 연장: 전자제품의 수명을 연장하고, 폐기물을 줄이기 위

한 노력도 증가하고 있다. 이는 제품 수리 서비스, 업그레이드 가능성, 부품 재활용 등을 포함한다.

- 환경 인증 제품: 미국 소비자들은 에너지 스타(Energy Star)[1], EPEAT(전자제품 환경평가 도구)[2] 등의 환경 인증받은 제품을 선호한다. 우리나라 소비자들도 에너지소비효율등급표시제도, 고효율에너지기자재인증제도, 대기전력저감프로그램 등을 활용하여 소비한다. 이러한 인증은 제품의 에너지 효율성과 환경 적합성을 보증한다.

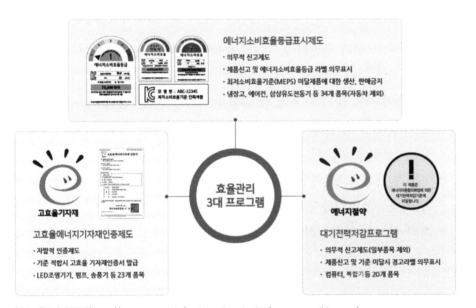

출처 : 한국에너지공단(https://eep.energy.or.kr/business_introduction/present_condition.aspx)

---

1) 1992년 Clean Air Act Section 103(g)에 따라 EPA에 의해 제정되었으며, 미국 환경보호국(Environmental Protection Agency: EPA)과 미국 에너지부(Department of Energy: DoE) 그리고 수천 개의 산업, 상업, 주 및 지역조직이 함께 협력하여 환경을 보호하기 위해 에너지 효율성을 만족하는 제품들은 에너지 스타 마크를 부착하도록 한 제도이다.
2) 미국 전자제품 환경평가 인증인 EPEAT(Electronic Product Environmental Assessment Tool)는 미국 정부기관인 친환경가전협회(Green Electronics Council)가 미국전기전자학회(IEEE)의 친환경 기준에 맞춰 전자제품의 환경성을 평가하는 시스템이다.

4) 지속가능한 여행

지속가능한 여행은 여행이 환경과 지역 사회에 미치는 영향을 최소화하려는 노력의 일환으로, 여행업계 전반에 걸쳐 확산되고 있다.

- 에코 투어리즘: 자연 보호 구역, 생태 관광지 등을 방문하며, 자연을 보호하고 지역 주민들에게 경제적 혜택을 제공하는 여행 방식이 인기를 끌고 있다. 이는 생태계를 보존하고 지역 문화를 존중하는 여행 형태다.
- 탄소 발자국 줄이기: 항공 여행의 탄소 배출을 줄이기 위해, 많은 여행객이 기차, 버스 등 대중교통을 이용하거나, 탄소 상쇄 프로그램에 참여하고 있다.
- 현지 체류: 현지 주민이 운영하는 숙박시설이나 식당을 이용함으로써, 여행이 지역 경제에 긍정적인 영향을 미치도록 하는 경향이 증가하고 있다.
- 플라스틱 사용 줄이기: 여행 중 일회용 플라스틱 사용을 줄이기 위해, 재사용 가능한 물병, 식기 등을 사용하는 여행자들이 늘고 있다. 또한, 호텔과 항공사들도 플라스틱 사용을 줄이는 정책을 도입하고 있다.
- 문화와 환경 교육: 여행지에서의 문화적, 환경적 교육 프로그램에 참여하는 여행자들이 많아지고 있다. 이는 여행 중 지역 문화를 존중하고, 환경보호의 중요성을 인식하는 데 기여한다.

5) 사회적 책임을 강조하는 소비

소비자들은 제품과 서비스가 사회적 책임을 다하고 있는지 여부를 점점 더 중요하게 여기고 있다. 이는 기업의 윤리적 경영, 공정 무역, 다양성 및 포용성 등을 포함한다.

- 공정 무역 제품: 커피, 초콜릿, 의류 등 다양한 제품에서 공정 무역 인증을 받은 제품을 선호하는 소비자가 증가하고 있다. 이는 생산자에게 공정한 대가를 지급하고, 노동 조건을 개선하는 데 기여한다.
- 윤리적 경영: 기업이 사회적 책임을 다하고 있는지, 즉 윤리적 경영을 실천

하고 있는지 여부가 소비자 선택에 큰 영향을 미친다. 이는 인권 존중, 노동 조건 개선, 지역 사회 기여 등을 포함한다.

- 다양성 및 포용성: 기업이 다양성과 포용성을 실천하고 있는지 여부도 중요한 소비 기준이 되고 있다. 이는 직원의 다양성, 성별 평등, 소수자 권리 존중 등을 포함한다.
- 지역 사회 기여: 소비자들은 기업이 지역 사회에 어떻게 기여하고 있는지에 관심을 갖고 있다. 이는 지역 사회 발전을 위한 기부, 자원봉사, 지역 주민 고용 등을 포함한다.
- 투명성: 소비자들은 기업의 운영 방식에 대한 투명한 정보를 요구한다. 이는 제품의 원산지, 생산 과정, 환경 영향 등에 대한 정보를 포함한다. 기업은 이러한 요구에 부응하기 위해 투명성을 높이고, 지속가능성 보고서를 발행하는 등의 노력을 기울이고 있다.

이러한 트렌드들은 ESG 원칙을 기반으로 한 소비자의 가치관이 변화하고 있음을 보여준다. 기업들은 이러한 소비 트렌드에 대응하여 지속가능성과 사회적 책임을 강화함으로써, 장기적인 경쟁력을 확보하고 있다.

05 소비자행동모델

CHAPTER

1 소비자행동모델의 정의와 유용성

1) 소비자행동모델의 정의

　모델이란 현실을 단순화시켜 특정현상을 함축적으로 모사(a replica of the phenomena)한 것을 말한다. 모델의 표현방법에는 언어로 서술하는 기술적 방법(verbal representation), 수학적 기호(mathematical symbols)를 사용하는 방법, 그리고 도형(diagram or flow chart)을 사용하는 방법 등이 있다.

　소비자행동모델은 언어로 표현하는 기술적 모델이 주종을 이루고 있다. 그러나 소비자행동을 하나의 의사결정과정으로 보고, 이 과정을 일목요연하게 묘사하기 위해서 구성요소 간의 관계를 도형(diagram)으로 표현하는 방법도 많이 이용되고 있다. 또한 소비자행동의 예측성을 향상시킬 목적으로 최근에는 수리 모델에 관해서도 많은 관심을 보이고 있다.

　모델은 마치 건물의 설계도처럼 현상에 관련되는 제 변수 간의 관계를 일목요연하게 표현하는 것이 바람직하다. 따라서 모델설계자는 현상의 생성에 중요한 역할을 수행하지도 않으면서 상황만 복잡하게 만드는 요인은 무시해 버리거나, 그가 관심을 가지고 있는 측면만을 상세히 모델화하기도 한다.

　소비자행동 분야에서도 어떤 모델은 소비자행동의 특정측면만을 설명하는 반면에, 어떤 모델은 여러 측면의 소비자행동을 포괄적으로 표현한다. 상표 애호도 모델(brand loyalty model)이나 소비자태도 모델(attitude models)들은 전자에 속하고, Howard–Sheth 모델이나 EKB 모델과 같은 포괄적 소비자행동모델은 후자에 속한다.

일반적으로 모델에 포함된 관련변수와 이들 변수 간의 관계는 상당부문 가설화(hypothesized)된 것이 많으므로, 어느 모델도 완전무결한 것으로 보기는 어렵다. 사실 소비자행동모델은 새로운 조사와 연구를 통해서 항상 수정 또는 보완될 수 있으며, 또한 그렇게 되어야 한다. 특히 이 분야의 짧은 역사를 감안한다면, 소비자행동모델은 정밀한 검증과 다각적인 분석을 통해 많은 보완이 요구된다.

2) 소비자행동모델의 정의

소비자행동모델은 소비자의 행동에 대한 체계적이고 논리적인 이해와 사고를 구축하는 데 많은 도움을 준다. 왜냐하면 모델은 ① 소비자행동에 관련된 중요한 요인들을 확인하고, ② 각 요인의 특징을 설명하며, ③ 이들 요인 간의 관계를 명확히 나타내주기 때문이다. 소비자행동모델이 소비자행동연구에 기여하고 있는 점을 구체적으로 살펴보면 다음과 같다.

첫째, 이론의 개발 및 정립에 유용하다.

이론(theory)이란 어떤 현상이나 활동을 이해하는 데 유용하도록 그 현상에 대한 체계적인 견해나 어떤 신념을 피력하는 것으로서, 현상에 관련된 제 개념, 정의, 그리고 명제의 논리적 관계를 표현한다. 이론이 현실을 바르게 직시하고 현상을 적절하게 표현했을 때 비로소 그 이론은 가치가 있게 된다. 보통 이론과 모델을 동의어로 사용하는 경향이 있지만, 엄밀하게 말하면 모델은 이론을 표현하는 한 방법이다.

소비자행동모델은 소비자행동에 관련된 요인들을 식별해서 그들의 상호관계를 나타내주기 때문에, 이에 준해서 소비자행동에 관한 이론을 개발하고 정립하는 데 크게 도움이 된다.

둘째, 조사 및 연구를 위한 준거틀을 제공한다.

소비자행동에 관해 무엇을 조사하고 무엇을 연구해야 할 것인가? 소비자행동 연구가들이 그들의 연구소재를 파악하는 데 있어 소비자행동모델은 중요한 길잡이 역할을 수행한다. 즉 소비자행동을 연구하는 사람들로 하여금 모델의 중요한 국면을 분석 또는 검증하도록 함으로써 연구의 목적 및 방향을 명확하게 제공해 준다. 반복되는 정밀한 검증을 통해서 기존의 모델을 수정하고 보완하는 일은 소비자행동을 연구하는 사람들에게는 무엇보다도 중요한 과업이다.

또한 연구 조사자들은 모델을 관찰하고 분석함으로써 새로운 연구과제에 대한 아이디어도 어렵지 않게 발견할 수 있다. 이런 점들로 비추어볼 때, 소비자행동모델은 소비자에 관한 연구에 일종의 좌표와 같은 역할을 수행한다고 볼 수 있다.

셋째, 소비자행동에 관한 지식의 학습을 용이하게 해준다.

소비자행동모델은 소비자행동에 관한 단편적인 지식을 통합할 수 있게 해주고, 그 결과 소비자행동을 포괄적으로 이해할 수 있도록 도와준다. 또한 소비자행동에 관해 현재 알려진 지식을 학습하는 데 있어서도 많은 도움을 줄 수 있다.

그러나 이와 같은 유용성에도 불구하고 기존의 소비자행동모델은 소비자행동에 관한 실상을 적절히 설명하지 못하는 점이 항상 문제점으로 지적되고 있다. 사실 인간행동은 그 본질적 특성이 행동의 미묘함과 복합성에 있으므로 그것을 완벽하게 모델화한다는 자체가 난제일 수밖에 없다. 그래서 기존의 소비자행동모델들이 현상을 지나치게 단순화시키고 있는 것도 사실이다.

하지만 기존의 소비자행동모델 중에는 소비자행동에 관한 이론의 개발과 지식의 축적에 크게 기여한 모델도 많으므로, 여기에서는 이들 중 대표적인 몇 가지 모델에 관해서만 검토해 보기로 한다.

2 전통적 소비자행동모델

1) 전통적 소비자행동모델의 유형

전통적인 소비자행동모델은 일반적으로 소비자행동의 특정 측면에 대한 체계적인 견해나 신념을 서술적 이론(verbal theory)의 형식으로 표현하고 있다. 대표적인 전통적 소비자행동모델로서 〈표 5-1〉에서 보는 바와 같이 다섯 가지 유형을 확인할 수 있다. 이들 각 모델의 특징을 요약하면 다음과 같다.

〈표 5-1〉 전통적 소비자행동모델

모델유형	제안자	출생국	제안시기	전공분야
경제적 소비자 (the economic consumer)	A. Marshall	영국	19C 후반	경제학
조직원형 소비자 (the organizational consumer)	T. Hobbes	영국	17C 중반	철학
학습형 소비자 (the conditioned consumer)	I. Pavlov	소련	19C 후반	생리학
정신분석학적 소비자 (the psychoanalytic consumer)	S. Freud	오스트리아	19C 후반	심리학
사회적 소비자 (the social consumer)	T. Veblen	미국	19C 후반	사회·경제학

출처 : Kotler(1965)

(1) Marshall의 경제 모델

이 모델에서는 소비자를 지극히 '합리적인 경제인'으로 가정하기 때문에 소비자행동도 '소비자 자신의 효용극대화를 위한 합리적이고 완벽한 의사결정의 산물'로 본다. 일반적으로 소비자행동에 대한 경제학적 접근은 소비자에 대하여 다음과 같은 가정을 전제로 한다.

첫째, 인간은 합리적 동물이다.

둘째, 소비자는 구매할 제품에서 얻어질 만족이나 효용을 비교적 정확하게 평가할 수 있다.

셋째, 소비자는 제품에 대해 완전한 지식을 가지고 있어 대체안의 비교·평가를 합리적으로 할 수 있다.

이상과 같이 경제학적 소비자 모델에서는 소비자를 합리적인 경제인으로 전제하고 개별소비자는 다음과 같은 구매행동상의 특징을 가지고 있는 것으로 본다.

- 소비자는 제품구매에 드는 비용과 제품구매로 얻게 될 이득을 비교한 후, 상대적으로 이득이 가장 높을 것으로 판단되는 제품을 우선적으로 구매한다.
- 소비자는 제품구매에 따르는 비용의 지표로서 주로 제품의 가격을 사용하므로 가격이 낮을수록 그 제품의 구매량은 증가한다.
- 소비자는 주어진 예산으로 효용(또는 만족)을 극대화하기 위해 치밀한 구매결정을 한다. 즉 각 제품의 한계효용과 한계비용(또는 가격)이 일치하도록 각 제품의 구매량을 결정하고, 그 결과 상상 최대의 효용을 기대한다.

이상과 같은 경제학적 소비자 모델은 몇 가지 문제점이 있는 것으로 지적되고 있다. 우선, 현실적으로 소비자들은 항상 완벽한 합리성을 추구하지는 않는다는 점이다. 또한 경제학적 소비자 모델은 행동동인의 경제적 측면만을 너무 강조한 나머지 복잡미묘한 소비자행동의 다면적 특성을 완전하게 설명하지 못하고 있다.

그러나 소비자에 대한 경제 모델은 소비자행동의 중요한 측면을 이해하는 데 크게 기여하고 있다. 왜냐하면 소비자는 경제적 자극에 의해서 가장 예민한 반응을 보이는 것이 사실이기 때문이다. 경제학적 소비자이론은 그동안 소비자행동 연구에 많은 기여를 했으며, 특히 현대적 소비자행동모델을 이해하는 데도 많은 도움을 주고 있다.

(2) Hobbes의 조직원 모델

이 모델에서는 소비자를 개인으로 인식하지 않고, 가족이나 직장과 같은 조직의 일원으로 인식한다. 그 이유는 일반적으로 소비자는 조직구성원들의 공동 사용목적이나 다른 구성원을 위해 제품을 구매하는 경우가 많다고 보기 때문이다. 따라서 앞에서 설명한 경제 모델에서처럼 소비자는 항상 개인 입장에서 효용의 극대화를 추구한다고 보지 않으며, 오히려 조직원의 공동목표를 충족시켜 줄 수 있는 제한된 합리성을 추구하는 것으로 본다.

(3) Pavlov의 학습 모델

Pavlov가 제안한 것으로 그동안 많은 학자들의 연구를 거쳐 오늘날에는 자극–반응 모델로 알려져 있는 행동 모델이다. 이 모델에서는 소비자를 일상생활 속에서 학습(learning)을 통해 외적 자극에 대하여 적절히 반응하는 방법을 자연스럽게 터득하는 하나의 생활인으로 본다. 그리고 소비자들의 행동은 특정 자극에 대하여 그들이 학습한 조건부 반응(conditioned response)이라고 본다.

이 이론은 초기에 자극과 반응의 기계적 연결 과정으로 주장한 반면에, Pavlov 이후 Gom과 Skinner 등 일부 실험학자들에 의해 자극과 반응의 관계에서 반응 결과의 역할을 첨가함으로써 더욱 정교화 되었다. 여기에서 전자의 기계적 학습과정을 고전적 조건화(classical conditioning)라고 하고, 후자는 수단적 조건화(operant conditioning)라고 한다. 이때 조건화란 자극과 반응의 연결을 통하여 하나의 행동양식을 개발시킨다는 의미를 지닌다.

이와 같이 자극-반응이론은 인간의 반사적이고 무의식적인 행동에 대해 어느 정도 설명할 수 있지만, 복잡한 인간의 행동을 설명하기에는 한계가 있다. 이 모델을 통합적으로 자극-반응모델이라 한다.

(4) Freud의 정신분석 모델

이 모델은 인간의 심리적 측면을 매우 중요시한다. 즉 인간의 행동은 그들의 본능과 자기자신도 인식하지 못하는 어떤 무의식적 동기에 의해 유발된다고 본다. 따라서 소비자행동의 동인으로는 실질적(경제적 또는 기능적) 동기도 중요하지만, 그보다는 인간심층에 내재하는 정신적·심리적 동기가 더 중요하다고 본다.

정신분석 모델은 Freud 이후 많은 심리학자들에 의해 수정, 보완되었으며, 인간의 표면적 행동보다 심층적, 내재적인 동기를 정확하게 파악하고자 하는 경우에는 효과적으로 활용될 수 있다.

(5) Veblen의 사회심리 모델

이 모델에서는 소비자를 사회적 동물로 인식한다. 따라서 소비자행동은 타인, 준거집단, 그리고 그가 소속된 문화권의 관습 등에 의해 많은 영향을 받는 것으로 본다. 또한 소비자의 개인적 특성도 결국은 사회적 요인의 영향을 받아 후천적으로 개발되는 부분이 많다고 보기 때문에 현재뿐만 아니라 과거의 사회적 환경도 소비자의 구매 및 소비행동에 중요한 변수로 작용한다고 본다.

베블렌 효과(Veblen effect)는 비싸다는 이유만으로 물건을 구매하고 이러한 것을 다른 사람에게 보여줌으로써 만족감을 얻는 현상을 의미한다. 남들보다 돋보이거나 뽐내고 싶어서 비싼 물건일수록 사려고 드는 인간의 심리를 나타내는 경제학적 용어이다. 베블렌 효과에 따른 과시가격은 실제가격과 지불가격으로 나타난다. 이때 과시소비의 효용이 나타나는 것이 베블렌 효과이다. 소비자는 실제가격보다 다른 소비자가 선택하는 가격에 더 신뢰를 갖는 심리가 있다는 이론이며, 과시소비는 제품에 내재한 품질뿐만 아니라 가격도 소비에 영향을 준다. 결론적으로 가격이 오를수록 베블렌 효과에 따른 소비량은 늘어난다.

(6) 기타 사회심리 모델

① 밴드웨건 효과(bandwagon effect)

소비자가 자신의 구매스타일보다 다른 사람들이 많이 선택하는 소비패턴에 따르는 현상을 말한다. 즉 소비자 자신의 욕구보다 주변 사람들의 소비패턴에 의존하려는 성향으로 다른 사람의 소비성향을 무조건 따르는 행동이다. 이런 소비자는 제품 자체가 아니라 군중 속에 합류하려는 도구로써 제품을 소비한다. 서부 개척시대에 밴드웨건(악대마차)이 요란한 음악과 함께 금광이 발견됐다고 선전하면 무작정 따라가던 사람들을 빗댄 말로 우리말로는 편승효과라고 한다.

예를 들어, 각 수요자가 비슷한 가격조건에서 다른 사람들이 많이 구매하는 상품을 선택하려는 현상이다. 즉 유명연예인이 입고 나온 옷이 불티나게 팔리고 주가나 부동산 가격이 폭등하는 것은 이런 효과로 설명된다. 또한 개인의 욕구와 다양한 개성으로 뚜렷한 자기 스타일을 나타내기보다는 남의 이목과 체면을 중시하는 소비자는 소비에 있어서 행동을 삼가는 습성이 있기 때문에 밴드웨건 효과의 선택을 따르는 경향이 있다. 소비자는 주로 제품의 성능과 질, 기능을 분석하여 구매선택하는 것이 아니라 지출 패턴에 따라 지출한다.

② 스놉 효과(snob effect)

이 효과는 다른 말로 속물 효과라고도 하는데 남들이 많이 사는 것은 구입하기 싫어하는 소비심리로, 남과 다른 특별한 것을 구입함으로써 그 제품을 소유하고 있다는 사실에 가치를 부여하는 것을 의미한다.

다른 사람들이 구입하기 어려운 희소한 상품을 구입해 과시하고 싶어하는 속물(snob)근성에서 비롯된 소비행태에서 유래했는데, 자신을 다른 사람과 다르게 구분 짓고 싶어 하는 심리라는 의미로 백로효과라 불리기도 한다.

이런 심리를 가진 소비자는 제품이 유행하면 처음 구매했을 때 누렸던 만족도가 감소하기 때문에 유행하는 제품의 소비를 줄이게 된다. 즉 유행해서 남들이 많이 구매하면 오히려 구매하지 않는 심리를 말한다.

밴드웨건 효과의 반대 현상으로 희소가치를 구입하여 다른 사람과 차별성을 과시함으로써 스스로의 위신이나 사회적 지위를 높인다고 생각하고 보편화된 제품은 기피하는 현상이다. 최근에는 과시적인 소비현상이라기보다는 구매자의 기호나 개성을 드러내는 경향이 크다는 주장이 나오기도 한다. 꼭 비싼 제품이 아니더라도 한정판의 디자인 제품, 희귀본 책이나 음반 등을 구입하는 사람들도 이런 현상으로 설명되기 때문이다.

③ 터부 효과(taboo effect)

터부 효과는 소비자들에게 아직 보편화되지 않은 상태의 제품이 있을 경우 문화적 습성과 사회적으로 터부시하는 경향 때문에 구매를 보류하는 현상을 말한다. 즉 사회적으로 금하거나 바람직하지 못하다고 여기기 때문에 소비행동을 실행하지 못하는 것이다. 그러다가 그 제품에 대한 터부경향이 없어지기 시작하면 너 나 할 것 없이 구매하게 되는 것이다. 한국 사회에서는 '고급'이나 '사치'의 의미를 갖는 외국 수입품의 소비가 사회적으로 금기시된 적이 있으나, 해외 명품들의 소비가 베블렌 효과에 힘입어 급속히 증가하는 현상을 보였다. 소비의 터부 효과는 소비의 과시적 효과와 서로 상반되는 관계를 가지므로 일반 중산층은 고가의 외국 수입품을 사용하는 데 심적 부담을 느껴 가능한 국산품을 소비하려는 경향을 띠기도 한다.

2) 전통적 소비자행동모델의 특징

이상에서 전통적 소비자행동모델의 몇 가지 대표적인 유형에 대해 개략적으로 알아보았지만, 이들 전통적 소비자행동모델은 다음과 같은 특징을 가지고 있다.

첫째, 전통적 소비자 모델은 행동 모델이라기보다는 소비자의 특정 측면에 대한 서술적 이론으로서의 특성을 더 많이 지니고 있다. 즉 이들은 소비자행동이라는 현상을 포괄적으로 모사하고 있지 않으며, 오히려 인간의 본질과 행동의 특정 측면에 대한 하나의 신념을 기술하고 있다.

인간행동에 대한 이론은 인간의 본질을 어떻게 보느냐에 따라 그 성격을 달리한다. 소비자행동도 인간행동으로서 하나의 하위행동이므로 인간의 본질에 대한 관점의 차이로 인해 전술한 바와 같이 학자에 따라 서로 다른 소비자행동이론이 제안된 것으로 볼 수 있다.

사실 소비자의 본질은 여러 가지 시각에서 고찰될 수 있다. 즉 경제학자들은 소비자를 합리적인 '경제적 동물'로 인식하지만, 사회심리학자들은 소비자를 다분히 감성적인 '사회적 동물'로 인식한다. 이처럼 소비자 본질에 대한 시각의 차이는 소비자행동에 대한 접근방법에 영향을 주고, 그 결과 다른 행동과학 분야에서와 마찬가지로 소비자행동 분야에서도 시각이 서로 다른 다수의 이론들을 탄생시켰다.

둘째, 전통적 소비자행동모델들은 서로 다른 측면에서 소비자의 본질을 단편적으로 기술함으로써 소비자행동의 특정 측면만을 배타적으로 강조하고 있다. 다시 말해서 다면적인 소비자행동의 어느 한 측면만을 강조함으로써 어떤 모델도 총체적인 소비자행동을 포괄적으로 설명해 주지 못하고 있다. 그러나 전통적 소비자 모델들은 소비자행동의 특정 측면에 대해서만은 그 본질과 특징을 명확하게 설명해 주고 있기 때문에 그동안 기업 마케팅활동 부분에서의 기여도는 적지 않다. 기업의 가격정책이나 광고전략 등은 거의 대부분 이들 전통적 소비자행동 이론에 기초하고 있다고 보아도 과언이 아니다. 사실 이 이론은 그동안 소비자행동과 마케팅의 연구발전에 시금석 역할을 해왔으며, 이 점은 높이 평가되어야 한다.

3 현대적 소비자행동모델

1) 현대적 소비자행동모델의 유형

현대적 소비자행동모델은 소비자행동에 관련되는 요인들을 단순히 종속변수와 독립변수의 관계로 표현하는 비교적 간단한 형태로부터, 행동의 현상 전체를 정교하게 설명하는 포괄적인 형태에 이르기까지 그 형태가 매우 다양하다.

(1) Howard-Sheth 모델

이 모델은 개별소비자가 제한된 판단능력과 불완전한 정보하에서 어떻게 합리적인 상표선택행동(brand choice behavior)을 수행할 수 있는가를 설명하기 위해 개발된 것으로 매우 정교한 소비자행동모델 중에 하나이다. 여기에서는 모델의 개요만 살펴보기로 한다.

① 투입변수

투입변수(input variables)는 소비자에게 주어지는 기업의 마케팅활동 및 사회환경으로부터의 자극 또는 정보를 말한다. 이를테면, 특정 상표제품의 품

질, 가격, 상표명성, 서비스 등은 소비자에게 하나의 정보로서 투입되는 것을
의미한다.

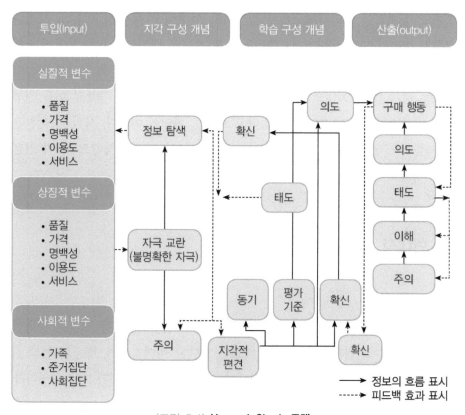

[그림 5-1] **Howard-Sheth 모델**

② 산출변수

소비자에게 외부자극이 투입되었을 때 이들 자극에 대응하여 나타나는 소비
자의 다양한 반응을 산출변수(output variables)로 나타내고 있다. 소비자의
반응은 반드시 '구매행동'으로서만 나타나는 것이 아니며, 이를 테면 새로운
것에 대한 호기심 또는 '주의'의 환기라든가, '이해'의 증진, '태도'의 변화, '구매
의도'의 형성과 같은 형태로도 나타나기 때문에, 이 모델에서는 이들을 모두

산출변수 속에 포함시키고 있다([그림 5-1] 참조). 바로 이 점이 중요한 특징 중에 하나이다. 그리고 이 모델에서는 다양한 소비자 반응이 투입변수와 소비자 내적 요인 간의 상호작용에 의한 산출물임을 시사하고 있다.

③ 가설적 구성개념

가설적 구성개념(hypothetical constructs)은 외부에서 투입되는 정보를 해석하고 처리하는 과정에서 작용할 것으로 추정되는 소비자의 내적·심리적 요인을 말한다. 이들은 외부에서의 관찰이 불가능하며, 이들의 변화는 오직 판단에 의해 추론할 수밖에 없으므로 이들을 가설적 구성개념이라고 한다.

지각 구성개념(perceptual constructs)은 투입된 정보를 수용하는 과정에서 작용할 것으로 추정되는 소비자의 내적 요인을 말한다. 이에는 소비자의 정보에 대한 민감도, 정보탐색 성향, 지각적 편향 등이 포함된다.

학습 구성개념(learning constructs)은 소비자의 지각 메커니즘을 통과한 정보를 분석·정보처리하는 과정에 작용하는 개인의 내적 요인을 말한다. 이에는 구매동기, 결정매개요인(또는 선택기준에 대한 신념), 환기세트, 만족 등의 요인이 포함된다.

'동기'란 소비자가 특정 행동수행을 통해 성취하려고 하는 일종의 행동 목표로서, 이 행동동기에 준해서 소비자는 지각된 정보의 가치를 평가한다. '결정매개요인'은 소비자가 경험과 학습을 통해 축적한 제품의 속성이나 평가기준에 대한 신념 같은 것을 의미하며, '환기세트'는 소비자가 기억해 낼 수 있는 상표대안 및 상품특성에 대한 정보의 조합을 의미한다. '만족'요인은 구매나 사용 후 소비자가 느끼는 심리적 변화로서 차기 구매행동에 중요한 영향을 미치기 때문에 학습변수 중 가장 중요한 변수로 인식되고 있다.

④ 외생변수

Howard-Sheth의 초기 모델에서는 찾아볼 수 없으나, 수정된 모델에는 포함되어 있다. 외생변수(exogenous variables)란 특정 구매상황에서 소비자의 상표대안선정에 영향을 미치는 개인의 외적 요인을 말한다. 즉 소비자의 재정

상태, 구매의 중요성, 구매의 긴박성과 같은 구매관련 상황요인 및 사회계층, 문화적 관습 등과 같은 사회적 환경요인이 이에 해당한다.

Howard-Sheth 모델의 특징 및 유용성을 요약해 보면 다음과 같다.

- 소비자에게 주어지는 정보의 의미가 항상 명확하지 않을 뿐만 아니라, 인간의 판단능력은 완벽하지 않다는 전제하에서 경험에 의한 학습의 중요성을 강조함으로써 모델에 이론적인 타당성을 부여하고 있다.
- 이 모델은 구매 및 사용경험의 피드백 효과를 중시함으로써 동태적 모델의 특징을 지니며, 학습 모델로 범주화된다.
- 소비자행동에 영향을 주는 모든 요인들을 확인하고 이들을 체계화하려는 과감한 시도였다는 점이 높이 평가된다. 이 모델은 가시적 행동뿐만 아니라 비가시적인 인지적 활동까지도 모두 모델화함으로써 향후 소비자행동 연구를 위한 중요한 준거틀로써 그 유용성이 높다.

(2) Kotler의 행동적 선택모델

Kotler는 구매자분석을 위한 블랙박스모델의 일종인 행동적 모델을 통해 소비자행동을 설명하였다.

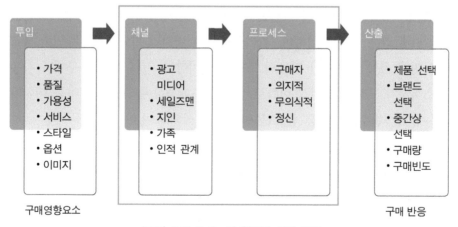

[그림 5-2] **Kotler의 행동적 선택 모델**

가격, 품질, 가용성, 서비스, 스타일, 옵션, 이미지를 제시하여 투입 요소로
하였고, 관련 정보는 광고 미디어, 인적 판매원, 지인들, 구매자의 가족과 주변
사람들 등의 채널을 통해 구매자에게 영향을 미친다고 하였다. 이 모델에서는
투입에 따른 결과로 구매자의 반응이 제품 선택, 중간상 선택, 구매량과 빈도
결정으로 나타난다고 하였다.

블랙박스모델과 유사한 내용으로 블랙박스를 구매자가 선택하는 채널로 설
명하고 있다는 점에서 차이가 있다. 또한 기존의 소비자행동모델보다 마케팅
측면의 중요성을 강조한 모델로, 구매자의 행동에 초점을 두고 있다는 특징이
있다.

한편, 전통적 소비자행동모델인 블랙박스모델은 자극-반응 모델을 구체화한
것으로 특정 상황에서의 소비자행동을 설명하기 위한 가장 간단한 개념적 모델
이다. 이 모델은 [그림 5-3]에서 보는 바와 같이 자극물이 소비자라는 블랙박스
(black box)에 들어가서 특정 반응을 일으키게 된다는 것이다.

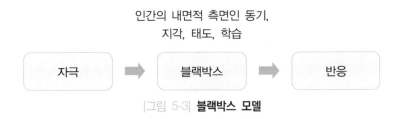

[그림 5-3] **블랙박스 모델**

그림에서 자극물은 소비자에게 영향을 미칠 수 있는 중요한 요인이나 사건
들로서 정치적, 경제적, 기술적, 사회적, 문화적 환경 등 외부 환경적인 자극물
뿐만 아니라 제품, 가격, 유통, 촉진 등의 마케팅 자극물을 나타낸다. 그리고
블랙박스는 인간 내부의 심리적 과정으로 자극과 반응의 매개적 역할을 하는
것으로 여겨지지만 그 구조나 과정을 명확하게 관찰할 수는 없으며, 단지 가설
적으로 추론할 수 있을 뿐이기 때문에 인간 행동의 블랙박스라고 하였다. 블랙
박스로는 인간의 내면적 측면인 동기, 지각, 태도, 학습 등이 있다.

따라서 많은 마케팅 연구자가 소비자행동모델을 만들어 소비자의 블랙박스 속에 무엇이 있는지 알아내기 위해 많은 노력을 해왔다. 블랙박스모델은 자극물에 의해 직접적인 반응에 영향을 미치는 것이 아니라, 투입 요소인 자극물이 소비자의 블랙박스에 들어가서 여러 과정을 거친 후 관찰가능한 일련의 반응, 즉 제품 선택, 상표 선택, 점포 선택 그리고 구매 시기나 구매량 선택 등으로 변환되고, 그 결과가 그림의 오른쪽에 있는 소비자 반응으로 나타난다. 이 모델은 외부로 표출된 소비자행동을 설명하고 예측하는 데 의의가 있다.

(3) Nicosia 모델

이 모델은 기업과 잠재고객 사이의 상호작용에 초점을 맞춘 것으로 기업은 광고를 통해 소비자와 의사소통하며, 소비자는 구매라는 반응으로 기업과 의사소통한다고 보았다. 이 모델은 기업과 소비자 간의 상호작용과 순환적 과정을 설명하고, 의사 결정과정을 4개의 영역으로 분류한다([그림 5-4] 참조).

- 영역 1은 기업의 메시지에 기초한 소비자의 태도이다. 하위 영역 1은 소비자 태도에 영향을 미치는 기업의 마케팅 환경과 의사 전달 노력으로 제품 특성, 경쟁 환경, 대상 매체의 성격, 메시지 추구, 목표시장의 특성을 나타낸다. 하위 영역 2는 기업 메시지에 대한 개인의 수용을 중재하는 소비자의 선입견을 나타낸다. 영역 1의 산출은 메시지에 대한 소비자의 제품에 대한 태도이다.
- 영역 2는 탐색과 평가로 소비자는 정보의 탐색과 그에 따른 대안을 생각하며 해당 기업의 브랜드를 평가한다. 영역 2의 산출은 해당 기업의 브랜드를 구입하려는 동기이다.

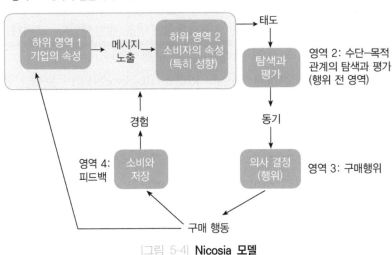

[그림 5-4] **Nicosia 모델**

- 영역 3은 구매행동으로 소비자의 동기에 따라 해당 기업의 브랜드를 실제 구입하는 단계이다.
- 영역 4는 구매 경험으로 나온 피드백이다. 여기에는 판매 자료 형태의 기업에 대한 피드백과 경험으로서의 소비자에 대한 피드백이 있다. 제품에 대한 소비자의 경험은 개인의 태도 및 기업의 미래 메시지에 영향을 미친다.

Nicosia 모델의 특징 및 유용성을 요약해 보면 다음과 같다.

- 소비자는 소비자 목적이고, 최적의 만족을 주는 방향으로 의사결정과정을 거쳐 구매행동을 하는 존재로 정의한다.
- 처음 개괄적인 범주에서 시작한 상품이 탐색과 평가 과정을 거치면서 특별한 브랜드에 이르기까지 선택하는 소비자 성향에 중점을 둔다.
- 소비자행동으로부터의 피드백으로, 이 피드백은 마케팅 활동에 영향을 주고 시장에서의 반응에 따라 조절된다. 피드백은 소비자 성향에도 영향을 주는데, 구매 활동 경험을 통해 강화되거나 수정된다.

(4) Engel－Kollat－Blackwell(EKB) 모델

1968년 이 모델은 아주 정교한 소비자행동모델을 개발하였다. 그러나 이 모델은 처음 개발된 이래 여러 차례에 걸쳐 수정되었다.

그중 1978년에 3차 수정된 Engel-Kollat-Blackwell(EKB) 모델은 소비자 행동연구를 위한 준거틀로서 가장 많이 각광을 받았다. 1982년 Engel과 Blackwell (Kollat는 불참)은 제3차 EKB 모델을 다시 수정하여 고관여 행동 모델(EKB-1)과 저관여 행동 모델(EKB-2)로 구분된 두 개의 모델을 제안하였다. 이 4차 수정 모델은 고관여하의 소비자행동과 저관여하의 소비자행동을 비교·이해하는 데 많은 기여를 하였다.

1986년 Engel과 Blackwell은 Miniard 교수와 공동으로 4차 EKB 모델을 개정하였다. 이들은 고관여 모델과 저관여 모델로 구분하지 않고 다시 단일 모델로 통합하였는데, 그 이유로는 소비자의 구매 행동은 고관여형과 저관여형 이외에도 다양성 추구형, 습관적 반복구매형 등 그 유형이 다양하며, 이들을 융통성 있게 설명하기 위해서는 편차(varations)를 허용하는 단일 모델이 오히려 합리적이기 때문이라고 밝히고 있다.

① **자극의 투입**(inputs)

제품·상표·가격·광고 등 마케팅 자극뿐만 아니라, 기후·유행·친구의 구전 등 제반 환경요인도 소비자에게는 모두 자극으로써 투입된다.

② **정보처리과정**(information processing)

투입된 자극을 소비자가 해석하고 처리하는 과정을 다섯 단계로 구분하여 설명하고 있다. 첫째, 노출(exposure)은 외부에서 주어지는 정보가 소비자에게 도달되는 단계이다. 소비자는 적극적으로 정보를 탐색하는 과정에서 의도적으로 정보에 노출되기도 하지만 우연히 외부에서 주어지는 자극에 노출되기도 한다. 둘째, 주의(attention)는 소비자가 자신에 노출된 수많은 자극이나 정보 가운데서 특히 관심이 가는 것만을 선택적으로 식별하는 단계를 말한다. 셋째, 이해(comprehension)는 선택적으로 받아들여진 정보에 소비자가 의미를 부여하는 단계이다. 소비자는 그의 기억 속에 보유된 경험·지식·신념 등에 의해서 투입된 정보를 주관적으로 해석하고 의미를 부여하게 된다. 바로이 과정에서 동일한 정보라 하더라도 소비자에 따라 상이하게 지각될 수 있다. 넷째, 수용(acceptance)은 소비자에 의해 주관적으로 해석된 정보의 효과가 실제로 발생되는 단계이다. 즉 소비자는 자신이 주관적으로 해석한 정보를 기존의 신념과 비교한 후 이를 수용하거나 파기한다. 만일 소비자가 투입된 정보를 가치있는 것으로 수용하면 이 새로운 정보에 의해 기존의 신념이나 태도는 강화, 수정 또는 변경된다. 다섯째, 보유(retention)는 전 단계에서 소비자가 수용한 정보는 그의 기억 속에 보유된다. 그리고 기억 속에 보유된 새로운 정보는 소비자의 구매의사결정과정에 다음과 같은 영향을 끼친다.

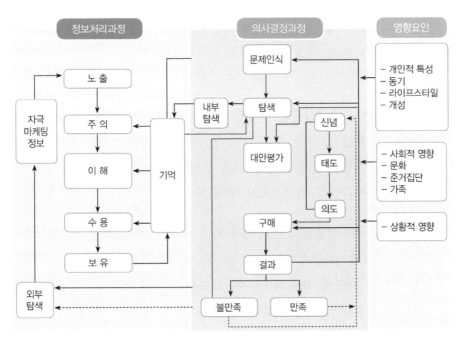

[그림 5-5] **Engel-Kollat-Blackwell(EKB) 모델**

① 의사결정과정(decision processing)

소비자의 구매의사결정과정을 다섯 단계로 구분하고 있다. 첫째, 문제인식은 소비자의 욕망수준이 높아지면 이 욕망을 충족시키려는 동기가 '문제인식'을 야기한다. 이 모델에서는 문제인식을 야기하는 자극요인으로 크게 두 가지를 들고 있다. 우선 기업의 광고와 같은 외적 자극이 문제인식을 야기한다. 둘째, 정보탐색은 의사결정의 두 번째 단계로 인식된 문제를 해결하기 위해 필요한 정보와 대안을 탐색하는 단계이다. 셋째, 대안평가는 정보탐색과정을 통해 수집된 정보를 기초로 하여 여러 상표 대안을 비교·평가하는 단계이다. 넷째, 구매는 실제로 제품을 구매하는 단계이다. 원칙적으로는 대안평가과정에서 구매의도가 가장 높았던 상표의 제품이 구매된다. 그러나 다른 영향 요인이 강하게 작용하면 실제로는 다른 상표가 구매되기도 한다. 다섯째, 구매결과(또는 구매 후 평가)는 의사결정행동에서 제품의 구매 및 사용결과를 피드백하는 마지막 단계를 거치게 된다.

② **영향요인**

이 모델에서는 구매의사결정의 영향요인으로 ① 동기, 라이프스타일, 성격과 같은 개인적 특성 ② 문화, 준거집단, 가족과 같은 사회적 요인 ③ 구매결정의 긴박성, 점포 내의 분위기 등과 같은 상황적 요인을 들고 있다.

여러 차례 수정과정을 거친 EKB모델의 특징을 요약해 보면 다음과 같다.

- 이 모델은 여러 행동과학 분야에서 이미 검증된 연구결과를 기초로 하여 소비자의 구매의사결정행동을 설명하고 있다.
- 또한 신념이 태도에, 태도가 의도에, 의도는 행동에 단계적 영향을 준다는 효과단계 모델(a hierachy of effects model)을 가설로 적용함으로써, 신념 → 태도 → 의도 → 행동 간의 관계를 명확히 하고 있다.
- 이 모델은 포괄적 의사결정 모델의 성격을 가진다.
- 인간행동에 관한 여러 연구분야에서 이미 부분적으로 검증된 변수들의 관계를 통합·모델화했기 때문에 소비자행동에 대한 설명력이 매우 높다.

2) 현대적 소비자행동모델의 특징

현대적 소비자행동모델은 소비자의 행동과정을 포괄적으로 묘사하고, 행동 과정에 관련된 제 요인들의 관계를 체계적으로 설명하고 있다. 또한 전통적 모델에서와는 달리, 소비자행동의 여러 측면, 즉 경제적, 심리적, 정신분석적, 사회심리적, 사회적 측면에서 모든 관련 요인들을 한 모델 속에 유기적으로 연계시키고 있다. 포괄적 소비자행동모델(the comprehensive models of consumer behavior)의 특징을 요약해 보면 다음과 같다.

- 소비자행동의 특정 측면에 대해서가 아니라, 개별소비자의 전반적인 행동 과정에 초점을 맞추고 있다.
- 소비자행동에 영향을 미치는 요인들의 본질이나 그들 요인 간의 관계에 대해서는 여러 행동과학분야에서 이미 개발된 이론에 기초를 두고 있다.
- 소비자행동에 관련되는 요인들 간의 상호관계를 일목요연하게 표현하기 위해서 주로 도형이나 흐름도표(flow chart)를 이용하고 있다.
- 소비자행동변수 간의 상대적 비중은 크게 고려하고 있지 않다.

이와 같은 특징을 가진 포괄적 소비자행동모델에 대해서는 다음과 같은 문 제점이 있는 것으로 지적되고 있다.

- 각 행동변수들의 비중을 고려하지 않고, 주로 흐름도표를 이용하고 있어 서 소비자행동에 대한 예측능력이 낮다.
- 전통적 모델과는 달리, 너무 많은 요인들을 포함시켜 그들의 관계를 복합 적으로 설명하고 있기 때문에 현실적으로 마케팅 실무에의 응용력이 낮다.
- 모델에 대한 실증적 검증이 용이하지 않다.

그러나 이와 같은 문제점들이 있음에도 불구하고, 포괄적 행동 모델은 유용 한 점이 더 많은 것으로 평가되고 있다. 포괄적 행동 모델의 유용성을 살펴보면 다음과 같다.

- 소비자행동에 관련되는 요인들을 개념화하는 데 있어 체계적 사고를 할 수 있도록 도와줌으로써 소비자행동 이론의 개발을 용이하게 해준다.
- 영향요인들의 관계를 명확히 해주기 때문에 소비자행동을 사실적으로 설명해 준다.
- 모델로부터 유추되는 가설을 검증하는 데 필요한 연구조사의 틀을 제공한다. 그리고 연구결과로 얻어지는 새로운 사실을 모델의 수정 및 보완에 쉽게 적용할 수 있다.

4 최신 소비자행동모델

최근에 제시되고 있는 소비자행동모델의 특징을, 소비자를 둘러싼 다양한 영향 요인들을 몇 가지 영역으로 묶어 체계적이고 상세하게 정리하고 있다. 특히 소비자의 구매 결정과정을 일련의 프로세스로 보고 소비자의 심리적 요인과 사회·환경적 요인 등이 서로 상관관계를 보이며 영향을 미치고 있다고 전제한다. 아울러 구매 후 소비자의 피드백과정에 대한 체계적인 연구도 진행된다는 특징을 보이고 있다(황용철·송영식, 2021).

1) Hoyer와 MacInnis의 소비자행동모델

Hoyer와 MacInnis는 소비자들이 제품이나 서비스를 획득, 사용, 처분 결정하는 데 영향을 주는 요인들을 대체로 [그림 5-6]에서 보듯이 다음의 4가지 큰 범주로 설명하였다.

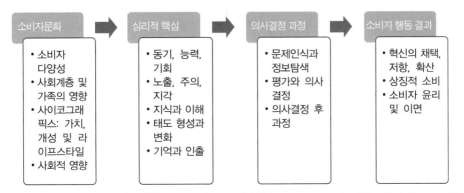

출처 : Hoyer, W. D., & Machnis, D. J.(2012), Consumer Behavior, 5nd Edition, International Student Edition, South-Western, p.13.

[그림 5-6] **Hoyer와 MacInnis의 소비자행동모델**

첫째, 소비자 내부 과정으로 심리적 핵심이다. 소비자들은 의사결정을 하기 전에 그 근거가 되는 정보나 지식의 원천을 어느 정도 가지고 있어야 하는데, 동기, 능력, 기회와 노출, 주의, 지각, 정보의 범주화와 이해, 제공물에 대한 태도 및 기억과 인출로 설명하였다.

둘째, 의사결정 과정으로 특정의 니즈가 생기면, 소비자는 정보 탐색을 시작하고 이때 심리적 핵심 요소들이 영향을 미치기 시작한다고 하였다. 그 후에 정보의 노출, 주의, 지각과정을 거쳐 분류하고 태도와 기억을 형성한다. 정보 탐색 과정을 거치면서 소비자는 대안을 평가하는데, 고노력, 저노력 결정을 통해 의사결정을 하고, 구매 후에 그의 선택이 올바른 것인지를 평가하고 재구매할 것인지도 결정하게 된다.

셋째, 소비자 외부 과정으로 소비자 문화이다. 우선 소비자는 직·간접적으로 자신의 의사결정에 영향을 주는 지역적, 종교적, 인종적 집단의 일원으로 다양한 문화적 특성을 나타낸다. 또한 소비자 자신이 속한 사회계층과 가족의 영향을 받게 되며, 의사결정에 궁극적으로 영향을 미치는 신념, 개성, 라이프스타일, 준거집단과 그 밖에 사회적 영향의 근거를 설명하고 있다.

넷째, 소비자행동 결과와 쟁점이다. 심리적 핵심, 의사결정 과정, 소비자 문화는 제품 사용의 상징성과 아이디어, 제품, 서비스의 확산과 같은 소비자행동

결과에 영향을 준다. 그것들은 마케팅과 소비자행동의 부정적 측면뿐만 아니라 윤리와 사회적 책임의 이슈에 의해 영향을 받기도 하고 영향을 주기도 한다.

2) Schiffman과 Wisenblit의 소비자행동모델

Schiffman과 Wisenblit는 인간의 마음을 연구하고 행동에 영향을 미치는 심리적 요인(욕구, 성격, 지각, 학습된 경험, 태도 등)을 분석하는 심리학, 사회의 발전, 구조, 기능 문제를 연구하는 사회학, 인간 사회 간 문화와 발전을 비교하는 학문인 문화인류학, 마지막으로 개인적으로 혹은 매체를 통해 정보를 전달하고 교환하는 과정과 설득 전략을 사용하는 방법에 대해 연구하는 분야인 커뮤니케이션에서 소비자행동 분야가 비롯되었다고 전제하고 [그림 5-7]과 같은 소비자행동모델을 제시하였다.

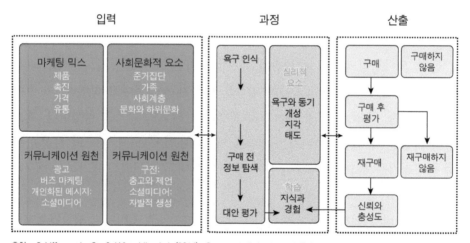

출처 : Schiffman, L. G., & Wisenblit, J. L.(2014), Consumer Behavior, 11 Edition, Pearson Education Ltd., p.23.

[그림 5-7] **Schiffman과 Wisenblit의 소비자 의사결정모델**

그들은 소비자의 의사결정 과정을 입력, 과정, 산출 단계로 나누어 설명하였다.

첫째, 입력 단계(input stage)는 두 가지 영향 요인으로 구성되어 있는데, 기업의 마케팅 노력(4p 믹스)과 사회문화적 영향력(가족, 친구, 이웃, 사회계층, 문화)이다. 이 단계는 기업과 사회문화적 정보원으로부터 소비자에게로 정보가 어떻게 전송되는지에 대해 다루고 있다. 둘째, 과정 단계(process stage)로 소비자가 어떻게 의사결정을 내리는지에 초점을 두고 있다. 심리적 요인(동기, 지각, 학습, 개성, 태도)은 입력 단계에서 인지한 외부 입력물에 의해 소비자의 욕구, 정보 탐색, 대안 평가에 영향을 미친다. 또 대안평가를 통해 획득한 경험은 소비자 학습 과정을 거쳐 소비자의 심리적 요인으로서 작용하게 된다.

마지막으로, 산출 단계(output stage)이다. 이는 구매와 구매 후 평가라는 두 가지 의사결정 행동으로 구성된다.

5 소비자 정보처리과정모델

1) AIDA model

AIDA는 아래와 같이 Attention, Interest, Desire, Action의 머리글자를 딴 두문자어(acronym)이다. 정보처리 과정이 4단계를 거쳐 발생한다는 것이다.

| Attention | Interest | Desire | Action |
| 주의 | 관심 | 욕구 | 행동 |

[그림 5-8] **AIDA model**

- 1단계는 주의(Attention)로 정보처리에 대한 심리적 집중력이 높아지는 단계다. 이 단계의 목표를 달성하기 위해서는 전달하고자 하는 메시지 또는 비주얼적인 효과를 강력하게 만들어 시선을 집중시킬 수 있어야 한다.
- 2단계는 관심(Interest)으로 1단계에서 고객의 관심을 끌었다면, 2단계에서는 제품이나 서비스에 대한 고객의 관심을 불러일으키고 유지시켜야 한다. 브랜드-제품에 대한 태도를 형성하게 되는 단계다. 제품 및 서비스에 대한 자세한 정보가 제공되는 단계다.

- 3단계는 욕구(Desire)로 제품에 대한 관심이 생기면, 판매자는 고객들에게 제품을 소유하고 싶어지도록 설득하는 것이 필요하다. 즉, 타깃 고객의 일상 생활을 고려하여 해당 제품이나 서비스가 어떤 역할을 하고, 어떠한 혜택을 제공하는지, 명확한 예를 제공하게 되는 단계이다. 온라인 쇼핑몰에서 제품명에 키워드 작업을 하는 것이나, 광고를 통해 공감할 수 있는 감성적, 이성적 예시를 제시하는 것이 해당된다.
- 4단계는 행동(Action)으로 구매 욕구 이후 '구매'로 행동이 이어지는 단계다.

오랜 기간 AIDA 모형이 성공적인 판매 프로세스로 여겨졌지만, 오늘날에는 순수 선형 모형만 사용하는 것은 현대의 세일즈 프로세스에 적합하지 않다는 평가가 지배적이다.

2) AIDMA model

미국의 경제학자 Roland Hall은 욕구(Desire)와 행동(Action) 사이에 기억(Memory) 단계를 거친다는 주장으로 제안한 모델이 AIDMA model이다.

| Attention | Interest | Desire | Memory | Action |
| 주의 | 관심 | 욕구 | 기억 | 행동 |

[그림 5-9] **AIDMA model**

주의를 끈 제품이나 서비스에 대한 인지 이후, 제품이나 서비스에 흥미를 갖게 되어 구입하고 싶어지는 잠재의식이 형성되고, 이를 계기로 의식 안에 대상에 대한 정보가 저장되는 '기억'이 형성된다. 이후 생활에서 어떤 계기나 자극이 발생할 때, 기억 속에 저장된 브랜드 관련 정보가 인출되어 구매에 영향을 미치게 된다는 것이다. 기억 속에 제품 및 서비스에 대한 정보를 어떻게 저장시키느냐가 중요한 커뮤니케이션 목표가 될 수 있다. 즉, 브랜드에 대한 기억을 어떻게 형성시키느냐가 중요한 목표가 되는 것이다.

- 1단계: 주의(Attention)는 고객의 주의를 끌어 제품 또는 서비스를 인지하는 단계이다.
- 2단계: 관심(Interest)은 제품에 대한 관심을 가지고 장단점을 인식하는 단계이다.
- 3단계: 욕구(Desire)는 여러 판매 촉진 활동 등으로 제품에 대한 구매 욕구를 불러일으키는 단계이다.
- 4단계: 기억(Memory)은 욕구 단계를 넘어 제품에 대한 기억으로 구매의사를 결정 짓는 단계이다.
- 5단계: 행동(Action)은 구매 욕구를 행동으로 옮겨 실제 구매가 일어나는 단계이다.

3) DAGMAR model

AIDA model을 보완하고자 나온 모델이라고 볼 수 있다. DAGMAR란, 1961년 Russell H. Colley가 『측정된 광고 결과에 대한 광고 목표 정의(Defining Advertising Goals for Measured Advertising Results)』라는 책을 출간하면서 그 앞자만 따서 지은 두문자어이다. AIDA model의 대안으로 광고의 의사소통 접근 방식에 보다 명확하게 초점을 맞춘 방안이라고 볼 수 있다. 이에 따르면 소비자들의 반응은 : '인지(Awareness) → 이해와 이미지(Comprehension & image) → 태도(Attitude) → 행동(Action)'의 단계를 거친다.

[그림 5-10] **DAGMAR model**

- 1단계: 인지(Awareness)는 브랜드의 존재 여부, 브랜드명, 심벌 등에 대한 기본적인 정보를 인지하게 되는 단계이다.
- 2단계: 이해와 이미지(Comprehension & image)는 브랜드의 제품, 서비스가 갖는 속성에서부터 소비자들에 제공되는 혜택, 감성적이고 추상적인 이미지 연상까지를 알게 되는 단계이다. 브랜드의 차별화 또는 포지셔닝이 발생되는 단계라고 볼 수 있다.
- 3단계: 태도(Attitude)는 소비자가 브랜드를 평하여 긍정적, 부정적, 중립적인 태도를 형성하게 된다는 것이다.
- 4단계: 행동(Action)은 이 태도의 확신 정도에 따라 구매 가능성으로 이어진다는 모델이다.

4) AIDCA model

잠재적 고객이 구매를 결정하기까지의 심리적 과정으로, 제품에 주목(attention)하고, 알고 싶다는 관심(interest)을 가지며, 소유하겠다는 욕망(desire)을 일으켜, 이 제품은 메이커가 주장하고 있는 내용을 그대로 실현하여 만족시켜 주리라고 확신(conviction)함으로써 비로소 그 제품을 구매하기 위해 필요한 행동(action)에 나선다는 순서를 나타내고 있다. 이는 물건을 사기 전의 인지 부조화, 물건을 산 후의 인지 부조화, 소비자행동 이후에 나타나는 반응으로 Brand Loyalty, Brand Switch의 기초가 되는 이론이 되고 있다.

[그림 5-11] **AIDCA model**

- 1단계: 주의(Attention)는 고객의 주의를 끌어 제품 또는 서비스를 인지하는 단계이다.
- 2단계: 관심(Interest)은 제품에 대한 관심을 가지고 장단점을 인식하는

단계이다.

- 3단계: 욕망(Desire)은 여러 판매 촉진 활동 등으로 제품에 대한 구매 욕구를 불러일으키는 단계이다.
- 4단계: 확신(Conviction)은 구매하는 것이 유익하다는 확신을 갖게 하는 단계이다.
- 5단계: 행동(Action)은 구매 욕구를 행동으로 옮겨 실제 구매가 일어나는 단계이다.

5) AISAS model

달라진 미디어 환경을 반영하여, 일본의 광고대행사 덴츠(Dentsu)가 2004년에 제시한 모델이다. 이 모형은 기존의 모형에서 검색(Search) 단계를 추가하여 소비자의 적극적인 메시지 선택의 과정을 포함시켰다. 브랜드에 대한 인지 및 제품 구매 과정에서 인터넷 검색이 필수적인 의사결정 과정으로 등장함에 따라, 이 단계는 정보 처리에서 중요한 역할을 차지하게 되었다. 또한, 검색에 그치지 않고, 제품을 구매한 이후에는 구매에 대한 의견을 온라인상에 공유함으로써 다른 소비자들에게 중요한 정보원으로 활용된다.

'주의(Attention) → 관심(Interest) → 검색(Search) → 행동(Action) → 공유(Share)'로 이어지는 단계는 선형적으로 구매행동에서 끝나던 기존 모델과 달리, '공유'를 통해 다시 AISAS → SAS로 반복될 수 있다는 측면에서 닫힌 구조가 아닌, 순환구조를 가진다는 데 의미가 있다. 인터넷 시대의 미디어 환경을 반영하는 AISAS 모델은 소비자의 적극적 정보 선택이라는 특징을 가지는 검색(search)이라는 단계와 구매 후 의견을 인터넷을 통해 공유(share)함으로써 다시 브랜드에 대한 평가에 영향을 미치는 단계가 추가됨으로써, 일방향적, 선형적 구조에서 비선형적이며 열린 구조로 구성된 특징을 보인다.

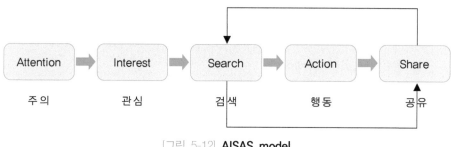

[그림 5-12] **AISAS model**

- 1단계: 주의(Attention)는 고객의 주의를 끌어 제품 또는 서비스를 인지하는 단계이다.
- 2단계: 관심(Interest)은 제품에 대한 관심을 가지고 장단점을 인식하는 단계이다.
- 3단계: 검색(Search)은 인터넷으로 해당 제품을 검색하고 경쟁사와 비교·분석하는 단계이다.
- 4단계: 행동(Action)은 검색 결과를 바탕으로 실제 구매가 일어나는 단계이다.
- 5단계: 공유(Share)는 SNS를 통해 구매한 제품에 대한 사용 후기나 다양한 정보를 공유하며 자연스럽게 구전 마케팅으로 진행되는 단계이다. 이렇게 공유된 정보는 또 다른 소비자가 검색할 때 노출되고, 그 소비자에게 영향을 미치게 된다.

6) SIPS model

일본의 광고대행사 덴츠(Dentsu) 내에서 차세대 커뮤니케이션을 연구하는 현대통신연구소는, SNS가 주류인 시대의 소비자 정보처리 행동은, '공감(Sympathy) → 자기확인(Identify) → 참여(Participate) → 공유와 확산(Share & Spread)'으로 나타난다고 제시하였다.

모바일 시대의 새로운 정보 처리 모델이 바로 SIPS이다.

[그림 5-13] **SIPS model**

- 1단계: 공감(Sympathy)은 소셜미디어상 '유통화폐'라고 지칭될 만큼, 커뮤니케이션이 시작될 수 있는 중요한 실마리를 제공하는 지점이다. 정보와 콘텐츠가 넘쳐나는 현재의 미디어 환경에서 페이스북, 인스타그램의 '좋아요'나 트위터의 '리트윗'이 발생하지 않는 콘텐츠는 사멸하고 만다. 한편 '좋아요'와 '리트윗'이 확산되려면 우선 공감의 영역에 들어서야 가능하다. 즉, 공감할 가치가 있는 정보만이 확산될 수 있다. 물론, 공감한다고 무조건 참여나 공유의 단계로 진행되는 것은 아니다. 정보의 홍수 속에서 공감한 콘텐츠에 대해 소비자들은 관심을 갖는 것이지 확신을 하는 것이 아니기 때문이다.
- 2단계: 자기확인(Identify)은 공감한 콘텐츠에 대해서 자신과의 유용성, 가치관 부합성 등을 다양한 방법과 채널을 통해 확인하는 과정을 거치게 된다. 친구나 지인의 의견, 전문가의 의견, 대중 매체의 정보 등을 통해 확인 과정을 거치게 된다. 이렇게 본인의 가치관, 생각에 어울리는 콘텐츠인지 자기확인을 거치고 나서야 비로소 참여하게 된다.
- 3단계: 참여(Participate)는 모바일의 경우 인터넷 시대의 참여보다 더욱 적극적이고 일상적인 형태의 참여를 만들어냈다. SNS 환경에서 커뮤니케이션 활동에 참여하는 것은 그 자체로 기업과 브랜드의 마케팅 커뮤니케이션 활동에 직간접적으로 기여하는 것이다. 앱을 다운로드받고 이용하는 것들 모두 소비자가 기업의 활동에 '참여'하는 것이다. 구매행동이 기업 입장에서 궁극적으로 바라는 소비자의 최종 참여행동이지만, 이 모델에서는 '참여'에 구매를 포함하여 폭넓게 해석하고 있다.
- 4단계: 공유와 확산(Share & Spread)은 가장 중요한 단계로 보고 있다.

공감한 이후, 자기 확인을 거쳐 커뮤니케이션에 참여한 소비자들은 그 참여 활동을 친구 또는 지인에게 소셜미디어를 통해 공유하려 한다. 이렇게 공유된 콘텐츠들이 이용자들에게 공감을 얻어 '좋아요'를 얻거나 '구독'될 때 기하급수적인 확산이 발생한다.

이렇게 SIPS model은 4단계가 반복되는 열린 구조를 가지며, 다른 모델에서보다 소비자를 정보 및 콘텐츠를 적극적으로 생산, 열람, 유통시키는 주체로서, 이용자로서, 커뮤니케이션 참여자로서 인식한다는 특징을 나타낸다.

소비자 구매행동의 근본은 변하지 않는다. 상황에 따라 조금씩 바뀔 뿐이다. 기업들의 ESG 활동과 소비자 구매행동은 기존에 사용되던 모델의 일부분과 ESG 및 소비자행동에서 중요한 요소로 사용되는 '이해관계자 가치', '심리적 거리', '구매의도'를 적절히 조합하여 활용할 수 있다.

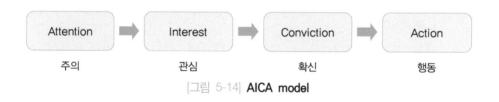

[그림 5-14] **AICA model**

- 1단계: 주의(Attention)는 소비자가 ESG 요소를 인지하는 단계이다.
- 2단계: 관심(Interest)은 소비자가 이해관계자 가치에 관심을 가지는 단계이다.
- 3단계: 확신(Conviction)은 소비자가 ESG 기업과 심리적 거리를 좁히는 단계이다.
- 4단계: 행동(Action)으로 실제 구매가 일어나는 단계이다.

ESG와 소비자

PART

3

ESG를
생각하는
소비와 소비자

06 소비자의 이해

CHAPTER

1 소비자의 의미

숨 쉬지 않고 살아갈 수 있는 사람이 없는 것처럼 오늘날 우리 모두는 소비하지 않고 살아갈 수 없기 때문에 호흡하는 것만큼 당연하게 소비한다. 이렇게 우리의 생활에 깊숙이 파고든 소비생활은 인간의 다양한 역할 가운데서도 소비자로서의 역할을 크게 부각시켰다. 소비자의 개념이 수많은 논쟁의 주제로 떠오르고, 생산자와 노동자의 입장에만 관심을 쏟아왔던 학문세계에서도 소비와 소비자를 연구대상으로 삼기 시작했다.

현대 사회에서 소비자의 수요와 지출이 차지하는 비중은 압도적이어서 소비자의 올바른 경제행위 없이 시장경제가 제대로 작용하기 어렵게 되었다.

소비자의 선택은 시장경제의 핵을 이루고 소비자 소비패턴의 변화는 경제에서 매우 중요한 변수로 작용하게 되었다.

따라서 소비자의 개념과 경제에서의 지위와 역할을 중심으로 그 권리와 책임 및 소비자 주권에 대해 살펴봄으로써 소비자에 대한 올바른 이해를 해보자.

우리 모두는 소비자이다. 누구나 포함되는 소비자는 흔히 잊기 쉽고 끊임없이 변화하는 집단이다. 모든 사람은 소비자이지만, 순간적으로 소비자의 역할에서 빠져 나와 정반대의 관심과 문제를 갖고 소득과 임금을 벌기 위해 노동자의 역할에 놓이곤 한다. 그러나 소비자의 개념을 규정하는 것은 일하는 사람으로서 갖게 되는 관심과는 차별되는 독특한 공통관심을 추구하고 실현하고자 한다는 점에 있다.

일반적으로 소비자는 소비생활을 위하여 상품이나 서비스를 구입·소비하는 사람들을 가리킨다. 소비자(comsumer)란, '장래 시장의 구성원', '상품이나 서비스를 사적인 용도로 제공받는 사람' 그리고 '타인이 공급하는 물품이나 서비스를 소비생활을 위해 구입·이용하는 자' 등으로 정의한다. 그러나 우리나라 소비자기본법에서 소비자라 함은 "사업자가 제공하는 물품 및 용역(시설물 포함)을 소비생활을 위하여 사용하는 자 또는 생산 활동을 위하여 사용하는 자로서 대통령령이 정하는 자"라고 규정되어 있다.

자신의 생산물을 사용 또는 소비하는 경우나 사업자로부터 구입하더라도 자신의 소비 생활을 위한 것이 아닐 경우에는 소비자가 아니라 하겠다. 이와 같이, 소비자는 사업자가 제공하는 제품(物品)이나 서비스(用役)를 자신의 생활을 위해 구입, 사용하는 자로, 거래 과정의 말단에 위치하는, 그리고 최종소비자로서 생활을 영위하는 생활자를 뜻한다. 보통 소비자라 하면 이러한 최종소비자만을 가리킨다.

넓은 의미의 소비자에는 개인은 물론, 가계·학교·교회와 같은 조직도 포함된다. 이는 소비자를 개인소비자와 조직소비자 또는 최종소비자와 산업 사용자로 대별하는 데서 알 수 있다. 그러나 일반적으로 소비자라 하면 '최종소비자'를 가리키고, 사업상 재화(生産財)를 구입하는 소비자, 즉 중간소비자 내지 산업사용자는 포함시키지 않는다.

한편, 소비자와 상반되는 개념인 사업자(事業者)는 물품을 제조, 수입, 판매하거나 용역을 제공하는 자를 말하고, 생산자, 도매업자 및 소매업자 등이 그 예다. 사업자란, '제품 및 서비스의 공급자로, 이윤 추구 목적으로 사업을 영위하는 사람'이라고 할 수 있다.

2 소비자 유형

1) 선택자로서의 소비자(The consumer as chooser)

선택은 소비자생활의 중심 가치로 자리 잡고 있다. 선택이 소비자에게 주는 이점을 살펴보자.

첫째, 모든 선택은 좋은 것이고 바람직한 것으로서 소비자에게 더 많은 선택이 주어질수록 좋은 것이다.

둘째, 선택은 경제 전반에도 유익한 것으로서 효율성, 성장, 다양성 등을 움직이는 힘으로 작용한다.

셋째, 선택이 존재하는 사회체계는 그렇지 않은 체계에 비해 월등히 낫고, 선택이 궁극 가치로 작용한다.

넷째, 소비자본주의란 모든 사람에게 더 많은 선택이 주어진다는 것을 의미한다.

이와 같이 선택이 소비자에게 중요한 의미를 가지지만 선택에는 몇 가지 제한점이 있다.

첫째, 정보가 주어지지 않은 상태에서의 선택이란 진정한 선택이 아니기 때문에 어떤 종류의 정보가 얼마만큼, 그리고 누가 제공하는 것이 소비자에게 적합한 문제인지가 제기된다.

둘째, 비슷비슷한 대안들 사이의 선택이란 진정한 의미의 선택이기보다는 제한된 범위 안에서의 선택일 뿐이다.

셋째, 자원을 가진 자에게만 선택이 국한된다면 모든 사람에 대한 선택의 이점은 감소한다. 왜냐하면 부자라는 것은 도움이 되겠지만, 여유가 있어야 한다는 것이 선택을 통해 행복을 얻는 전제조건은 아니기 때문이다.

넷째, 선택범위가 지나치게 많으면 최상의 대안을 선택하는 일이 골칫거리가 되기 때문에 너무 많은 선택은 오히려 보상을 감소시킨다.

다섯째, 구매한 중고차가 자주 고장이 난다거나 수술의 결과가 만족스럽지 않을 때 불평의 한계가 있듯이 때로는 선택이 책임회피나 속임수의 연막으로 이용될 수도 있다.

선택은 옳고 그름, 좋고 나쁨과 같이 도덕적 차원과 필연적으로 연결되어 있다. 모든 소비자가 선택에 익숙하기 때문에 선택은 민감한 문제이다. 사람들은 선택을 당장 하지 못하더라도 선택할 권리는 가지고 있다고 믿고 싶어 한다. 모든 것을 다 잃는다 해도 가장 마지막까지 움켜쥐고자 하는 것은 아마도 선택의 권리일 것이다.

선택에 관한 또 다른 관점은 소비자를 문제해결자로 간주하고 문제를 어떻게 인지하느냐에 따라 선택이 달라진다는 것이다. 또한 소비자는 목표를 가지고 정보를 탐색·평가하여 최상의 대안을 가려내는 정보탐색자나 정보처리자로 설명되기도 한다. 소비자 선택을 사회적 접촉을 위한 하나의 매개체로 간주하기도 하여 소비자들이 사교를 위해 쇼핑을 한다는 설명도 있다. 또 다른 학자들은 원하는 목적을 상품이 달성하는지 아닌지를 의식적으로 가려내는 행위로 선택을 파악함으로써 소비자들이 실용주의자라는 주장을 펴기도 한다.

이상에서와 같이 소비자 선택에 대한 다양한 설명이 존재하는 것은 소비자 선택이 매우 복잡한 현상을 포함하고 있음을 의미한다. 그러나 소비자 선택에 대한 여러 가지 설명의 밑바탕에는 소비자 선택이 합리적으로 이루어진다는 가정이 깔려 있다.

2) 의사소통자로서의 소비자(The consumer as communicator)

소비자를 의사소통자로 보는 관점은 소비제품과 같은 물질적인 사물에 대해 소비자가 부여하는 의미나 느낌에 따라 그 사물의 사회적 가치가 다르고 사물은 소유자의 사회적 위치를 나타내는 표시물 혹은 의미전달물이 될 수 있으며, 이러한 표시물들을 이용하여 의사소통이 이루어진다는 것이다. 물론 우리는 언어를 통해 의사소통하지만 몸동작이나 예절을 통해 그리고 매일매일 사용하고 전시하고 버리는 셀 수 없이 많은 소비제품들을 통해 의사소통한다는 것이다.

소비자를 의사소통자로 보는 것은 상품의 문화적 가치와 그들을 구성하는 의미에 대해 연구하기 시작한 문화인류학자와 사회학자의 관점으로서, 사물의 경제가치나 교환가치가 생물학적 혹은 사회적 요구보다는 궁극적으로 문화적 가치로부터 나온다고 간주한다. 그러므로 소비자가 상품을 구입하는 것은 그 상품이 소비자에게 무엇을 해줄 수 있기 때문이기보다는 그 상품이 소비자에게 어떤 의미가 있고 소비자 자신들에 대해 무엇을 말해줄 수 있기 때문이라는 것이다. 사물은 어떤 일이 있었는지를 나타내주거나 애매모호함을 없애주거나 또 경우에 따라서는 의미를 확고히 하는 증거물이 된다는 것이다.

3) 탐험가로서의 소비자(The consumer as explorer)

채워지지 않는 호기심을 가지고 끊임없이 색다름을 추구하며, 활 없는 탐험가로서의 소비자에 대한 이미지는 일찍이 Baudrillard를 비롯해 1980년대 Bourdieu, Bauman, Featherstone 그리고 McCracken과 같은 문화이론가들의 생각을 뒷받침했다. 쇼핑행위는 질 좋은 상품을 값싸게 사는 관리능력으로부터 좀 색다르고 규격에서 벗어나고 각자의 이름이나 얼굴이 새겨진 전용상품을 찾는 다분히 창조적인 능력을 요구하는 행위로 바뀌고 있다. 이와 같이 호기심 어린 탐험가로 소비자를 바라보는 관점은 독특한 차이 또는 이색적인 것을 찾는 인간의 욕구에서 비롯된다.

소비자의 탐험가적 기질은 마케터의 끊임없는 공격대상이 되고, 이색적인 진열, 독특한 향기, 색다른 볼거리, 현란한 판매행사 등의 유혹을 받아보지 않은 소비자가 없을 정도이다. 현대 소비자에게 쇼핑과 탐험은 하나가 되어 신제품, 새로운 유행, 새로운 형태의 즐거움 등을 찾아다니는 쇼핑행위에서 소비자들은 호기심을 발산한다. 집에서 편안히 잡지를 보거나 이웃과 만날 때도 탐험은 계속되고, 좀 더 적극적으로 여행하면서 진기한 풍경을 카메라에 담거나 기념품을 모으기도 한다. 또는 거리의 진열창을 지나며 최신 유행을 탐험하기도 하고, 전자상거래(E-Commerce)와 소셜미디어를 이용한 쇼핑형태에서도 탐험은 이어진다. 결국 탐험 없는 소비행위를 상상할 수 없게 되었고 소비행위

없는 탐험을 상상할 수 없게 되었다.

또한 상표충성과 같이 소비자들이 익숙한 것, 안전한 것을 찾는 수많은 경우에 대해 설명하지 못했다. 현대소비의 뚜렷한 모순의 하나는 친숙한 것과 낯선 것을 동시에 갈망하는 것이며, 소비자들은 습관적인 것으로부터 편안함을 얻는 동시에 모험적인 것을 추구한다. 바로 이것이 현대 소비현상에서 일관성과 보편성이 상실되고 부조화와 분열이 공존하는 현대소비의 특성을 나타내는 하나의 단면이다.

4) 정체성 추구자로서의 소비자(The consumer as identity - seeker)

인간은 끊임없이 정체성을 추구해 왔고, 이것은 개인 및 가족의 역사, 직업, 업적, 성격과 기질 등에 의해 형성되어 왔다. 그러나 고도의 소비사회로 진입하면서부터 우리의 정체성은 소비행위와 밀접한 관련을 맺기 시작했다. 일과 직업 및 업적 위주의 정체성은 감소하고 그 틈을 소비현상이 메우기 시작했다. 기업이 새로운 심벌이나 로고로 새로운 기업 이미지를 창출할 수 있는 것과 똑같은 이치로 소비자도 다양한 소비재를 선택하여 자신의 정체성을 형성해 나갈 수 있게 되었다.

정체성 추구자로서의 소비자에 대한 관점은 포스트모더니즘 이론가의 관점으로서 그들은 쇼핑이 단순히 상품을 구매하는 행위가 아니라 정체성을 구매하는 행위이며, 소비자의 정체성은 그가 구매하는 상표뿐만 아니라 그것을 생산한 기업의 정체성과 연관된다고 보았다. 상품의 이미지와 질은 개개의 상품 혹은 여러 개의 상품이 묶여서 소비자에게 이전되고, 소비자의 정체성은 상품 이미지의 끊임없는 전위와 응집의 결과에서 오는 자아 이미지가 된다. 물질은 소비자와 물리적·감정적으로 매우 밀접하게 연관되기 때문에 소비자의 정체성을 쉽게 형성하는 역할을 하게 된다.

물질의 유용성은 실제와 이상 사이를 연결시키는 가교역할에 있다. 예를 들어 어떤 사람이 '저 차를 살 수만 있다면 나는 참 멋져 보일 텐데…'라고 생각한다면 그 차는 실제와 이상을 연결시키는 환상이 된다. 이와 같이 꿈꾸고, 갖고 싶어 하는 차는 자아도취적 공상의 의미를 담게 되고 그 차를 손에 넣게 되면 일시적으로 자아도취는 증폭된다. 그러나 그것은 일시적일 뿐 실제와 이상의 거리가 깨져 사물이 형성하는 정체성의 이상적 가치는 급격히 감소되고, 또 다른 환상이 또 다른 사물로 옮겨져 끊임없이 물질을 추구하게 만들며, 바로 이러한 과정을 통해 소비자본주의가 번영하는 것이라고 해석한다.

5) 쾌락주의자로서의 소비자(The consumer as hedonist)

현대인에게 인생을 즐긴다는 것은 기쁨을 얻기 위해 소비하는 것을 의미할 정도로 소비와 쾌락추구는 밀접하게 관련된다. 오늘날 행복은 성취나 성공보다도 즐거움과 더 밀접하게 관련되고, 상품은 생산되어 진열되고 유통·소비되는 과정에서 기쁨을 주는 도구의 역할을 한다.

소비선택은 행복추구에 있고, 소비자들은 즐거움을 주는 것에 그들의 돈과 시간을 쏟아붓는다. 행복은 생활의 질에 반영된 쾌락주의적 또는 심미주의적 의미로 정의되고, 소비는 쾌락과 미적 욕구를 충족시키는 수단으로써 소비자에게 행복을 가져다준다. 그러나 행복은 노력이나 어떤 미덕의 보상이나 운의 결과로 얻어지는 것이 아니라 쾌락과 즐거움을 다루는 문제이기 때문에 결국은 소비자 자신의 책임과 능력에 달린 문제이다. 소비자들의 환상은 현실과 유리된 것일 수 있으나 그들이 느끼는 쾌감은 현실적인 것이다.

그러나 쾌락추구는 결국 헛된 것일 수 있고 쾌락을 쫓는 소비자는 자신을 만족시킬 것이라고 믿는 것을 얻기 위해 다른 사람에게 고통을 안겨줄 수 있다. 그러므로 쾌락추구자로서의 소비자는 궁극적으로 쾌락의 중독자가 될 수 있는 위험이 있다. 쾌락주의는 막다른 골목에 다다르며 매우 불만족스러운 결과를 가져올 수도 있다.

소비자들이 쾌락을 추구하며 물질에 의존하고 좌절을 경험하며 서로 증오하는 격렬한 사이클을 계속 따라갈 것인지, 아니면 제한적이기는 하나 자신이 실제로 경험할 수 있는 만족수준을 더 깊이 느끼며 생기발랄하게 살아갈 것인지는 의문으로 남는다.

6) 피해자로서의 소비자(The consumer as victim)

1950년대 Vance Packard의 책 『The Hidden Persuaders』에서 심리학의 새로운 기법과 광고가 소비자들을 조종한다는 사실이 폭로된 이래 피해자로서의 소비자에 대한 이미지는 소비사회에 깊이 자리 잡게 되었다. 소비자는 부도덕한 상술의 희생자로 보여졌을 뿐만 아니라 심리학의 발전과 함께 고도의 기법을 적용해 보는 소재로 여겨졌다.

문화이론가의 관점과는 달리 소비자옹호자와 소비자운동가들은 시장개방의 물결로 하나가 되어가는 세계 자본주의 시장에서 소비자의 약점은 더욱 증가하고 있다고 강조했다. 그들은 상거래가 존재하는 한 소비자를 속이고 위해할 가능성은 항상 존재하고, 소비자와 기업 간에는 힘의 불균형이 존재하여 소비자보호가 필연적이라는 주장을 편다. 선진국에서의 소비자보호는 시장행위에 대한 법규와 경쟁의 결합으로 이루어지는 추세에 있고 소비자와 정부 그리고 기업의 세 경제주체 간의 힘의 균형에 관심을 쏟는다.

7) 저항자로서의 소비자(The consumer as rebel)

소비자를 저항자로 간주하는 관점은 조작된 상품을 수동적으로 구입하는 피해자로서의 소비자의 이미지를 거부하면서 1980년대에 출현하였다. 저항자로서의 소비자의 이미지는 피해자로서의 분노가 증폭된 이미지일 뿐만 아니라 지난 2세기에 걸쳐 자기 혼란적 소비자 옹호자의 지칠 줄 모르는 활동이 강화된 이미지이다.

그러나 저항자로서의 소비자의 이미지는 소비사회를 전면 거부하기보다는 또 다른 형태의 소비에 가담함으로써 자동적으로 다시 상품화되는 경향이 있다. 그러므로 소비자들은 저항자로서 "전면거부함"이라고 반항함으로써 소비자사회에 도전할 뿐만 아니라, 현재로는 가능하지 않은 선택범위를 열어감으로써 또다시 소비사회를 더욱 조장하는 측면이 있다.

8) 운동가로서의 소비자(The consumer as activist)

운동가로서의 소비자에 대한 이미지는 도덕적인 맥락에서 모든 소비자의 몫을 향상시키기 위해 집합적인 조직체의 필요성을 강조하는 관점이다. 행동주의적 소비자운동은 지금까지 네 가지의 물결로 발전되어 왔다.

첫 번째의 소비자운동의 물결은 상품의 과도한 가격과 나쁜 품질에 대한 노동자 계층의 협동조합적 반응으로부터 시작되었다. 현대적 형태의 협동조합운동은 1844년 산업화과정이 극도에 달할 무렵 영국의 북서부지방 Rochdale에서 조합원들이 매점을 직접 운영하는 데서 시작되었다. 그 당시의 열악한 상황에도 불구하고 소비자에 대한 이념이 탄생하게 되었고 발전하였을 뿐만 아니라 소비자들이 생산에 대항하는 힘을 행사할 수 있음이 실질적으로 입증되었다.

두 번째의 소비자운동은 19세기 후반과 20세기 초반에 미국에서 시작되어 1930년대에 현대적 형태를 갖춘 것으로써 독점자본에 의해 소비자에게 부과되는 위험을 인식하고 상품테스트와 소비자교육 및 정보에 관심을 쏟는 것이었다. 소비자가 시장환경에 좀 더 효과적으로 행동할 수 있도록 교육하고 정보화시킴으로써 지불한 돈에 상응하는 가치(value-for-money)를 얻는 데 관심을 두었다.

세 번째 소비자운동의 물결은 두 번째 물결과 같이 미국에서 시작되었는데 그 중심은 Ralph Nader이다. Nader는 개별 소비자와 거대한 기업 간의 힘의 불균형에 대해 역설하였고, 소비자정책의 새로운 혁명을 불러일으켰다. 그는 소비자운동의 역할을 시장에서 소비자가 최상의 거래를 하는 것으로부터 점차 확장하여 시장 자체에 맞서는 것으로 간주하였다. 두 번째의 물결에서처럼 정보의 중요성이 강조되고 정보가 자유롭게 흐를 수 있어야 하고 공명정대해야 한다고 주장하였다. Nader주의는 1990년대 세계적인 규제철폐와 경제블록의 대두와 함께 새로운 국면을 맞아 소비자집단뿐만 아니라 환경단체, 동물보호단체, 무역연맹 등의 단체와 연합하는 범세계적 소비자운동으로 발전하여 Consumers International과 같은 국제기구의 출현배경이 되었다.

　　네 번째 소비자운동의 물결은 1970년대에 서서히 등장하여 1980년대에 가속화된 대안적 소비(alternative consumption)에 관심을 쏟는 것이다. 이 물결은 녹색(green), 도덕적(ethical), 제3세계연대(Third World solidarity), 공정무역기구(fair trade organization)와 같은 다양한 요소를 포함하는데, 이 가운데서 가장 영향력 있는 것은 환경보호적 소비자운동으로서 환경친화적 제품의 사용부터 소비 자체를 절제하는 데 이르는 다양한 방법으로 환경을 보호하는 데 소비자가 주도적인 역할을 담당해야 한다는 주장을 한다.

9) 시민으로서의 소비자(The consumer as citizen)

　　우리가 소비자로서 생각하는 것은 전혀 어색한 일이 아니지만 시민으로서 자신을 바라보는 것은 좀 어색하다. 시민이라는 개념은 분명하지도 않고 특별히 매력적이지도 않은 권리와 의무 사이의 균형뿐만 아니라 상호의존과 견제를 포함한다. 반면 소비자는 사회 구성원일 필요도 없고 사회를 위해 행동해야 할 의무도 없으며, 시장에서 죄책감이나 사회적 의무감 없이 자유로이 선택할 수 있다. 이렇게 상이한 두 개념이 1980년대에 들어와 합쳐지게 되었다.

　　소비사회의 물질주의의 한계와 환경오염의 문제에 직면하면서부터 책임 있는 소비자, 사회적 식견이 있는 소비자, 앞서 생각하고 사회적 자각에 비추어 자신의 열망을 조화시키는 소비자, 도덕적 행동을 하고 공동복지를 위해 개인적 쾌락을 희생시킬 준비를 할 줄 아는 소비자의 개념이 필요해졌고 이러한 배경에서 소비자의 개념은 시민의 개념 쪽으로 방향을 확대해 나갔다. 소비자는 새로운 사회규칙을 수립하기 위해 결속해야 하고, 그 새로운 사회규칙이란 지역사회 단위의 협소한 범위가 아니라 세계적 규모로 사회통합을 회복시키는 것이다. 앞으로의 소비자는 인류공동의 부의 견지에서 시민으로서 행동하고 살아 나가야 한다. 이와 같이 시민의 개념이 소비의 논점에 들어오게 되면서 시민으로서의 소비자는 직접적인 행동이나 참여뿐만 아니라 간접적으로 국가를 통해 시장을 있는 그대로 받아들이는 것이 아니라 조정하고 통제하고 변화시켜 나갈 수 있다.

3 소비자의 역할

소비자는 기본적으로 제품 및 서비스를 소비하는 소비자인 동시에 그 제품의 생산자이며 구매자이다. 더 나아가 소비자는 거래의 주체이면서 가격 결정자이고, 또 자본주의경제의 통제자이기도 하다. 여기서 소비자들이 갖는 다양한 역할에 대하여 구체적으로 살펴보고자 한다.

1) 소비 상담자로서의 소비자

일반적으로 소비자라 하면 개인적 소비, 즉 개인의 욕구 충족을 목적으로 상품의 사용가치를 최종적으로 소모하는 최종소비자를 말한다. 이러한 최종소비자는 산업사용자처럼 상품 생산을 위해 원재료나 노동력을 구매, 사용하지 않으며, 또 유통업자처럼 재판매를 목적으로 상품을 구입하지 않는다. 그리고 최종소비자의 소비는 그 형태와는 관계없이 소비자 자신이 갖고 있는 내적 욕망의 발현이라 할 수 있다. 즉, 소비자 개개인의 욕망이 사회적 욕망으로 집적되어, 생산력 향상과 기술 진보를 유발시키고, 신제품을 시장에 출현되도록 한다는 것이다. 이와 같이 인간의 욕망이 신제품을 요구하게 되고, 신제품은 또 다른 욕망이나 필요를 창조하게 된다. 따라서 소비자 개개인의 욕망은 역사적·사회적·문화적 소산으로, 새로운 발명·발견이나 신제품을 낳게 한다고 할 수 있겠다.

2) 생산자로서의 소비자

소비자는 생산된 상품을 소비하는 동시에 생산요소를 제공하는 사람이다. 즉, 생산자로서의 노동자는 노동력의 대가인 임금으로 받은 화폐로 소비용품을 구입, 소비하기도 하지만, 노동자나 그 가족으로서의 소비자는 소비생활을 영위하면서 노동력을 재생산해 생산요소를 제공하기도 한다.

모든 욕망, 분배, 교환, 그리고 소비가 현실적으로 생산과 직접적인 관계를 맺고 있으며, 또 생산은 소비, 분배, 그리고 교환과의 상호관계를 규정하고 있다. 즉, 모든 소비자들이 어떠한 형태로든 사회적, 물질적 생산 활동에 직간접적으로 관련되어 있으므로 소비자를 '소비만을 위해 소비하는 사람'이라고 단정할 수는 없다고 본다. 또한 소비자가 소비의 대상인 상품을 생산하는 생산사회의 일원이라는 점에서 생산을 매개로 한 사회적 관계와 소비를 매개로 한 사회적 관계를 함께 갖고 있는데, 이러한 양자 간의 관계는 생산의 고도화와 분업의 발달로 더욱 밀접해지고 있다.

3) 구매 행동자로서의 소비자

소비자들은 욕구 충족을 위해 자신의 구매력 범위 내에서 상품을 선택, 구매하게 되며, 또 이 과정에서 나름대로의 구매의사결정과정을 거친다. 소비자의 의사결정은 경제학에서 제시한 한계효용 극대화(maximization of marginal utility)를 위해 항상 합리적·이성적 판단으로만 이루어지는 것은 아니다. 소비자의 구매의사결정에는 합리적 지향과 비합리적 지향이 함께 반영되고, 구매자 특성, 제품 특성, 판매자 특성, 상황적 특성, 그리고 문화적 특성 등의 영향을 받는다.

그리고 '소비자들이 어떻게 특정 제품을 특정 상점에서 구매하는가'에 대한 규명은 소비자행동 연구의 핵심 과제이며, 소비자의 구매행동, 특히 구매의사결정은 소비자행동 이론의 중심 영역이다. 또한, 소비자 및 소비자 구매행동에 대한 조사·연구는 합리적인 기업 경영과 마케팅 관리에 매우 중요한 일이다. 소비자의 욕구 및 구매의사결정에 대한 정확하고 올바른 파악이 기업경영의 성패를 좌우하기 때문이다.

4) 거래 주체로서의 소비자

시대의 변천, 특히 경제 및 생산기술의 발전에 따라 소비자의 구매 상품과 생활양식도 변화되어 왔다. 인간으로서의 생활을 영위하기 위하여 소비자는 상품을 구매·소비하지 않을 수 없으며, 또 판매자와 함께 거래의 주체가 될 수밖에 없다.

이와 같이 소비자를 거래의 주체로 보면, 그 주체가 인간이라는 점과 거래 목적이 생활이라는 점이야말로 소비자가 갖는 기본적인 성격이라고 할 수 있다. 그리고 오늘날 상품이 인간생활 전반에 걸쳐 영향을 미치는 것은 어쩌면 당연한 일이나, 점차 늘어나는 결함 및 불량 상품들이 소비자의 생활에 적지 않은 피해를 준다는 점에서 문제시된다.

5) 가격 결정자로서의 소비자

자유경제체제하에서 가격은 주요한 마케팅 믹스(marketing mix) 요소인 동시에 마케팅 수단이다. 뿐만 아니라, 소비자행동 및 경제 운영의 중심이 될 정도로 매우 중요하다. 상품 가격은 원활한 시장경쟁 과정을 통해 결정되어야 하고, 또 그 결정과정에 소비자들이 참여해야 하는데, 현실적으로 그러하지 못한 실정이다. 뿐만 아니라, 오늘날 대부분의 소비자들이 상품의 품질, 성능 등을 명확히 인식하지 못한 상태에서 구매행위를 하고 있다.

6) 자본주의 경제 통제자로서의 소비자

경제 통제자로서의 소비자란, 제반 경제활동에 대해 감독기능을 수행하는 소비자를 뜻한다. 즉, 소비자가 상품 가격 등에 대하여 유무형의 영향을 미치며, 기업 등의 경제활동을 관찰, 감독한다는 것이다. 그리고 이러한 소비자의 감시·감독 기능이 생산자의 의사결정에 영향을 미치고, 더 나아가 현대 자본주의경제를 다소나마 통제하는 역할도 한다.

7) 기업 및 정부 정책 영향자로서의 소비자

기업 이익은 가격, 비용, 판매량, 소비자 및 생산자의 의사결정 등에 의해 결정되는데, 이들 중 소비자야말로 기업의 매출과 이익에 가장 크게 영향을 주는 요소라고 할 수 있다. 왜냐하면, 소비자는 자신의 상표 선택을 통해 기업활동, 특히 매출이나 이익에 크게 영향을 미치며, 또 정치적 투표를 통해 정부의 경제정책 수립에도 영향력을 발휘하기 때문이다. 따라서 소비자들이 갖는 경제적 힘은 다른 어느 이해자 집단보다 크다고 하겠다.

8) 생산 자원 배분자로서의 소비자

'소비자는 이중적·양면적인 존재'라고 할 수 있다. 이는 소비자의 한 얼굴은 생산요소의 공급자이고, 다른 한 얼굴은 생산된 제품의 수요자임을 의미한다. 그리고 소비자는 재화 생산의 최종 감독 단계에서 기업 및 산업에 대한 생산자원의 배분에도 영향을 미친다. 이때 생산활동에 대한 소비자들의 영향력은 그들이 생산활동에 대해 수행하는 역할에 따라 다르다. 이는 텔레비전의 수요가 그의 생산에 소요되는 토지, 노동 및 자본에 대하여 파생수요(derived demand)를 유발한다는 사실에서 알 수 있다.

기업 및 산업의 생산시설 규모와 그 가동률은 그들이 생산하는 제품에 대한 소비자 수요에 달려 있다. 이러한 소비자 수요가 산업의 완전가동을 실현시킬 수 있을 때 비로소 시설의 최적이용에 의한 전체 평균비용이 감소하게 되며, 보다 많은 이윤의 확보도 가능할 수 있다. 이와 반대로 소비자 수요가 일정 수준 이하로 감소될 경우에는 규모의 경제가 실현되지 못해 결과적으로 총평균비용이 상승함은 물론, 기계설비의 이용률마저 떨어져 기업은 파탄에 이르게 된다.

4 소비자의 권리와 책임

1) 소비자 권리의 개념

소비자 권리는 제품 및 서비스의 구입, 사용과 관련된 소비자의 권리를 뜻하며, 이러한 권리의 보장은 컨슈머리즘을 실현하는 데 전제가 된다. 생산자나 판매자가 자신이 생산·판매할 상품을 자유로이 결정할 수 있듯이, 소비자 또한 원하는 상품을 자유롭게 선택할 권리가 있는 것이다. 그러나 현실적으로는 여전히 많은 산업분야에서 소비자들은 사업자가 일방적으로 결정한 가격 및 거래 조건으로만 구매하는 등의 문제를 가지고 있기 때문에, 소비자의 권리확보와 실천이 요구되고 있다.

그렇다면 소비자 권리는 어떻게 나타나게 되었을까?

소비자 권리는 미국의 케네디 대통령이 1962년 3월 15일 미국 하원에 보낸 '소비자 이익 보호를 위한 특별교서'에서 선언한 소비자의 4대 권리, 즉 안전할 권리(The right to safety), 알권리(The right to be informed), 선택할 권리(The right to choose), 의견을 반영시킬 권리(The right to be heard)를 그 시작으로 한다. 최초로 소비자 권리를 주장한 케네디 대통령은 소비자들이 이들 권리를 원만히 실천할 수 있도록 정부가 각종 조치를 취해야 한다고 주장했다. 케네디 대통령이 최초로 주장한 4가지 소비자 권리에 1969년에는 닉슨 대통령이 구제받을 권리를, 1975년 포드 대통령이 교육받을 권리를, 그리고 1994년 클린턴 대통령이 서비스받을 권리를 추가하였다. 이외에도 국제협동조합동맹(1964), 유럽공동체(European Community: EC, 1975), 국제소비자기구(Consumers International: CI, 1980), 일본의 제5회 인권교류 집회(1986) 등에서도 소비자 권리를 선언하고 명문화하였다.

소비자 권리에 대한 노력은 미국 외의 다른 선진국에서도 살펴볼 수 있다. 유럽공동체는 건강과 안전을 보호받을 권리, 경제적 이익을 보호할 권리, 피해보상을 받을 권리, 정보와 교육을 받을 권리, 대표의 권리로 구성되는 5대 소비자 권리를, 또 국제소비자기구는 안전할 권리, 선택할 권리, 정보를 제공받을 권리, 의사를 반영할 권리, 보상받을 권리, 교육받을 권리, 쾌적한 환경을 누릴 권리 등의 7가지를 주창하였다. 일본의 동경시 또한 1995년 10월 사업행위의 적정화 및 소비자 피해 구제에 관한 조례를 통해 생명 및 건강이 침해당하지 않을 권리, 적정한 표시를 행하게 할 권리, 부당한 거래 조건을 강요당하지 않을 권리, 부당하게 입은 피해를 공정하고 신속하게 구제받을 권리, 정보를 신속하게 제공받을 권리 등 소비자 권리를 명시한 바 있다.

2) 소비자 권리의 이해

우리나라 헌법은 1980년 8차 개헌에서 최초로 소비자 보호운동에 관한 규정을 두었고, 현행 헌법에서 이를 계승하고 있다. 소비자보호에 대해 현행 헌법은 "국가는 건전한 소비행위를 계도하고 생산품의 품질향상을 촉구하기 위한 소비자 보호운동을 법률이 정하는 바에 의하여 보장한다"고 규정하여 소비자 권리를 인정하고 있다.

반면 1980년에 제정된 소비자보호법에서는 소비자 권리를 명시적으로 규정하지 않았으나, 1986년 제1차 전부개정 시 소비자를 법적 권리주체로 인정하여 안전할 권리, 알권리, 선택할 권리, 의견을 반영시킬 권리, 피해를 보상받을 권리, 소비자 교육을 받을 권리, 그리고 단체를 조직·활동할 권리 등 7가지 소비자 기본권리를 규정하였다. 그리고 그 후 2001년 제6차 일부개정 시 환경에 대한 소비자 권리인, 안전하고 쾌적한 환경에서 소비할 권리를 추가하였다. 이는 1999년 UN 소비자보호가이드라인 개정 시에 포함된 '지속가능한 소비행태'를 반영하여 추가한 것으로, 이는 현세대의 소비욕구를 효율적으로 충족시키면서 미래세대의 소비욕구를 저해하지 않도록 하는 지속가능한 소비를 선언적으로 규정한 것이다.

우리나라 소비자기본법상의 소비자 권리에 대해 알아보면 다음과 같다.

① 안전할 권리

건강과 생명에 위해한 상품으로부터 소비자가 보호받을 권리를 의미한다. 상품이나 서비스로 인한 생명, 신체 및 재산상의 위해로부터 보호받을 권리는 물론, 관련 기관에 대해 안전에 필요한 건의 및 시정 요구의 권리도 포함된다.

② 정보를 제공받을 권리

소비자들이 상품 및 서비스의 선택에 필요한 정보나 지식을 제공받을 권리를 가리키는데, 정보 제공의 권리 또는 알권리라고도 한다. 이는 선택할 권리를 실천하는 데 전제가 되는 권리이다. 이러한 정보를 제공받을 권리는 소비자가 상품이나 서비스를 선택할 때 그 품질과 성능, 내용, 성분, 가격, 거래 조건 등에 대하여 정보를 제공받을 권리와 허위·기만 정보로부터 보호받을 권리로 구분된다. 따라서 이 권리는 소비자가 허위적·기만적인 상품 정보나 과대광고 등으로부터 보호받고, 또 이러한 정보로 인해 야기된 피해를 보상받을 권리라고 할 수 있다.

③ 선택할 권리

소비자가 상품이나 서비스의 구매 시에 상표, 거래 상대방(소매점), 거래 조건 등을 자유롭게 선택할 수 있는 권리를 의미한다. 이 권리의 실천을 위해서는 다양한 상품과 서비스들이 제시되어야 함은 물론이고, 소비자들이 풍부한 정보를 가지고 있어야 한다. 요컨대, 선택할 권리는 많은 사업자들이 다양한 상품을 경쟁적으로 제공하고, 소비자가 가장 좋은 품질이나 가격, 거래 조건의 상품을 선택할 수 있을 때 비로소 보장되는 권리이다.

④ 의견을 반영시킬 권리

소비자에게는 소비생활에 영향을 주는 국가 및 지방자치단체의 정책 수립과 기업의 경영 의사 결정에 자신의 의견을 반영시킬 권리가 있다. 의견을 반영할 권리는 정부나 기업이 각각의 소비자정책 수립 시에 소비자 의견을 반영시키고, 소비자 문제를 신속하게 해결함으로써 실현될 수 있는 권리이다.

⑤ 피해를 보상받을 권리

소비자는 구매 상품 및 서비스로 인한 피해를 공정한 절차에 의하여 보상받을 권리를 가진다. 이 권리로 인해 소비자들은 기업의 소비자기구, 소비자단체, 한국소비자보호원, 정부 내의 관련 기관 등에 자신이 입은 피해에 대하여 보상이나 구제를 요구할 수 있다.

⑥ 소비자 교육을 받을 권리

소비자들이 합리적인 소비생활을 영위할 수 있도록 하는 데 필요한 교육을 받을 권리이다. 소비자들은 전문지식을 갖춘 생산자 및 판매자에 비해 상품·

서비스에 대한 지식을 충분히 갖지 못하며, 또 생산기술의 급속한 발달로 복잡 다양해진 신상품의 품질, 성능 등에 대해서도 제대로 숙지할 수 없는 경우가 많다. 이에 학교뿐 아니라 정부 및 행정기관, 지방자치단체, 소비자단체, 소비 자원 등에서는 교육수용자에 맞춘 다양한 유형의 소비자교육을 실시하고 있다.

⑦ 단체를 조직하고 활동할 권리

소비자들은 자신들의 권익 보호를 위해 단체를 조직하고, 단체행동을 할 권 리를 갖는다. 이러한 권리에 기반하여 현재 우리나라에는 소비자보호단체협의 회와 그 회원단체인 한국소비자연맹, 소시모 등 10개의 민간소비자단체가 있다.

⑧ 안전하고 쾌적한 환경에서 소비할 권리

소비자는 쾌적한 환경에서 살 수 있는 권리를 가진다. 그간 급속한 경제성장 에 따른 폐해로 환경이 오염되었고, 이는 소비자의 건강과 복지를 침해하고 있다. 오늘날의 소비자들은 스스로 쾌적한 환경에서 살 권리 및 책임뿐 아니라, 후손에게 쾌적한 환경을 물려줄 책임과 권리 또한 가지고 있다. 즉 이 권리는 소비자의 생활의 질을 향상시키기 위한 물리적 환경에 대한 권리로, 환경이 소비자의 생명이나 건강을 해치지 않고 쾌적하게 유지되도록 요구할 권리인 것이다. 그리고 여기에는 개별 소비자가 통제할 수 없는 환경문제에 대한 보호 는 물론이고, 현 세대와 미래세대를 위해 환경을 보호하고 향상시키기 위한 요구까지 포함된다.

3) 소비자 권리의 최근 동향

21세기에 들어서 세계화, 디지털화, 사회책임 등 정치·경제·사회적 변화 에 대응하기 위해 각국은 소비자정책 및 법의 개선을 추진하고 있다. 특히 디지 털 시대에 걸맞은 소비자 권리를 정립하기 위한 논의가 진행되고 있다. 이미 유럽연합, 미국 등 선진국에서는 소비자디지털권리장전을 마련하거나 소비자

디지털권리를 선언하여 디지털환경에서의 소비자능력 향상과 소비자권익 증진을 위한 디지털소비자정책을 마련하고 있다.

유럽소비자단체협의회(BEUC)는 2005년 디지털환경에서의 소비자 권리인 6대 소비자디지털권리(Consumers Digital Rights)를 선언하고 유럽회원국을 중심으로 디지털소비자운동을 전개하고 있다. 유럽소비자단체협의회를 중심으로 전개된 소비자디지털권리 캠페인에서 선언된 소비자디지털권리는 다음과 같다.

- 소비자는 선택, 지식 및 문화적 다양성에 관한 권리를 가진다(Right to choice, knowledge and cultural diversity).
- 소비자는 디지털환경에서 소비자 권리를 방어하고 유지하기 위해 기술적 중립성의 원칙에 관한 권리를 가진다(Right to the principle of technical neutrality‒defend and maintain consumer rights in the digital environment).
- 소비자는 배타적인 제약 없이 기술적 발명으로부터 이득을 얻을 권리를 가진다(Right to benefit from technological innovations without abusive restrictions).
- 소비자는 콘텐츠 및 기기의 상호운용성에 관한 권리를 가진다(Right to interoperability of contents and device).
- 소비자는 프라이버시를 보호받을 권리를 가진다(Right to the protection of privacy).
- 소비자는 범죄인이 되지 않아야 할 권리를 가진다(Right not to be criminalised).

이런 맥락에서 CI는 디지털시대에 걸맞은 소비자 권리로서 지식접근권(access to knowledge)을 UN소비자보호가이드라인의 여덟 번째 소비자 권리로서 규정할 것을 건의하였다. 지식접근권이야말로 소비자의 문화·시민·교육활동에의 충분한 참여를 위한 전제조건이기 때문이다.

한편, 2010년 발간된 조직의 사회적 책임에 관한 국제표준인 ISO 26000의 핵심주제 중 하나인 소비자이슈의 원칙에는 UN 소비자보호가이드라인의 8가지 소비자 권리는 물론 프라이버시 존중, 사전주의 접근방식, 성평등과 여성에 대한 권한 부여의 촉진, 보편적 디자인의 존중 등이 추가되었다. 특히 지속가능한 소비와 필수서비스에 대한 접근 등이 주요 쟁점으로 강조되었다.

이에 우리나라에서도 디지털화 및 사회책임화에 따른 실효성 있는 소비자법 및 정책을 시행하기 위해, 소비자기본법상 소비자 권리규정에 지식접근, 필수서비스에 대한 접근 등에 관한 새로운 소비자 권리의 내용을 신설할 필요가 제기되고 있다.

4) 소비자의 책임

일반적으로 권리에는 이에 상응하는 책임을 포함해야 하는데 소비자는 소홀히 취급하는 경향이 있다. 한국소비자원에 보고된 소비자 문제를 집계해 볼 때, 소비자의 책임 있는 행동의 결여 때문에 발생하는 경우가 많은 비중을 차지하고 있으며, 소비자들이 정보를 원하면서도 제공된 정보를 잘 이용해야 하는 책임은 수행하지 않는 경우가 많다. 소비자 권리는 소비자 자신이 이를 자각하고 권리의 주체로서 적극적으로 행동할 때 비로소 실현된다. 소비자는 스스로의 권익을 향상시키기 위해 필요한 지식을 습득하고 자주적이고 적극적인 행동을 취함으로써 그 책임을 다해야 한다. 소비자책임에 관한 내용을 살펴보면 다음과 같다.

① Gordon과 Lee(1977)

첫째, 현대 경제사회에서 소비자가 담당하는 역할과 기능을 잘 인식해야 한다. 예를 들어 소비자는 자기가 소유하고 있는 화폐를 마음대로 사용할 수 있으나, 책임 있는 소비자라면 화폐를 사용할 때 자신이 다른 소비자와 더불어 생산에 영향을 미치는 행동을 하고 있다는 것을 인식해야 한다.

둘째, 효율적으로 행동해야 한다. 소비자가 인식하고 있는 사실을 실천에 옮길 수 있어야 한다. 그러기 위해서는 소비자로서의 판단과 행동을 잘 해야한다. 예를 들면 정부와 기업에 대해 가치 있는 제언과 불만표시를 해야 하며, 지시책자, 사용설명서 등에 있는 정보를 정확하게 이용해야 한다.

셋째, 자원을 낭비하지 말아야 한다. 소비자는 개인 소유물을 아껴 쓰는 것뿐만 아니라 자유재인 대기, 물, 토양을 오염시키지 않아야 할 중대한 책임이있다. 소비자 권리 중에서 쾌적한 환경에서 살 권리와 관련 있는 것으로 환경보호를 해야 한다는 내용이 포함된다.

넷째, 노동시장에서 착취당하지 않거나 착취하지 않을 책임이 있다. 노동자는 의견을 모으고 단결하여 행동해야 하며, 소비자는 노동자의 임금을 착취하는 기업에서 싸게 공급하는 상품과 서비스를 선호하지 않아야 한다.

다섯째, 모든 거래에서 정직해야 한다. 판매자와 구매자는 정확한 양, 표시된대로의 품질을 갖는 상품을 쌍방이 동의한 가격으로 주고받을 책임이 있다.그리고 소비자는 자신에게 불리한 착오는 물론이고 자신에게 유리한 착오도시정하려 노력해야 한다. 예를 들면 판매자가 거스름돈을 잘못 계산하여 더많은 돈을 소비자가 받았다든지, 거래한 상품 외에 다른 물건을 더 받았을 경우이를 정직하게 반환해야 한다.

여섯째, 부정한 일에 대하여 항의해야 한다. 개인 소비자는 구매를 거부함으로써 항의할 수 있다. 사회적 규제가 필요한 경우에는 제안된 법률을 지지하거나 반대함으로써 항의기능을 수행할 수 있다. 이러한 항의는 소비자 개인적으로도 할 수 있고 단결해서 집단의 힘으로 할 수도 있다.

② R. W. Stampfl(1979)

첫째, 소비자는 개인이나 가계의 기능적인 혹은 사회·심리적인 효용을 극대화시키는 시장선택을 하도록 노력해야 한다.

둘째, 소비자는 시장선택을 하기에 앞서 유용한 모든 정보를 수집해서 진가를 파악해야 한다. 개인이나 가계가 사회나 환경에 부정적인 영향을 미칠 수도있는 가능성을 고려하여 합리적으로 정보를 이용함으로써 균형 있는 의사결정을 해야 한다.

셋째, 소비자는 상품 사용에 따른 물리적인 위험을 이해해야 하며, 판매자가 제시한 사용지시서대로 사용하여 잘못 사용하는 일이 없도록 하고 다른 소비자의 물리적 · 심리적 · 환경적 안전을 침해하지 않도록 상품을 사용해야 한다.

넷째, 소비자는 시장현황과 시장참여자에 관한 중요한 사실, 욕구, 만족, 불만족을 관련 기업과 정부조정자에게 정직하고 공정한 방법으로 전달하도록 해야 한다. 이러한 문제를 해결하는 데 있어서 필요에 따라 개인적인 노력으로 될 수도 있고 집단적인 노력으로 될 수도 있다.

③ R. Davis(1979)

첫째, 소비자는 필요시에 기업이나 정부에 현명하고 가치 있는 제언을 하고, 불만을 표시할 책임을 갖는다.

둘째, 소비자는 표시책자, 사용설명서 등에 있는 정보를 사용할 책임을 갖는다.

셋째, 소비자는 청구서에 대해 지불해야 하며, 계약서에 도장을 찍기 전에 그 내용을 읽고 이해해야 할 책임이 있다.

④ 국제소비자기구(Consumers International)

첫째, 비판의식(critical awareness) : 소비자는 시민으로서 모든 재화와 서비스의 유용성, 가격 및 품질에 대한 질문을 던질 수 있어야 한다.

둘째, 적극적 참여(action and involvement) : 소비자는 시민으로서 지식과 의식을 터득한 후에는 그들의 요구가 받아들여질 수 있도록 확실하게 행동해야 한다.

셋째, 생태학적 책임(ecological responsibility) : 소비자는 무분별한 자원과 에너지의 사용이 자연환경에 미치는 심각한 영향을 인식해야 한다.

넷째, 사회적 책임(social responsibility) : 소비자는 경제적인 이익의 우선 때문에 그들의 선택이 문화적 · 사회적으로 어떤 결과를 가져오는지 무관심하지만 사회적인 책임을 인식해야 한다.

다섯째, 단결(solidarity) : 소비자는 공공의 관심과 지지를 확보하기 위해 소비자조직을 통하여 활동해야 한다. 지금까지 살펴본 바와 같이 소비자의 책임은 단순히 소비생활과 관련한 분야 이외에 보다 포괄적인 분야에 걸쳐 규정하고 있음을 알 수 있다. 소비자 책임은 합리적이고 책임있는 소비생활뿐만 아니라 쾌적한 환경과 더불어 사는 사회 속에서 시민으로서의 포괄적인 역할에 근거하고 있다.

5) 소비자 주권

Hutt는 1936년에 '소비자 주권(consumer sovereignty)'이라는 용어를 최초로 사용했는데 그는 민주사회에서 국민들이 정치적인 주권을 가지고 있듯이, 시장에서 소비자들의 소비자 주권은 소비자 선택의 자유 혹은 소비자 권리와 구별되는 개념이다.

소비자 주권은 사회 전체의 자원배분이 소비자의 자유로운 선택에 의해 결정되는 상태를 의미하는 반면, 소비자 선택의 자유는 소비자가 구매 여부를 결정할 수 있는 선택 대안이 존재하는 시장조건을 의미한다. 그러므로 소비자 주권이란 모든 경제과정이 궁극적으로 최종 소비자의 욕구를 충족시키는 방향으로 움직일 수 있도록 하는 조건 및 상태 또는 소비자 선호에 순응하는 생산활동으로 정의할 수 있다.

소비자가 제한된 자원을 가지고 하나의 경제가 무엇을 얼마만큼 생산할 것인가를 최종적으로 결정한다면, 즉 소비자가 자신의 선호에 따라 욕구충족을 할 때 시장에서의 화폐투표로서 가격기구를 통하여 생산자 측에 그들의 뜻을 전달하여 생산내용과 생산량을 조정한다면 소비자 주권은 실현된다. 이와 같이 소비자 주권이 실현된다면 소비자의 사후적 후생은 자동적으로 최대가 될 수 있다. 그러나 이를 실현하기 위해서는 그 전제조건이 충족되어야 하는데, 객관적 조건인 경쟁질서의 확보와 주체적 조건인 소비자 선택의 합리성이 충족되어야 한다. 오늘날의 소비자 문제의 핵심은 소비자 주권이 실현될 수 있는 객관적 조건과 주체적 조건이 충족되지 못했다는 점이다.

소비자 주권을 실현하기 위한 방안으로는 다음의 여섯 가지를 제안할 수 있다.

첫째, 경제정책이 시장경제를 유지하기 위한 질서정책의 기본이 될 수 있도록 경제정책의 기조가 개편되어야 할 것이다.

둘째, 소비자 정보가 충분하고 적합하게 공급될 수 있어야 한다.

셋째, 소비자교육을 확대·실시해야 한다.

넷째, 민간 소비자단체가 소비자의식을 제고시키고 소비자보호행정을 강력하게 추진시킬 수 있는 압력단체가 될 수 있도록 소비자운동이 강력한 시민운동으로 정착되어야 한다.

다섯째, 소비자 피해구제가 신속하고 간편하게 그리고 저렴한 비용으로 이루어질 수 있어야 한다. 소비자 피해구제는 사후적인 소비자보호방법이긴 하지만 소비자 피해 구제제도가 잘 정비되어 있다면 기업의 횡포를 사전에 방지할 수 있다는 점에서 중요하다.

여섯째, 유효경쟁을 유지하기 위한 경쟁정책은 물론이고, 소비자 정보를 제공하고, 소비자 교육을 확대하고, 소비자운동을 지원·육성하고 소비자 피해 구제제도를 정비하는 일에 정부의 활동을 강화해야 한다. 소비자보호행정에 소비자가 적극적으로 참여할 수 있는 방안이 마련되어야 할 것이다.

5 소비자 문제

1) 소비자 문제에 대한 이해

소비자 문제(consumer affairs)란, 소비자들이 상품이나 서비스를 선택·구입, 사용함에 있어 소비자의 안전이나 경제적 이익 등에 대한 권리를 침해당함으로써 유발되는 문제로, 시장경제체제하에서 소비자와 기업 간의 거래관계에서 발생하는 문제의 총체를 뜻한다. 다시 말하면, 사업자와 소비자 간의 상품·서비스의 거래에 관하여 소비자가 가졌던 기대와 현실의 부당한 불일치이며,

소비자잉여의 최적화(optimization of the consumer surplus)에 도달하지 못하는 상태 또는 소비자잉여의 최적화가 침해되고 있는 상태인 것이다. 자본주의 시장경제체제에서 발생하는 소비자 문제는 소비자가 기업에 비해 거래조건, 상품관련정보, 조직력, 선택능력 등에서 매우 열등한 지위에 처해 있어 이로부터 발생하는 소비자 문제는 소위 시장 실패(market failure)의 전형적 형태인 것이다. 이러한 소비자 문제는 소비자들에게 경제적 · 신체적 · 시간적 · 심리적 불이익을 준다는 점에서 문제시되고 있다. 그리고 소비자 문제는 첫째, 상품 자체의 품질 내지 안전성에 문제가 있기 때문에 둘째, 가격이 경쟁 원리에 의해 공정하게 결정되지 않기 때문에 셋째, 경쟁 원리가 적용되지 않는 제품의 경우, 그것을 대신하는 규제 수단이 없기 때문에, 마지막으로 그것이 있다 하더라도 기능이 제대로 발휘되지 않기 때문에 발생하는 문제라고 할 수 있다.

또한 소비자 문제는 소비자 정보의 불완전성과 소비자의 비합리성이 상호 복합적으로 작용함으로써 야기되는 구조적 문제로도 볼 수 있다. 소비자 정보는 일반적인 사적재와 달리 일단 공급만 되면 공급자와 관계없이 소비자 모두가 공동으로 이용할 수 있는 비배제성과 비경합성 및 비분할성을 갖는다. 이러한 성격으로 인해 소비자는 적극적으로 정보를 찾거나 이에 대한 시간과 비용을 부담하지 않으려 한다. 이는 결국 필요한 정보의 부족으로 연결되어 소비자 스스로 문제를 해결하기에는 역부족인 상황이 되고 이로 인해 소비자 불만 및 피해가 발생하게 된다.

그렇다면 소비자 문제와 소비자 피해는 어떻게 다른가? 소비자 피해란, 소비자가 상품(서비스)을 구입하여 사용(이용)하는 과정에서 품질상의 결함으로 인해 입는 생명 · 신체상의 위해와 부당한 가격이나 거래 조건 그리고 불공정한 거래 방법 등에 의해 입는 재산상의 손해를 말한다. 모든 소비자가 사업자로부터 물품과 용역을 구입 및 사용(이용)하지 않고 생활하는 것이 불가능하듯이, 물품과 용역의 구입과 관련하여 피해나 불만 경험 없이 소비생활을 영위하기는 어렵다. 특히, 자유시장경제체제 아래에서 보편화된 대량생산 · 대량판매 및 대량소비 시스템이 심화되면서, 소비자 피해 발생은 보편화, 광역화되는 양상을 보인다. 피해내용도 소규모의 재산 피해로부터 심각한 신체 위해까지 다양하고, 광범위하게 나타나고 있다. 최근에는 모바일, SNS, 사물인터넷 등 신종 기술을 이용한 악덕상술이 등장하고 국경을 넘는 전자상거래가 활발해지면서 해외직구 등 국제거래 관련 피해도 증가하는 추세다. 사실 실제로 발생한 손해만을 가리키는 소비자 피해를 소비자 문제와 같은 개념으로 보면, 발생 가능성이 있는 잠재적 피해는 소비자 문제에서 제외된다. 그러나 실제로 발생되지는 않았더라도 발생 가능성이 있는 잠재적 소비자 피해는 소비자 문제에 포함되어야 하므로, 소비자 문제는 잠재적 소비자 피해를 포함하는 개념으로 보아야 할 것이다.

궁극적으로 소비자 문제는 소비자 이익과 복지를 유지·향상시키는 과정에서 나타나는 문제이다. 경제문제가 인간행동의 결과에 대하여 화폐적인 가치를 부여하는 문제, 즉 국민총생산, 1인당 국민소득, 생산성 등에 초점을 맞춘 문제라면, 소비자 문제는 인간 행동 중에서 재화를 최종 소비하는 생활자로서의 경제적 행동에 중심을 둔 문제라 할 수 있다. 이 점에서 소비자 문제는 반경제성장적인 성격의 문제라 할 수 있다.

이는 가격기구를 통하여 시장 시스템에 반영되지 않는 측면, 즉 소비자의 안전, 사회 및 경제 정의의 실현, 소득의 재분배, 소외계층의 보호, 자원절약, 환경보호 활동 등 비시장 시스템 요인들이 소비자 문제의 원천이 되기 때문이다. 결론적으로 말해, 오늘날 소비자 문제는 개별 소비자의 능력 범위를 벗어난 대량생산·대량판매·대량소비로 이루어지는 경제사회의 구조 그 자체와 관련성이 높다. 그렇기 때문에 소비자 문제는 소비자 자신만의 문제라기보다는 사회 전체의 문제이며, 또 소비자, 정부, 기업 등이 함께 노력해야 해결될 수 있는 문제라 할 수 있다.

소비자 문제는 다음과 같이 3가지 영역으로 구분된다.

첫째, '개별 소비자'로서의 소비자 문제이다. 개인 소비자가 필요한 상품을 구입하고 사용하는 과정에서 발생하는 문제로서, 결함이 있거나 유해한 상품에 의한 피해, 과대광고나 공정하지 않은 거래 조건에 따른 피해 등이 포함된다.

둘째, '사회적 소비자'로서의 소비자 문제이다. 소비자가 사회생활을 영위하기 위해 도로, 공원 등 사회 공공시설을 이용하는 과정에서 직면하는 소비자 문제, 사회적 비용의 낭비로 인해 소비자에게 전가되는 비용 등을 예로 들 수 있다. 소비자는 공공 서비스에 대해 그 대가를 직접 지불하지는 않으나 세금을 납부하기 때문에 간접적으로나마 대금을 지불하는 것으로 볼 수 있기 때문이다.

셋째, '자연 소비자'로서의 소비자 문제이다. 대기, 하천 등 자연적 생활환경의 파괴로 인해 맞게 되는 소비자 문제로, 이는 곧 환경의 보존과 회복이라는 차원에서 본, 비교적 새로운 소비자 문제 영역이라고 할 수 있겠다.

2) 소비자 문제의 특성

현대사회의 대량생산·판매·소비 체제에서는 사업자가 소비자에 비해 우월한 지위에 있기 때문에 소비자가 입는 문제나 피해의 파급력이 클 뿐만 아니라, 심지어 생명과 신체에 위험성을 가져올 수 있는 심각성이 있음에도 복잡한 유통과정으로 인하여 소비자의 입장에서는 피해발생의 원인규명이 곤란한 경우가 많다. 또 소비자는 사업자에 비해 교섭력에 있어서 매우 열등한 위치에 있는 등의 특성 때문에 적절한 구제를 받지 못하는 경우가 많다.

① 보편적 발생

오늘날의 상품은 대량생산, 생산공정의 다단계, 유통과정의 복잡성 등의 특성을 갖는다. 즉, 소비자의 손에 상품이 도달하기까지는 기업 내에서의 많은 생산공정과 시장에서의 긴 유통과정을 거치게 되는데, 이들 단계에서 소비자 피해의 발생 가능성이 높다는 것이다. 그렇기 때문에 소비자 문제는 보편적으로 발생되는 문제라 할 수 있다.

② 광범위한 소비자 피해의 파급

대량생산·판매되는 상품에 어떤 문제가 발생할 시에는 소비자피해가 일시에 광범위하게 확산되는 경향이 있다. 특히 고도의 기술적 결함이 있는 상품일 경우에는 그 원인을 찾기가 어려울 뿐만 아니라 그것을 찾는 데 긴 시간이 요구될 수 있기 때문에 많은 소비자들에게 피해를 주게 된다.

③ 피해 원인 규명의 곤란성

오늘날 상품·서비스의 생산공정 및 유통 과정에는 많은 사람들이 개입된다. 따라서 소비자피해의 원인이 생산 및 유통 과정의 어느 단계에서도 있을 수 있기 때문에 그 원인이 어디에 있으며, 또 그 책임이 누구에게 있는지를 규명하기가 매우 어렵다. 더구나 여러 가지 이유들이 결합되어 발생하는 소비자피해일 경우에는 그 원인 및 책임 소재를 가려내기가 더욱 힘들 것이다.

④ 피해의 심각성

소비자 문제는 소비자에게 경제적·시간적·심리적 피해를 줄 뿐만 아니라 인간의 생명과 신체에도 영향을 미친다. 특히 결함상품, 위해상품 및 약품, 잘못된 의료서비스 등은 우리의 생명마저 위해하고 있는 실정이다.

⑤ 피해 회피의 곤란성

생산자들은 시장 경쟁에서 우월한 지위를 확보하고 자본 회전을 빠르게 하기 위하여, 제품 안전성에 대한 검증을 소홀히 하는가 하면 소비자의 대체수요를 유발하기 위하여 상품 수명을 의도적으로 단축시키거나 제품 모델을 자주 변경하고 있다. 물론, 구형 제품 유지에 필요한 부품도 충분히 갖추지 않은 실정이다. 이는 사업자들이 상품의 안전성이나 품질 향상보다는 자신들의 이익 획득을 중요시한 결과이다.

⑥ 소비자와 사업자 간의 지위 비대등성

현실적으로 기업은 상품에 대한 기술·정보가 많기 때문에, 소비자는 기업과의 거래에 있어 대등하지 못한 상태에 있다. 가격·거래 조건의 결정 또한 소비자와 기업의 교섭에 의해서라기보다는 기업에 의해 일방적으로 이루어진다. 더욱이 시장 지배력이 큰 소수의 대기업이 산업을 주도하는 시장의 경우에는 소비자주권 행사가 불가능하다. 거래의 경우 대부분 부당·허위 표시 상품의 구입, 부당한 계약의 체결 등과 같은 소비자피해 요인의 존재 가능성이 높으며, 소비자들이 피해 발생 그 자체를 인식하지 못할 때도 있다.

⑦ 구조적 피해 발생

소비자 문제는 다음과 같은 구조적 문제로서의 성격을 갖는다. 첫째, 대기업의 독과점이나 기업 간의 카르텔에 의한 시장 독점으로 형성된 시장 지배가 소비자의 자유선택권을 제한함으로써 소비자 문제를 유발하게 된다. 둘째, 기업의 안전성 확인 불충실이나 불필요한 모델 변경 등으로 인해 발생하는 소비자 문제 또한 구조적으로 발생하는 문제로 볼 수 있다. 셋째, 허위·과장 광고, 부당구매 권유, 판매 제품에 대한 책임 회피, 유통기구의 복잡화 등으로 인해 불필요한 제품에 대한 충동적 구매 등의 소비자 피해도 발생하고 있다.

일반적으로, 소비자 피해는 그 대부분이 최종 소비 단계에서 발생되는 것이므로 그 피해 당사자는 바로 생활자로서의 소비자가 된다. 그리고 피해의 원인 대부분이 현대 경제의 구조적 문제와 관련되어 있기 때문에, 제조 및 유통 과정 전체를 종합적으로 검토하지 않는 이상 소비자 피해를 근본적으로 해결하는 것은 거의 불가능한 것이 사실이다.

3) 소비자 문제의 발생 배경

소비자 문제가 대두되기 시작한 것은 대량생산체제가 확립된 후, 자본주의가 고도로 발달하면서부터이다. 소비자 문제는 시장 환경의 변화와 생활의 변화에서 유발된 문제라고 볼 수 있다.

먼저 첫째, 소비자 문제 발생 및 증대의 배경이 되는 경제적 구조의 변화를 살펴보면 다음과 같이 정리해 볼 수 있다.

- 독과점시장의 출현·확대이다. 자본주의사회에서는 상품 가격이 원칙적으로 수요와 공급에 의해 결정되어야 하지만, 현실적으로는 독과점적 시장구조로 인해 가격 및 거래 조건이 기업에 의해 일방적으로 결정되며, 이로 인해 소비자 이익이 침해되기도 한다. 결국, 이는 생산자가 무엇을, 얼마만큼, 얼마에 생산·판매하여야 할 것인가는 소비자들이 주권을 상실하여,

시장의 질서가 화폐투표에 의해 결정된다는 자유경쟁시장의 이념에 상충되는 것이다.

- 소비자의 구매 기회 증대이다. 생활수준의 향상과 기술의 발전에 따른 생산력 증대로 인해 소비자들은 많은 상품들을 쉽게 획득할 수 있게 되었으며, 여기에다 소비자 신용제도의 확대는 소비자 문제의 확대를 촉진시켰다. 결국 소비 자체가 증가됨에 따라 이에 따르는 소비자 문제도 함께 증가하고 있는 것이다.

- 소비자의 지식 및 역량 부족이다. 급속한 기술혁신으로 인해 복잡한 기능의 다양한 제품이 대량으로 출시되고 있는 가운데, 소비자의 지식은 이를 따라가지 못한다. 더구나 소비자 정보 중에 기업이 제공하는 정보가 가장 많고, 이 가운데에는 허위·과장 정보들이 많아 소비자 문제를 가속화시키고 있다. 더불어 기업은 경쟁적으로 신제품을 출시하고 있어, 제품 안정성이 검증되기도 전에 이를 출시하여 소비자의 재산과 안전에 피해를 주는 경우도 발생하고 있다.

- 지나친 광고의 증대이다. 광고가 불필요한 소비자의 구매 욕구를 지나치게 자극시켜 새로운 수요를 끊임없이 창조하고 있다. 문제는, 광고가 소비자의 선호를 왜곡시켜 소비자 불만과 문제를 증대시킬 수 있다는 점이다.

- 기업 간 경쟁의 비가격화이다. 기업 간의 판매경쟁이 심화되면 품질경쟁보다는 광고경쟁이 치열해지는 경향이 있는데, 소비자 문제를 야기할 수 있는 기업의 허위·과장 광고나 부당표시 등이 바로 그 예라 할 수 있다.

둘째, 앞서 살펴본 경제적 구조의 변화 외에도, 소비자 생활양식의 변화도 소비자 문제의 발생배경으로 손꼽히기도 한다. 경제가 발전하고 소비자의 생활이 풍요로워질수록, 소비자는 양적인 것보다는 질적 향상을 더욱 추구하게 되었다. 더욱이 오늘날의 소비자는 교육수준과 의식수준이 높아진 가운데, 소득과 여가 시간이 증대됨에 따라 고도화된 소비생활을 요구하고 있어 더 많은 소비자 불만과 소비자 문제를 제기하고 있다.

07 소비자 가치와 성격

CHAPTER

1 가치의 개념

가치는 개인의 판단과 행동을 이끄는 신념이라 할 수 있다(Vinson, Jerome & Lawrence, 1974). 사회가 다변화되면서 사회경제적 변수나 인구통계학적 변수가 소비자행동에 대한 설명력을 잃어간다는 문제가 제기되었다. 이와 같이 기존의 변수를 보완할 필요성이 요구되면서 가치의 중요성이 강조되기 시작하였다(남승규, 2006; 장현선·김기옥, 2009).

가치의 개념은 태도와 혼동된다. 가치와 태도의 차이점에 대해 한 연구자가 가치가 태도나 행동의 동기에 대해 설명을 제공해 줄 수 있으며, 가치는 태도에 무의식적으로 영향을 미친다고 설명하였다(Dichter, 1984). 즉 가치는 태도보다 더 추상적이고 상위개념이라는 것이다. 상위개념으로서의 가치에 대한 주장은 특정 대상이나 상황에 초점을 두지 않는 것이 태도와 가치의 중요한 차이라고 할 수 있다(Rokeach, 1969). 다시 말해 태도는 가치가 특정 대상이나 상황에 적용된 것이라고 보는 것이 적절하다.

가치는 판단이나 평가를 위한 하나의 기준으로 작용하지만, 태도는 기준이라고 할 수 없다. 오히려 수많은 태도대상이나 상황에 대한 호의적-비호의적 평가는 가치에 기초를 두고 있다. 사람들은 바람직한 행동양식이나 존재의 목표상태에 대한 신념만큼의 가치를 갖게 되지만, 태도는 특정한 대상이나 상황의 수만큼 가질 수 있다. 따라서 가치는 수십 가지이지만 태도는 수천 가지일 수 있다.

소비가치(consumption values)라는 용어가 등장한 초기에는 가치를 가격과 동일시하거나 지불한 가격의 대가로 얻는 제품이나 서비스의 품질로 인식하여 주로 명품 위주의 고가 제품을 구매하는 것으로 간주하였다. 그러나 점차 그 의미가 변화되어 소비자가 희생한 모든 비용(돈, 시간, 노력 등)의 대가로 얻는 모든 편익에 대한 주관적 만족감을 소비가치의 개념으로 인식하게 되었다(Zeithaml, 1988).

소비가치는 일반적인 가치의 개념과는 조금 다르게 좀 더 인간의 소비행동에 초점을 두고 소비자를 세부적으로 판단하는 기준으로 사용되어 왔다(박배진·김시월, 2006). 즉 추상적인 가치의 개념을 넘어서 소비자의 소비생활에 직접 적용할 수 있는 구체적인 성격의 가치 개념이다(김동원, 1994).

국내외 선행 연구들의 소비가치 개념을 정리하면 〈표 7-1〉과 같다.

〈표 7-1〉 소비가치(consumption value) 개념

학자	내용
Vinson et al.(1977)	개인의 행동이나 사물, 상황에 대한 판단의 기준이 되는 중심적인 평가 신념
Zeithaml(1988)	효익(편익)과 비용에 대한 지각을 바탕으로 한 제품의 효용성에 대한 소비자의 총체적인 평가
Schwartz(1992)	인간의 삶을 이끄는 원리로써 인간의 욕구가 현실세계에서 수용될 수 있도록 변형되어 인간에 의해 지각되는 그 어떤 것
Woodruff(1997)	대안선택에 있어서 소비자의 행동과 판단을 이끄는 중요하고 지속적인 신념
Holbrook(1999)	상호적이고 상대적인 선호경험
McDougall & Levesque(2000)	소비자가 지불한 총비용에 대한 결과 또는 소비자가 얻는 이득
Lapierre(2000)	필요(needs) 및 욕구(wants)와 같은 소비자의 기대 측면에서 소비자가 인지하는 이득과 희생 사이의 차이

Flint et al.(2002)	특정 사용 상황에서 관련된 모든 이익과 희생 사이의 균형에 대한 소비자의 평가
Chen & Dubinsky(2003)	희망한 이득을 얻는 데 발생한 비용의 대가로 얻은 순이득에 대한 소비자의 인지
김동원(1994)	추상적인 가치의 측면을 탈피하여 소비자의 소비생활에 직접 적용할 수 있는 구체적인 성격을 가진 것
권미화·이기춘(2000)	소비자가 소비를 통해서 성취하고자 하는 근본적인 욕구의 표현으로 특정 소비행동양식을 다른 소비행동양식보다 선호하는 것을 나타내는 개인의 지속적인 신념
양윤·이은지(2002)	개인적으로나 사회적으로 선호하는 지속적이고 안정적인 상위 신념으로써 개인의 행동이나 판단을 이끄는 동기적 힘
남수정(2007)	특정한 상황이나 즉각적인 목표를 넘어선 보다 궁극적인 존재의 최종 상태에 이르도록 하는 행동과 판단을 이끄는 지속적인 신념
김시월·김유진(2008)	소비자의 가장 기본적이고 근본적인 욕구와 목표의 인지적 표현으로, 우리 생활에서 크고 작은 일에 대한 결정을 내릴 때 작용하는 판단의 기준이 되고 개인이 어떻게 행동할 것인가를 말해주는 표준이며 어떤 태도를 지켜야 하는가를 알려주는 기준
정수현 등(2013)	일반적인 가치 중 소비에 대한 특정가치를 의미하며, 소비자의 기본적인 욕구를 표현하고 소비자 개개인의 소비에 대한 사고와 구매행동을 발현시키는 내면적인 동기
오혜영(2015)	소비 행동에 있어서 중요한 구매의사결정의 기준 중 하나로 소비를 통해 어떠한 욕구를 충족할 수 있는지를 판단하는 기준
김경자(2015)	소비자가 구매 및 사용 행동을 통해 얻고자 하는 궁극적 효용을 의미하며, 소비자들이 제품을 구매할 때 중요하게 생각한 정도
원종현·정재은(2015)	소비자가 달성하고자 하는 기본적인 욕구와 목표의 표현이자 소비자 개인의 사고와 행위를 이끌어 나가는 지속적인 신념
구명진 등(2015)	소비생활이라는 삶의 한 영역에서 다양한 개별 소비상황 및 소비생활 전반에 걸쳐 소비자의 행동과 태도를 움직이는 지속적이고 보편적인 신념

출처 : 장은지(2016) 연구에서 저자 일부 수정

2 **가치체계 유형**

1) Rokeach 가치척도

단일 차원적 접근은 가치체계에 관한 초기 연구로 가치가 위계에 따라 서열화될 수 있다고 보았다. 가장 일반적으로 널리 알려진 Rokeach(1973)의 RVS(Rokeach Value Survey)는 가치를 인간 삶의 궁극적인 목표가 되는 신념으로서 궁극적 가치(최종가치)와 궁극적인 목표가치를 성취하기 위한 행동양식을 제시해 주는 수단적 가치로 구분하고 각각 18개의 가치항목을 제시하였다. RVS(Rokeach Value Survey)는 최종가치와 수단적 가치의 계층적 구조를 갖는 가치척도로서, 가장 대표적인 가치척도라 할 수 있다. 최종가치란 궁극적인 존재상태와 관련되는 신념이고, 수단적 가치는 행동 양식과 관련하여 갖게 되는 신념으로서 사람들은 최종가치를 달성하기 위한 수단으로 하나 이상의 수단적 가치를 이용하게 된다. 최종가치는 자기중심적이냐, 사회중심적이냐에 따라 개인적인 가치와 사회적 가치로 나뉜다. 개인적 가치는 안락한 생활, 성취감, 마음의 평화, 행복 등과 같이 소비자 내면 속에서 희구하는 자신에 대한 생존의 최종상태에 대한 선호이다. 이에 대하여 사회적 가치는 개인의 차원을 벗어나 사회나 다른 사람에 대하여 표현되는 생존의 최종 상태로서 세계평화, 미적인 세계, 국가의 안전 등이 그 대표적인 가치들이다. 그리고 수단적 가치는 논리적 가치와 능력 가치로 구별된다. 논리적 가치는 대인관계에 초점을 맞춘 것으로 대인 간에 어떤 갈등이 발생할 때 잘못된 행위에 대한 양심의 가책이나 죄의식을 가지게 하는 바탕이 되는 것이다.

한편 능력 가치는 개인에 초점을 맞춘 것으로 이것이 잘못되었을 때는 자신이 능력이 없다는 수치심을 가지게 하는 것이다. 이에 대한 예로는 야심적인, 용기 있는, 지적인, 논리적인 것 등이 있다. 가치체계라는 이론적 개념은 이러한 가치들의 중요성에 따른 순위로서 삶의 원칙을 만들어내며, 개인도 각 가치에 부여한 우선순위에 따라 갈등 해소와 의사결정을 행하게 된다. Rokeach의

RVS연구는 소비자 연구와는 직접적인 관심을 불러일으킬 만한 영역이 아닌 집단적인, 사회적인 가치영역을 다루고 있으며 최종가치는 수단적 가치보다 추상성의 정도가 높다. 그리하여 궁극적 가치는 제품범주의 선택에 영향을 주지만 수단적 가치는 브랜드 선택을 유도한다. 그러나 최종가치와 수단적 가치가 각각 18개 항목으로 구성되는 RVS는 항목이 너무 많아서 조사 시간이나 신뢰도 등에서 문제가 있고, 또 소비자의 일상생활과 직접 관계되지 않는 항목들도 포함되어 있다는 단점이 있다.

〈표 7-2〉 Rokeach의 최종가치와 도구적 가치

최종가치(terminal value)	도구적 가치(instrumental value)
편안한 생활(풍요로운 생활)	야심적인(열심히 일하고, 열망적인)
신나는 생활(자극적이고 능동적인 생활)	관대한(마음이 개방적인)
세계평화(전쟁과 분쟁으로부터의 해방)	유능한(능력있는, 효과적인)
평등(형제애, 모든 사람의 동등한 기회)	쾌활한(명랑한, 유쾌한)
자유(독립, 자유로운 선택)	청결한(산뜻한, 정연한)
행복(만족)	용감한(신념에 따르는)
국가안보(외적으로부터의 보호)	용서하는(타인의 잘못을 용서하는)
즐거움(즐길 수 있는 인생)	남을 돕는(타인을 위해 일하는)
구제(구원받는 영생)	정직한(성실한, 진실한)
사회적 인정(존경, 칭송)	창의적인(상상력이 풍부한)
진실한 우정(친밀한 교제)	독립적인(자기 의존적인)
현명(인생에 대한 성숙된 이해)	지적인(지능적이고 사려 깊은)
아름다운 세계(자연미와 예술)	논리적인(일관성 있고 합리적인)
가족 안전(사랑하는 사람을 돌봄)	애정 있는(부드럽고 상냥한)
성숙한 사랑(성적, 정신적 친교)	순종하는(책임감 있고 존경하는)
자존(자부심)	공손한(예의바른, 매너가 좋은)
성취감(지속적 공헌)	책임감 있는(신뢰성 있는, 믿을 만한)
내적 조화(내적 갈등에서의 해방)	자기통제적인(자제적인, 자율적인)

2) Kahle의 가치척도(LOV)

Kahle(1986)은 소비자들의 일상생활과 밀접한 관련이 있는 개인 중심적인 9가지의 가치항목[자기존중(self respect), 자기만족(self fulfillment), 성취감(sense of accomplishment), 생활의 자극(excitement), 사회적 명예(being well-respected), 안정추구(security), 소속감(sense of belonging), 생활의 즐거움(fun and enjoyment), 타인과의 따뜻한 관계(warm relationship with others)]을 유형화시켜 LOV(List of Values)척도를 개발하였다. LOV는 미국 내 샘플을 통해 척도를 개발했다는 한계점을 지니지만(Kahle, 1983; Veroff, Douvan, & Kulka, 1981), 오직 궁극적 가치만을 포함하고 있어서 RVS가 지닌 서열화의 어려움에 대한 문제점을 극복했다는 점에서 의미가 있다(김흥규, 1998). 수단과 목적에 의한 18개 항목을 서열화하기 위해 응답자가 겪어야 하는 어려움을 해소시킨 것이다. Schwarz & Bilsky(1990)는 9개의 항목들을 다시 5개의 동기부여 영역(즐거움, 안정, 성취, 자기관리, 성숙)으로 나타내기도 하였다.

　LOV척도는 기존의 다양한 가치이론에 의해 영향을 받았으나(Feather, 1975; Maslow, 1954; Rokeach, 1973) 기본적으로 Kahle(1983)의 사회적응이론(social adaptation theory)에 기초를 두고 있다. 사회적응이론에서 가치란 인간이 사회 환경에 원활하게 적응할 수 있도록 하는 가장 추상적인 형태의 사회인식작용으로 정의된다(Kahle, 1983). 다시 말해 LOV척도에서 가치란 인간이 최적의 심리상태를 유지하기 위해 정보를 동화, 수용, 조직, 통합해 가는 과정에서 환경과의 교류를 촉진시키기 위해 지속적으로 벌이는 적응활동의 추상적인 개념이다(Homer & Kahle, 1988). 따라서 LOV에서 가치는 RVS(Rokeach Value Survey)와 달리 수단이나 목표가 아니라 인간이 생활환경에 최적의 상태로 적응해 나가는 데 필요한 하나의 도구적 기능을 수행한다. 사람들은 인식작용을 통해 동기부여가 되고 주어진 상황에서 자신의 행동을 결정하게 되는 것이다(Kahle & Timmer, 1983).

　9개의 LOV가치 항목에 대한 분류기준은 연구 대상에 따라 다양하다. 소비가치(LOV)를 3개의 요인으로 분류하는 경우(Homer & Kahle, 1988; Kahle, 1983), 우선 '자신의 인생은 자기 자신이 통제할 수 있다'고 생각하는 사람들이 지니는 내부가치(internal values), '인생이란 주로 외부사건들에 의해 결정되는 것'이라 생각하는 사람들이 지니는 외부가치(external values)로 분류되고,

내부가치는 개인적인 측면을 강조하느냐 관계적인 측면을 강조하느냐에 따라 '개인적 가치(personal values)'와 '인간관계적 가치(interpersonal values)'로 다시 분류된다.

〈표 7-3〉 LOV척도의 분류

소비가치	내용
내부가치 (internal values)	1. 자기존중(self respect)
	2. 자기만족(self fulfillment)
	3. 성취감(sense of accomplishment)
외부가치 (external values)	4. 안정추구(security)
	5. 생활의 즐거움(fun and enjoyment)
인간관계 가치 (interpersonal values)	6. 소속감(sense of belonging)
	7. 타인과의 따뜻한 관계(warm relationship with others)
사회적 가치 (social values)	8. 생활의 자극(excitement)
	9. 사회적 명예(being well-respected)

3) Holbrook의 소비가치 유형

소비가치는 크게 실용적 가치와 쾌락적 가치로 분류된다. 실용적 가치는 이성적이고 합리적인 사고의 결과로 얻는 효율적 편익을, 쾌락적 가치는 소비를 통해 경험하는 즐거움, 흥분 등의 주관적 감정을 의미한다. Holbrook(1999)은 이러한 가치의 양면적 특성에 주목하고 소비자가 소비 경험을 통해 지각하는 가치를 세 가지 차원(dimensions)으로 분류하였다.

첫째, 가치의 수단과 목적이 무엇인가에 따라 외적 가치와 내적 가치 (extrinsic versus intrinsic value)로 구분하였다. 외적 가치는 소비가 수단-목적의 관계(means-ends relationship)에서 다른 목적을 달성하기 위한 수단으로 활용되어 기능적이고 효용적으로 평가될 때 느껴지는 가치인 반면, 내적 가치는 소비 경험이 목적 그 자체로 평가될 때 발생하는 가치로 경험 결과와 상관없이 소비자 스스로를 위한 경험에 대한 평가(Holbrook & Hirschman, 1982)이다.

둘째, 가치의 기초가 자신 혹은 타인인지에 따라 자기 지향적 가치와 타인 지향적 가치(self-oriented versus other-oriented value)로 구분하였다. 자기 지향적 가치는 자신이 제품이나 경험에 어떻게 반응하는지에 따라 소비를 평가 하는 가치인 반면, 타인 지향적 가치는 제품이나 경험이 타인에게 어떻게 반응 할 것인가에 초점을 맞추어 다른 사람 혹은 다른 무언가에 따라 소비경험이 평가되는 가치를 말한다.

셋째, 소비자행동의 적극성에 따라 능동적 가치와 반응적 가치(active versus reactive value)로 구분하였다. 능동적 가치는 특정 대상에 대해 물리적 정신적으로 조작하여 얻어지는 결과를 평가할 때 지각하는 가치인 반면, 반응 적 가치는 특정 대상에 대해 단순히 이해하고 감상하고 평가하는 것과 관련된 가치이다.

Holbrook(1999)은 앞서 설명한 세 가지 차원에 기초하여 다음의 〈표 7-4〉 와 같이 소비가치 유형(typology of consumer value)을 제시하였다. 이 체계 는 여덟 가지의 세부적인 가치 유형을 포함하고 있다.

〈표 7-4〉 Holbrook(1999)의 소비가치 유형

차원		외적(extrinsic)	내적(intrinsic)
자기 지향적 (self-oriented)	능동적 (active)	효율(efficiency) (O/I, convenience)	즐거움(play) (fun)
	반응적 (reactive)	우수성(excellence) (quality)	심미(aesthetics) (beauty)
타인 지향적 (other-oriented)	능동적 (active)	지위(status) (success, impression management)	윤리(ethics) (justice, virtue, morality)
	반응적 (reactive)	존경(esteem) (reputation, materialism, possessions)	영성(spirituality) (faith, ecstasy, sacredness)

효율(efficiency)은 자기 지향적 목적을 달성하기 위해 외적으로 동기부여된 수단으로서 소비의 능동적 역할을 의미한다. 우수성(excellence)은 제품이나 경험이 자기 지향적 목적을 달성하기 위한 도구로서 수행능력이 반응적으로 평가될 때 발생한다.

지위(status)는 소비가 타인에게 우호적인 인상을 주기 위한 목적을 달성하기 위한 수단으로서, 능동적으로 조작 가능한 방식을 반영한다.

존경(esteem)은 지위의 반응적 측면으로 제품을 의도적으로 과시적 소비 형태를 위해 사용하지 않더라도, 제품이 타인에게 인상을 주기 위한 목적을 달성하기 위한 도구로서의 기능이 평가되는 소비가치의 한 유형이다. 즉, 존경에 기반을 둔 가치는 전형적으로 물질주의, 고급스런 제품의 소유로부터 생기는 만족 또는 사회적으로 보다 소망되는 소비경험에 대한 개인의 자부심을 수반한다.

즐거움(play)은 그 자체가 자기 지향적 목적으로서 귀중하게 여겨지는 소비경험을 생성하는 활동이다. 즉 타인이 아닌 스스로의 즐거움을 위해 추구되는 경험과 맞물려 있다.

심미(aesthetics)는 즐거움(play)의 반응적 측면이며, 내적으로 동기부여된 자기 지향적 목표 자체로 가치 있게 여겨지는 소비경험에 대한 평가를 의미한다.

윤리(ethics)는 타인에게 미치는 소비경험의 영향이 그 목적 자체로 여겨지고, 내적으로 동기부여되며, 능동적으로 추구될 때 발생한다. "선행은 그 자체가 보상이다"라는 말은 올바르거나 선한 행동이 감사나 칭찬을 받거나, 정치적 성공과 같은 이면의 동기(ulterior motive)에 의해 입증되기보다는 자기 스스로 그 행동을 당연히 여기는 것을 의미한다.

영성(spirituality)은 소비경험이 나와 관련된 타인과의 관계에 어떻게 영향을 미치는지에 대해 내적으로 동기부여되고, 귀중하게 여겨지는 소비경험에 대한 반응적인 평가를 수반한다.

그러나 실용적 가치와 쾌락적 가치의 두 유형으로 소비가치를 분류하는 것은 제품이 제공하는 기능적 효용과 흥미, 즐거움 등의 쾌락적 효용에만 가치의 범위를 한정하고 있어 소비경험이 제공하는 모든 가치를 설명하기에는 부족하다는 한계점을 가진다(Holbrook & Hirschman, 1982).

4) Sheth 등의 소비가치

Sheth 등(1991)은 기존 소비가치 연구자들에 의해 주로 다루어졌던 단일차원의 가치체계들이 갖는 한계점을 극복하고자 경제학, 사회학, 심리학, 마케팅 등 제 분야의 학문들에서 연구되었던 가치들을 통합하여 소비가치에 대한 다차원적 접근을 시도하였다. 이들은 인간의 여러 가치들 중에서 소비자의 소비행동과 관련된 가치만을 추출하여 소비가치이론(theory of consumption values)을 제시하였다. 소비가치이론에 따른 소비가치는 기능적 가치(functional value), 사회적 가치(social value), 감정적 가치(emotional value), 진귀적 가치(epistemic value), 상황적 가치(conditional value)로 구성된다. 소비자들은 특정 제품을 구매할 것인지, 어떤 제품 유형을 선택할 것인지, 어떤 상표를 선택할 것인지 결정할 때 5가지 소비가치들 중 어느 하나 혹은 모두에 의해 영향을 받기 때문에, 소비가치를 소비자의 선택행동에 가장 결정적인 영향요인이라고 주장하였다.

Sheth 등(1991)이 제시한 5가지 소비가치의 개념은 〈표 7-5〉와 같다.

〈표 7-5〉 Sheth 등(1991)의 소비가치 개념

소비가치	내용
기능적 가치 (functional value)	선택대안의 현저한 기능적, 실용적, 물리적 특성으로부터 획득되는 지각된 효용
사회적 가치 (social value)	선택대안이 하나 또는 둘 이상의 특정한 사회 집단들과의 관계를 통해 획득되는 지각된 효용
감정적 가치 (emotional value)	정서적 상태 또는 감정 상태를 유발하는 선택대안으로부터 획득되는 지각된 효용
진귀적 가치 (epistemic value)	호기심을 유발하거나 새로움을 제공하는 선택대안으로부터 획득되는 지각된 효용
상황적 가치 (conditional value)	선택 당사자가 직면하는 특정한 상황 또는 주변 환경에 대한 결과로 인해 선택대안으로부터 획득되는 지각된 효용

기능적 가치(functional value)는 선택대안의 현저한 기능적, 실용적, 물리적 특성으로부터 획득되는 지각된 효용을 의미한다. 선택대안의 기능, 성능, 신뢰성, 내구성, 가격 등과 같은 속성이 기능적 가치와 관련되어 있다. 기능적 가치를 고려하는 소비자는 그 제품군의 물리적이고 효용적인 속성을 가장 잘 충족시키는 제품을 선택하게 된다. 이러한 개념은 Marshall(1890)과 Stigler(1950)에 의해 발전된 경제적 효용 이론(economic utility theory)에 근거하여 경제학에서의 합리적 경제 행위자를 가정한 것으로 전통적으로 기능적 가치는 소비자의 선택 행동에 있어서 주된 동인으로 여겨져 왔다. 기능적 가치는 외재적(extrinsic) 가치에 반대되는 내재적(intrinsic) 개념에 가치를 둔다. 예를 들어, 의복의 기능적 가치는 의류를 통해 소유할 수 있는 지위나 명성 등의 외재적 가치가 아니라 관리성, 유용성, 실용성 등의 내재적 가치를 의미한다(백선영, 2000). 기능적 가치란 제품의 기능, 품질, 가격 등의 실용적 또는 물리적 기능에 대해 소비자가 지각하는 효용으로 내재적 가치에 기반을 두고 있으며(이채은, 2010), 기능성에 큰 가치를 두는 소비자는 제품 가격, 필요성, 재활용성을 중요하게 여긴다(Morganosky & Buckely, 1987). 즉, 기능적 소비가치는 소비자에게 제품의 기능적 혜택을 제공함으로써 소비자의 근본적인 욕구를 만족시키고 해소시키는 것이다(강현정, 2012). 또한 제품의 성능, 확실성, 내구성, 가격 및 서비스 등 기능적 가치를 중요시여기는 소비자는 소비행위에 대한 자기 확신 및 관리, 충동제어, 만족지연이 높게 나타난다(남수정, 2007).

사회적 가치(social value)란 선택대안이 하나 또는 둘 이상의 특정한 사회 집단들과의 관계를 통해 획득되는 지각된 효용을 의미한다. 즉 선택대안은 긍정적 또는 부정적으로 정형화된 인구통계학적, 사회경제학적, 문화인류학적 집단과 같은 특정한 사회집단들과의 관계를 통해 형성된 기준을 토대로 사회적 가치를 획득한다. 이러한 사회적 가치의 개념은 상징 및 과시 소비에 관한 연구(Veblen, 1899), 사회계급에 관한 연구(Warner & Lunt, 1941), 준거집단에 관한 연구(Hyman, 1942), 소비자 선택행동에 있어 대인 간 의사소통과 정보 전달을 통한 사회적 가치의 중요성을 입증한 Roger(1962)와 Robertson(1967)의

연구로부터 영향을 받았다. 흔히 이러한 사회가치를 측정하기 위해 대상자의 준거집단을 설문함으로써 간접적으로 측정하는 방법들이 활용된다(Kotler, 1990; 이선희, 1997). 예를 들어 고급 가방을 들고 다니는 젊은 사람들에 대해서 긍정적으로 인식하는 사람들이 있고, 부정적으로 인식하는 사람들이 있을 것이다.

감정적 가치(emotional value)는 정서적 상태 또는 감정 상태를 유발하는 선택대안으로부터 획득되는 지각된 효용을 의미한다. 제품소비에 의한 긍정적·부정적 감정과 관련된 것으로 선택대안은 특정한 감정과 관련되었을 때 또는 이러한 감정을 촉발하거나 지속시킬 때 감정적 가치를 획득한다. 이러한 감정적 가치의 개념은 소비자의 선택이 비인지적이고 무의식적인 동기에 의해 영향받음을 입증한 Dichter(1947)의 연구, 마케팅 믹스와 프로모션 믹스의 변수들이 정서적 반응을 불러일으킨다고 제시한 연구(Holbrook, 1983; Kotler, 1947; Martineau, 1958; Park & Young, 1986; Zajonc, 1968), 언어적 정보와 시각적 정보에 특성화된 인간의 두뇌기능에 관한 연구(Hirschman, 1980; Orstein, 1972), 언어적 또는 비언어적 정보 입력 방식에 따라 다른 유형의 정보처리과정이 적용됨을 밝힌 Paivio와 Begg(1974)의 연구로부터 영향을 받았다. 즉, 감정적 가치는 상품이나 제품 속성이 발생시키는 느낌이나 소비자의 감정적인 상태로부터 지각하는 가치를 말한다(이채은, 2010).

진귀적 가치(epistemic value)는 호기심을 유발하거나 새로움을 제공하는 선택대안으로부터 획득되는 지각된 효용을 의미한다. 선택대안은 제품소비를 촉발하게 하는 호기심이나 새로움을 통해 진귀적 가치를 획득한다. 완전히 새로운 경험은 물론 단순한 변화를 제공하는 선택대안 또한 진귀적 가치를 제공한다. 선택대안은 소비자가 현재 보유한 브랜드가 만족스럽거나 지겨워졌을 때, 호기심이 생겼을 때, 배움(learn)에 대한 갈망을 가졌을 때 선택될 가능성이 높다. 이러한 진귀적 가치의 개념은 새로움과 다양성 추구 동기가 소비자의 제품 탐색, 사용 및 전환 행동을 활성화시킬 수 있다는 연구(Hansen, 1972; Hirschman, 1980; Howard & Sheth, 1969; Katz & Lazartfeld, 1955), 개인은 자극의 중간 또는 최적의 수준을 유지하도록 동기부여된다는 연구(Berlyne,

1960 · 1970), 소비자의 신제품 수용 및 혁신성에 관한 Roger와 Shoemaker(1971)의 연구에 의해 영향을 받았다.

상황적 가치(conditional value)는 선택 당사자가 직면하는 특정한 상황 또는 주변 환경에 대한 결과로 인해 선택대안으로부터 획득되는 지각된 효용을 의미한다. 선택대안은 기능적 가치 또는 사회적 가치를 강화하는 물리적 혹은 사회적 선택상황이 존재할 때 상황적 가치를 획득하며, 선택대안의 효용은 특정한 시기나 상황에 따라 다르게 인식될 수 있다. 이러한 상황적 가치의 개념은 주어진 상황에서 경험의 결과로 발생하는 학습의 중요성을 입증한 Howard(1969), Hull(1963)의 연구에 의해 영향을 받았다.

Sheth 등(1991)의 소비가치이론에 따른 소비가치는 다음의 세 가지 특징을 갖고 있다.

첫째, 소비가치이론에서의 소비자 선택은 복합적인 소비가치의 작용으로써 다차원적 현상임을 전제로 하고 있다. 즉 기능적 가치, 사회적 가치, 감정적 가치, 진귀적 가치, 상황적 가치는 소비자의 선택행동에 영향을 미치며 5가지 중 일부 또는 모두가 영향을 미칠 수 있다는 것이다. 둘째, 소비가치는 어떤 특정한 선택상황에서 차별적인 기여를 한다. 단일 제품군 내에서 구매 결정 선택, 제품 유형 선택, 특정 상표 선택이 이루어질 때, 각각의 제품은 서로 다른 소비가치를 제공하기 때문에 특정 소비가치가 서로 상이하게 나타난다고 할 수 있다. 마지막으로 소비가치는 서로 독립적이다. 즉 하나의 소비가치에 대한 소비자 지각의 변화는 다른 소비가치에 대한 지각에 영향을 미치지 않는다는 것이다.

소비자의 선택 행동에 대한 만족에 있어서 5가지 소비가치를 모두 최대화하는 것이 가장 이상적이겠지만 현실적으로는 어려움이 따른다. 소비자는 일반적으로 특정 소비가치를 극대화하기 위해 상대적으로 다른 소비가치에 대해서는 기꺼이 희생을 감수한다고 하였다. Sheth 등(1991)의 소비가치이론은 개인의 소비가치를 구체적이고 행동적인 차원에서 설명하고 있으며 다양한 학문 분야에 적용되어 연구되어 왔다.

③ 성격의 개념

성격[1]은 '개인의 환경에 대한 적응을 결정짓는 특징적인 행동패턴과 사고양식'으로 정의하고 있다. 이 정의에서 보면 '행동과 사고'라는 용어가 나오는데 인간의 성격은 우리 눈으로 직접 볼 수 있는 것이 아니라 외부로 드러난 행동과 사고유형을 통해 역으로 우리가 추론하는 것이다.

Freud의 구조 모델에 따르면, 성격은 행동을 지배한 3가지 시스템인 원초아(id), 자아(ego), 초자아(superego)로 구성되어 있으며 이것들은 서로 상호작용을 한다. 출생과 동시에 나타나는 원초아는 성격의 가장 원초적인 부분으로 자아와 초자아도 여기에서 발달한다. 원초아는 가장 기본적인 생물학적 충동으로 구성되어 있다.

아이가 성장할 때, 자아가 발달하기 시작한다. 아이는 자신의 충동이 언제나 즉각적으로 충족될 수 없다는 것을 알게 된다. 성격의 한 부분인 자아는 어린 아동이 현실의 요구를 고려하는 것을 배우면서 발달한다. 자아는 현실원리에 따르기에 충동의 만족은 그 상황이 적절할 때까지 지연되어야 한다는 것을 아이에게 말해준다. 따라서 자아는 본질적으로 성격의 집행자로 원초아의 요구, 현실 그리고 초자아의 요구 간을 중재한다.

초자아는 행위가 옳고 그른지를 판단한다. 초자아는 사회의 가치와 도덕에 관한 내면화된 표상이다. 초자아는 개인의 양심과 도덕적으로 이상적인 사람에 관한 이미지이다. 프로이트에 의하면, 초자아는 아동 중기 동안 부모가 주는 상과 처벌에 대한 반응 그리고 동일시 과정을 통해 형성된다.

성격의 이러한 세 가지 성분은 종종 갈등을 일으킨다. 자아는 원초아가 원하

---

1) 성격이라는 개념과 함께 자주 사용하는 개념으로 기질(temperament)과 품성(character)이 있다. 기질이란 한 개인이 유전적 원인으로 인해 태어날 때부터 가지게 되는 고유의 특성을 말한다. 이런 기질에는 감정적이고 충동적인 기질, 활발하고 사교적인 기질, 주도적이고 적극적인 기질과 같은 유형이 있다. 반면 품성이란 사회적으로 바람직하게 여기는 특성을 말하는 것으로, 흔히 성격이 좋다든가 성격이 나쁘다고 할 때 사용하는 개념이다. 즉 사회적 판단이 개입된 것으로 한 사회 시스템에서 긍정적으로 받아들이는 특성을 지칭한다.

는 충동의 즉각적 만족을 지연시킨다. 초자아는 원초아와 자아 두 성분 모두와 싸우는데, 이는 원초아와 자아의 행동에 도덕적 요소가 부족하기 때문이다. 매우 잘 통합된 성격의 경우, 자아는 안정적이면서 융통성 있는 통제를 유지하고 현실원리가 지배한다. 프로이트는 원초아의 전부와 자아와 초자아의 대부분이 무의식에 있고, 자아와 초자아의 작은 부분만이 의식적이거나 전의식적이라고 제안하였다.

한편, 인간의 행위에 숨어 있는 무의식적 동기를 확인하기 위한 꿈, 환상, 상징 등을 강조하는 정신분석학은 마케팅에 영향을 주었다. 마케터들은 소비자의 무의식 동기에 소구할 수 있는 촉진주제와 용기를 개발하려고 하며, 여전히 소비자의 무의적 구매동기를 자극하는 상징과 환상을 확인하기 위해 정신분석학을 이용하고 있다. 예를 들어 제품의 디자인과 용기 또는 광고 등에서 성적인 에너지인 리비도(libido)를 흥분시키는 여러 상징들을 의도적으로 사용하고 있다.

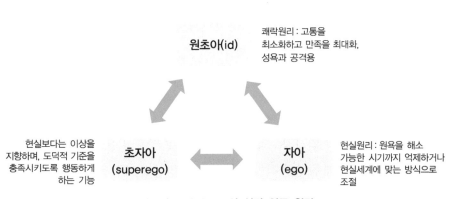

[그림 7-1] Freud의 심리 역동 원리

4 성격 유형

1) Horney의 성격이론

Freud의 동료들 중 몇몇은 성격이 본능적이고 성적이라는 프로이트의 생각에 동의하지 않고, 대신에 사회적 관계가 성격 형성과 발달에 기본이라고 믿었다. 이런 신프로이트 학파의 성격이론들 중에서 소비자 영역에 잘 적용되는 카렌 호나이(Karren Horney)의 이론에 대해 간략히 언급하고자 한다.

Horney는 불안에 흥미를 두었고, 특히 불안한 감정을 극복하려는 개인의 욕망에 관심을 두었다. 이는 순응, 공격, 이탈의 3가지 성격집단으로 분류될 수 있다.

- 순응적(compliant) 성격 : 이에 해당하는 개인은 타인을 향해 움직이는 사람으로, 사랑받고 인정받기를 바라는 경향이 강하다.
- 공격적(aggressive) 성격 : 이에 해당하는 개인은 타인에 대항해 행동하는 사람으로, 남보다 우위에 서려 하고 칭찬을 들으려는 경향이 강하다.
- 이탈적(detached) 성격 : 이에 해당하는 개인은 타인으로부터 멀어지려는 사람으로, 독립적이고 자기충족적이며 자유로워지려는 경향이 강하다.

Horney의 이론에 근거를 둔 성격검사가 한 소비자 연구자에 의해 개발되었는데, 그는 대학생들의 검사점수와 그들의 제품 및 상표 사용패턴 간에 잠정적 관계를 발견하였다. 매우 순응적인 학생들은 유명상표 제품을 선호하였고, 공격적 성격으로 분류된 학생들은 남성적인 면을 강하게 소구하는 제품을 선호하였으며, 매우 이탈적인 학생들은 많은 학생이 선호하는 커피보다는 차를 많이 마시는 것으로 나타났다(Cohen, 1967).

2) 특질론

특질론은 사람들을 그들의 지배적인 특성 또는 특질에 따라 분류하는 것이다. 심리학자에 의하면, 특질(trait)은 '한 개인을 다른 사람과 비교적 영속적이 며 일관되게 구분해 주는 어떤 특성'이다.

특질론은 사람들의 성향을 형용사로 기술하며, 사람들의 성격은 형용사로 표현된 특정한 특질들의 결합으로부터 나타난다. 예를 들어 사람은 자신의 성 격이 어떠냐는 물음에 '보수적인', '외향적인', '침착한', '사교적인' 등의 형용사 를 사용하여 답하곤 하는데, 이것이 바로 특질이며, 이러한 특질들의 결합(dP, 안정적이고, 외향적이며, 사교적인 등)이 성격으로 나타난다.

〈표 7-6〉은 다양한 평가 도구를 사용해 요인분석한 결과 신뢰성 있게 나타 나는 5개의 특질요인(Big-5요인)을 나타낸다. 제시된 형용사 쌍은 각 요인을 잘 나타내는 특질척도의 예들이다(McCrae & Costa, 1987).

〈표 7-6〉 대표적인 5개 특질요인

특질요인	대표적인 특질척도
개방성	인습적인–창의적인, 무사안일한–대담한, 보수적인–자유로운
성실성	부주의한–조심스러운, 믿을 수 없는–믿을 만한, 게으른–성실한
외향성	위축된–사교적인, 조용한–말 많은, 억제된–자발적인
친밀성	성마른–성품이 좋은, 무자비한–마음이 따뜻한, 이기적–이타적
신경증	침착한–걱정 많은, 강인한–상처를 잘 입는, 안정된–불안정한

3) Jung의 분석심리학

Jung은 1914년 Freud의 정신분석학파에 소속되어 활동했지만, Freud와 학 문적 견해의 차이로 결별하고 무의식 요소를 개인적 차원에서 집단적 차원으로 확대하여 분석심리학파를 만들었다. Jung(1961)은 한 인간의 전인격적 심리 구조를 통틀어 psyche라고 표현하였다. 그는 이러한 psyche가 의식의 심층을 둘러싼 자아, 그 의식을 둘러싼 개인무의식 그리고 집단무의식과 원형으로 구 성되어 있다고 보았다. 특히 psyche의 구성 중 집단무의식과 원형은 성격에 대한 Jung의 분석심리학이 갖는 특징이라고 할 수 있다.

　개인무의식은 자아의 세계에서 억압되거나 잊힌 경험이 저장되어 형성된 것으로, Freud가 말한 무의식적 요소에 해당한다. 어떤 새로운 것을 경험했을 때 그것이 자신과 무관하거나 중요하지 않게 보이는 것들, 또는 그 자극이 너무 약해서 의식의 수준에까지 도달하지 못한 경험들이 저장된 것이다. 이것은 평소에는 의식에 머물러 있지 않지만 필요할 때 작동하여 우리의 행동에 영향을 미친다. Jung은 개인무의식이 개인이 가지고 있는 콤플렉스(무의식 속에 저장되어 있는 감정, 생각, 기억이 연합되어 생긴 흔적들) 혹은 과거 조상의 경험에서 얻은 것이라고 생각했다. 개인적인 갈등, 해결하지 못한 도덕적 갈등, 강렬한 감정이 뒤섞인 사고과정은 개인 무의식의 중요한 부분이다. 개인 무의식에 직접 접근하기는 어려우며 이런 요소들은 종종 꿈으로 나타나 그 내용을 구성하는 데 중요한 역할을 한다.

　Jung(1929)은 무의식이 개인의 성격 형성에 중요한 영향을 끼친다는 Freud의 생각을 수용했지만, 무의식이 단지 개인적 차원만이 아닌 집단적 차원에도 영향을 미친다고 생각했다. 즉, 그는 성격이 그 사람이 어떤 사회나 문화에서 자라나는가에 따라 달라질 수 있다고 본 것이다. 개인을 지배하는 생각, 감정, 욕구가 모두 현재의 자신에게서 비롯되는 것은 아니며, 과거 인류의 경험이 축적되어 전달된 것들일 수도 있다. 인간이 대대로 이어받은 여러 가지 원시적 이미지는 자신도 모르게 세상을 경험하고 반응하는 데 소질이나 잠재적 가능성으로써 가능하게 된다. 이러한 집단무의식은 신화나 전설 및 민담과 같은 집단 문화의 형태로 전승되어, 원형(archetype)의 형태로 개인 내면에 자리 잡게 된다. 예를 들어, 어떤 나라에 태어나던지 인간은 누구나 어머니에 대한 공통적인 원형을 가지고 있다. 사람들은 자신이 가지고 있는 원형에 따라 특정한 방식으로 세계를 지각하고 경험하며 반응하게 된다. 여기서 원형이란 조상으로부터 전달받아 개인이 태어날 때부터 가지게 되는 미리 정해진 생각이나 기억, 즉 근원적 심상을 말한다.

　Jung(1929)은 성격을 구성하는 가장 중요한 원형으로 페르소나(persona),

그림자(shadow), 아니마(anima), 아니무스(animus), 자기(self)를 들었다. 페르소나란 어머니의 심상과 같이 사회적 역할수행에 대한 심상으로 남에게 보이는 모습을 말한다. 그림자는 개인이 가지고 있는 어두운 면으로, 성적으로 수용되지 않거나 동물적인 것 즉, 무의식의 어둠 속에 있는 자신의 분신을 말한다. 아니마는 남성 속에 있는 여성성을 말하고, 아니무스는 여성 속에 있는 남성성의 모습을 말한다. 자기란 인간이 추구하는 합일, 완성, 만다라의 상태를 말한다. 이런 집단무의식의 원형은 인간 개개인의 성격 중 한 요소를 형성한다.

4) MBTI(Myers & Briggs Type Indication)

Jung의 심리유형론에 근거하여 Myers와 Briggs가 개발한 MBTI(Myers & Briggs Type Indication)[2] 성격유형 검사 도구는 자기이해와 타인이해 및 수용에 효과적이며 상대방을 이해하는 데 활용할 수 있는 성격의 선호유형을 찾는 검사 도구이다.

Myers와 Briggs는 MBTI를 개발하면서, Jung이 간략하게만 언급하고 넘어간 JP지표도 하나의 독립된 지표로 첨가하였다. Jung은 이 JP지표에 대해 "판단형의 사람(J형)은 대개 판단하는 성향을 가지고 있어서 의식적 성격측면을 잘 파악하고, 인식형(P형)의 사람은 무의식적인 성격에 영향을 받는다. 왜냐하면 판단(J)은 정신현상의 의식적 동기에 더욱 관심을 가지고 있고, 인식(P)은 단지 일어난 일을 기록하기 때문이다"라고 하였다. Jung은 이러한 각 기능에서의 방향의 결정은 선천적이라고 생각하였다. 그는 각 기능의 양극선상에서 각

---

2) 캐서린 쿡 브릭스(Katharine C. Briggs)와 그의 딸 이사벨 브릭스 마이어스(Isabel B. Myers)가 카를 융의 성격 유형 이론을 근거로 개발한 성격유형 선호지표이다. 이 검사는 제2차 세계대전 시기에 개발되었다. MBTI를 활용한 검사는 좋고(효율적) 나쁜(비효율적) 성격을 구별하는 것이 아니라 환경이라는 변수를 개입함으로써 사람들의 근본적인 선호성을 알아내고 각자의 선호성이 개별적으로 또는 복합적으로 어떻게 작용하는지의 결과를 예측하여 실생활에 도움을 얻고자 하는 개인의 어떤 특성을 나타내는 제시도(indicator)이다(김정택·심혜숙, 2000). MBTI 활용은 개인의 심리적 특성인 성격유형의 차이를 이해하고 수용하는 역동을 통하여 대인관계 능력을 향상시킬 수 있다고 보았다. MBTI 활용으로 성격과 잠재력을 발견, 개발함으로써 건강한 자아정체감이 형성될 수 있다.

개인에 따라서 어느 한쪽으로 더 기울어지며, 이에 따라 개인의 차이점이 드러나는 고유의 성격유형이 나타난다고 보았다. 그는 또한 인간이 자신의 선천적 경향을 알고 활용할 때 심리적인 쾌적감이 따른다고 보았고, 반면 자신의 선천적 경향을 거슬러 가야 하는 상황 속에서 오랫동안 살아갈 때는 심리적인 탈진감이 오게 된다고 하였다. 이것은 마치 선천적으로 오른손 잡이인 사람이 왼손을 써야 하는 상황이 되면 서툴고 어색하고 왼손을 쓰고 있다는 의식을 많이 하게 되는 것과 마찬가지로, 의식을 많이 한다는 것은 그만큼 심리적인 에너지의 소모가 많다는 표시이기도 한 것이다.

MBTI는 이와 같은 Jung의 입장에 바탕을 두고, 개인이 쉽게 응답할 수 있는 자기보고를 통해 인식하고 판단할 때 각자 선호하는 경향을 찾고, 이러한 선호 경향들이 개별적으로 또는 여러 경향들이 상호작용하면서 인간의 행동에 어떠한 영향을 미치는가를 파악하여 실생활에 응용할 수 있도록 제작된 도구이다.

외향(E) Extroversion	에너지의 방향(주의 초점) ← →	내향(I) Introversion
감각(S) Sensing	정보수집(인식의 기능) ← →	직관(N) Intuition
사고(T) Thinking	판단과 결정(판단의 기능) ← →	감정(F) Feeling
판단(J) Judging	이해양식(생활 양식) ← →	인식(P) Perceiving

[그림 7-2] MBTI 선호지표

① 외향성(Extroversion) – 내향성(Introversion)

외향성과 내향성의 지표는 개인의 주의집중과 에너지의 방향이 인간의 외부로 향하는지 내부로 향하는지를 나타내는 지표이다. Jung은 외향성과 내향성이 상호보완적인 태도임을 강조했다.

외향성의 사람들은 주로 외부세계를 지향하고 인식과 판단에 있어서도 외부의 사람이나 사물에 초점을 맞춘다. 또한 바깥에 나가 활동을 해야 활력을 얻는다. 이들은 행동 지향적이고, 때로는 충동적으로 사람들을 만나며, 솔직하고 사교성이 많고 대화를 즐긴다.

내향성의 사람들은 내적 세계를 지향하므로 바깥 세계보다는 자기 내부의 개념(concept)이나 생각 또는 이념(idea)에 더 관심을 둔다. 관념적 사고를 좋아하고, 자기 내면세계에서 일어나는 것에 의해 에너지를 얻으며 주로 생각하는 활동을 좋아한다.

② 감각형(Sensing) – 직관형(Intuition)

감각형과 직관형의 지표는 정보를 인식하는 방식에서의 경향성을 반영한다. 감각기능을 선호하는 사람들은 모든 정보를 자신의 오관에 의존하여 받아들이는 경향이 있다. 이들은 현재 이 상황에 주어져 있는 것을 수용하고 처리하는 경향이 있으며 실제적이고 현실적이다. 또한 자신이 직접 경험하고 있는 일을 중시하며 관찰능력이 뛰어나고 세세한 것까지 기억을 잘하며 구체적이다.

감각형의 사람은 순서에 입각해서 차근차근 업무를 수행해 나가는 성실근면형이나, 세부적이고 구체적인 사실을 중시하는 경향으로 인해 전체를 보지 못할 위험이 있다. 감각형의 사람은 사물, 사건, 사람을 눈에 보이는 그대로 시작하려는 경향이 있으며, 사실적 묘사에 뛰어나다.

직관기능을 선호하는 사람들은 오관보다는 통찰, 소위 말하는 육감이나 영감에 의존하여, 구체적인 사실이나 사건보다는 이면에 감추어져 있는 의미, 관계 가능성 또는 비전을 보고자 한다. 이들은 세부적이고 구체적인 사실보다는 전체를 파악하고 본질적인 패턴을 이해하려고 애쓰며 미래의 성취와 변화, 다양성을 즐긴다. 직관형의 사람은 상상력이 풍부하고, 이론적이고, 추상적이고, 미래지향적이며 창조적이다. 그러나 구체적인 것을 떠나 전체를 보려고 하기 때문에 세부적인 것은 간과하기 쉽고, 실제적·현실적인 면을 고려하지 않고 새로운 일 또는 복잡한 일에 뛰어들기도 한다.

③ 사고형(Thinking) - 감정형(Feeling)

사고와 감정기능은 인식된 정보를 가지고 판단을 내릴 때 쓰는 기능이다.

사고형은 객관적인 기준을 바탕으로 정보를 비교 분석하고 논리적 결과를 바탕으로 판단을 한다. 사고형은 인정에 얽매이기보다 원칙에 입각하여 판단하며, 정의와 공정성, 무엇이 옳고 그른가에 따라 판단한다. 따라서 인간미가 적다는 얘기를 들을 수 있으며 객관적 기준을 중시하는 과정에서 타인의 마음이나 기분을 간과할 수 있다.

감정기능을 선호하는 사람은 친화적이고, 따뜻하며 조화로운 인간관계를 중시한다. 객관적인 기준보다는 자기자신과 다른 사람들이 부여하는 가치를 중시하여 판단을 한다. 즉, 논리 분석보다는 자기자신이나 타인에게 어떤 영향을 줄 것인가 하는 점을 더 중시하며, 원리원칙보다는 사람의 마음을 다치지 않게 하는 데 더 신경을 쓴다. 이러한 성향으로 사람과 관계된 일을 결정해야 할 때 우유부단하게 되거나 어려움을 겪을 수 있다.

④ 판단형(Judging) - 인식형(Perceiving)

판단과 인식은 외부세계에 대한 태도나 적응에 있어서 어떤 과정을 선호하는가를 말한다.

판단형은 의사 결정을 하고 종결을 짓고 활동을 계획하고 어떤 일이든 조직적·체계적으로 진행시키기를 좋아한다. 판단형은 계획을 짜서 일을 추진하고 미리미리 준비하는 편이며, 정한 시간 내에 마무리해야 직성이 풀린다. 외부행동을 보아도 빈틈없고 단호하며 목적의식이 뚜렷하다.

반면, 인식형은 삶을 통제하고 조절하기보다는 상황에 맞추어 자율적으로 살아가기를 원한다. 또한 자발적이고 호기심이 많고 적응력이 높으며, 새로운 사건이나 변화를 추구한다.

판단형은 한 가지 일을 끝내지 않고는 잠을 못 이루는 사람들이다. 이에 비해 인식형은 한꺼번에 여러 가지 일을 벌이지만, 뒷마무리가 약하다. 판단형은 인식형을 굼뜨고 답답하게 보며, 인식형은 판단형을 보고 성급하고 여유가 없고 조급하다고 보는 경향이 있다.

5) 소비자 성격척도

여러 소비자 연구자는 특정한 구매행동을 직접적으로 측정해 줄 수 있는 타당하고 신뢰도 높은 특질척도를 다수 개발하였다.

① 자기감시

자기감시(self-monitoring)는 사람이 사회활동과 대인관계에서 자기표현을 관리할 수 있는 정도를 말한다. 자기감시 정도가 높은 사람의 태도는 자신의 태도가 사회적이나 상황적으로 적합한가에 의해 형성되기 때문에 이러한 사람들은 제품을 사용함으로써 얻을 수 있다고 주장한다. 또한 자기감시가 낮은 사람들은 자신의 가치표출을 중시하는 태도를 갖기 때문에 제품의 품질을 강조하는 광고를 자신들의 내재된 태도나 가치 또는 다른 평가적 기준에 맞추어 해석할 것이라고 가설을 세웠다. 예를 들면 자기감시가 높은 사람은 스포티하게 보이는 자동차 광고, 하얀 치아의 밝은 미소를 강조하는 치약광고 등에 반응할 것이다.

또한 자기감시가 낮은 사람들은 자신들의 가치표출을 중시하는 태도를 갖기 때문에 제품의 품질을 강조하는 광고를 자신들의 내재된 태도나 가치 또는 다른 평가적 기준에 맞추어 해석할 것이라는 가설을 세웠다. 예를 들면 스카치위스키 맛이 좋다고 생각하는 사람들은 스카치위스키를 마시는 그 자체를 즐길 것이며, 이러한 사람들은 특정 스카치가 그 맛에 대한 정보를 제공하는 광고에 주의를 기울일 것이며 더 반응적일 것이라는 가설을 세웠다. 이들은 세 가지 제품(위스키, 담배, 커피 등)을 대상으로 두 가지의 광고기법을 이용, 즉 다른 것은 다 동일하지만 단지 광고와 관련된 카피가 하나는 제품의 이미지를, 다른 하나는 제품의 품질을 소구하는 기법을 이용하여 광고에 대한 호의도와 제품의 구매의도에 대해 자기감시의 높고 낮음이 차이를 유발할 수 있는가에 대한 연

구를 한 결과 유의한 차이가 있음을 밝혀내고, 그들의 가설이 검증되었다고
주장하였다.

② 인지욕구

인지욕구(need for cognition)는 사람이 생각하는 것을 즐기거나 원하는 경
향성에 대한 측정을 나타낸다. 인지욕구의 개념은 개인이 노력하여 정보를 처
리하는 데서 얻게 되는 내적인 즐거움에 초점을 두고 있다. 인지욕구 척도에서
높은 점수를 받은 사람은 본질적으로 생각하는 것을 즐기며, 반면에 낮은 점수
를 받은 사람은 힘든 인지적 활동을 피하는 경향이 있다. 인지욕구가 낮은 사람
은 특정한 주장에서 핵심을 구별하지 못하며, 오히려 제공된 주장에 근거하여
자신의 태도를 형성하기 위해 요구되는 인지적 노력을 피하는 것을 전형적으로
좋아하는 것으로 특징지을 수 있다.

③ 애매함에 대한 관용

애매함에 대한 관용(tolerance for ambiguity)의 개념은 애매하거나 비일관
적인 상황에 대해 사람이 어떻게 반응하는지를 다루는 것으로, 애매함에 참을
성이 있는 개인은 비일관적인 상황에 긍정적인 방식으로 반응하지만, 애매함에
대해 비관용적인 개인은 비일관적인 상황을 위협적이며 바람직하지 않은 것으
로 보는 경향이 있다. 세 가지 다른 형태의 상황이 애매한 것으로 확인되었는
데, 첫째, 사람이 정보를 전혀 갖고 있지 못한 완벽하게 새로운 상황은 애매한
것으로 고려되며 둘째, 사람을 정보로 당황하게 하는 경향이 있는 매우 복잡한
상황은 매우 애매한 상황으로 간주되고 셋째, 반박적인 정보를 갖고 있는 상황
도 애매한 것으로 고려되고 있다. 이러한 상황들은 신기한, 복잡한 그리고 해결
할 수 없는 상황으로 특징지을 수 있다.

애매함에 대한 관용의 성격구성이 여러 소비자 과제에서 소비자에게 영향을
줄 수 있다. 예를 들면, 소비자가 애매함에 비관용적인 소비자보다 새로운 것으
로 지각된 제품에 더 긍정적으로 반응한다는 것을 발견했다. 즉 새로운 제품을
구매할 때, 소비자는 신기한 상황에 접하게 될 것이고, 애매함에 관용적인 소비

자는 이러한 상황에 더 긍정적으로 반응할 것이다.

④ 시각처리 대 언어처리

소비자를 시각처리자와 언어처리자로 구분할 수 있다. 시각처리자는 시각적 정보와 시각을 강조하는 제품을 선호하며, 반면에 언어처리자는 기술되는 언어적 정보와 언어적 정보로 광고되는 제품을 선호하는 경향이 있다.

⑤ 분리 대 연결

분리−연결(separateness-connectedness) 특질은 사람들이 자신의 자기개념을 독립성(타인과의 분리) 대 상호의존성(타인과의 연합)으로 지각하는 정도를 측정하는 변수이다. 연결특질이 강한 사람은 중요한 타인을 자신의 일부분으로 또는 자신의 확장으로 간주하지만, 분리특질이 강한 사람은 자신을 타인과 구분하며 '나'와 '남' 사이에 명확한 경계를 설정한다.

분리−연결 특질은 인구통계학적 변수들에서 차이가 있음을 보여준다. 예를 들어 여성은 남성보다 그리고 동양문화권의 사람들이 미국, 캐나다, 유럽의 서양 사람들보다 연결 특질의 자기개념을 더 가지고 있다(Wang & Mowen, 1997).

⑥ 기타 성격척도

소비자 연구자들은 위에서 언급한 특질척도 이외에도 다른 많은 척도를 개발하였다. '쿠폰경향' 및 '가격인식', '허영심', '거래경향', '인지복잡성', '성별도식이론', '불안', '자기 민족중심주의', '외향성/신경성', '정서욕구', '순종, 공격 및 분리' 척도 등이 소비자행동과 관련이 되는 것으로 평가하였다. 한편 강박소비를 하는 소비자의 경향성을 측정하는 척도도 개발되었다. 이 척도에서 강박소비자를 성공적으로 확인해 주는 문항으로는 "나는 구매할 능력이 없는데도 구매한다", "만일 남들이 나의 구매습관을 안다면 소름 끼칠 것이라고 나는 생각한다", "나는 쇼핑을 가지 못하는 날에는 불안하거나 신경질이 난다", "나는 나자신의 기분을 좋게 하기 위해 무언가를 구매한다" 등이 있다. 이 척도에서 이런 문항들에 "예"라고 응답하는 소비자는 강박소비 성향을 가지고 있을 것이며 전문가의 도움이 필요할 것이다.

6) 자기개념

자기개념(self-concept)은 '자기 자신을 하나의 대상으로 나타내는 개인의 사고와 감정의 총합'으로, 사람들이 자신의 자기개념과 일치되게 행동하려는 욕구가 있기 때문에 자기 자신에 대한 지각이 성격의 기본을 형성한다.

① 자기개념과 상징적 상호작용주의

인간은 자신을 외부로 드러내려는 성향을 지니고 있다. 이때 인간은 환경에서의 무언가를 활용하여 자신을 표현한다. 환경에서의 무언가란 바로 개인을 드러낼 수 있게 하는 하나의 상징물이다. 즉 자신을 표현하기 위해서는 환경에서 개인과 상징 간의 상호작용이 필요한데, 이를 상징적 상호작용주의라고 한다. 상징적 상호주의에 근거하면, 소비자는 상징적 환경에서 생활하며 자신을 둘러싸고 있는 상징들을 빈번히 해석한다.

② 자기 일치성 측정

자기 일치성은 소비자가 자신의 자기개념에 일치하는 제품과 매장을 선택한다는 개념이다. 자기 일치성을 측정하는 방법은 크게 2가지로 나뉜다. 첫째는 전통적인 방법으로 자기 일치성을 구성하고 있는 개념인 상표성격과 자기 이미지를 각각 측정하여 두 개념에서 일치성을 유추하는 방법이다. 둘째는 소비자에게 직접적으로 해당제품이 자기 이미지와 일치하는가를 묻는 방식이다.

③ 자기개념과 신체이미지

사람의 외모는 자기개념에서 상당한 부분을 차지한다. 신체이미지는 자신의 신체에 관한 개인의 주관적인 평가를 의미한다. 예를 들어 어떤 남성은 자신이 실제보다도 훨씬 더 근육질이라 생각할 수 있고, 어떤 여성은 실제보다 훨씬 더 비만이라고 느낄 수 있다.

08 컨슈머리즘의 이해

1 컨슈머리즘의 개념

소비자 주권과 혼용되어 쓰이는 컨슈머리즘(consumerism)은 우리나라 말로 소비자주의로 해석할 수 있다. 컨슈머리즘(Consumerism)이라는 용어는 1960년대 초 소비자옹호주의에 반대하는 미국 산업계의 냉소적 견해로부터 사용되기 시작하였다. 당시의 컨슈머리즘은 페미니즘, 패시즘 등과 같은 하나의 사상으로서 ism(사상)과 Consumer Activism(소비자옹호주의)의 결합으로 설명되었다. 그러나 시간이 흐름에 따라 미국 산업계를 중심으로 컨슈머리즘에 대한 긍정적 견해가 수용되었고, 학자 Mayer(1989)는 Consumerism을 소비자 경제적 복지와 정치적 힘을 증진시키는 운동으로서 소비자운동(Consumer Movement)과 상호 대체할 수 있는 개념으로 정의하였다.

컨슈머리즘이 내포한 범위가 넓은 까닭에 관점을 어디에 두느냐에 따라 달리 표현될 수 있으며, 다음과 같은 여러 견해가 있다.

첫째, 구매자의 권리로써의 컨슈머리즘 : 닉슨 대통령은 1969년 10월 '소비자 보호에 관한 대통령교서'에서 "컨슈머리즘이란 구매자의 위험부담이 판매자의 위험부담으로 대체되는 것은 아니며, 개인구매욕구의 결정을 정부가 지도하고 지배하는 것도 아니다. 1970년대의 컨슈머리즘이란 구매자의 권리라는 개념이 도입된 것을 의미한다"라고 규정하였다.

둘째, 기업에 대한 불신감으로써의 컨슈머리즘 : 또 하나의 견해에 따르면 컨슈머리즘은 시민생활에서의 기본적인 권리의식으로 추상적이고 연역적으로 파악되었다기보다는 소비자문제를 해결하는 과정에서 구체적이면서도 개별적으로 개념화되었다.

셋째, 소비자의 불만 해소로써의 컨슈머리즘 : 컨슈머리즘은 소비자와 관련하여 기업이 발견하지 못한 것을 말하는 것이며, 기업이 거부하거나 무시해 왔던 것을 지적한 것이다. 컨슈머리즘은 생활수준을 유지해 가는 과정에서 누적된 불만의 해소를 요구하는 것이며, 소비자의 조직적인 노력의 힘이다.

추가적으로, 1957년 Vance Packard의 저서 『낭비를 만들어내는 사람(the waste makers)』에서 사용된 컨슈머리즘은 흔히 말하는 소비주의를 의미하는 것이었고, Sterns(2001) 또한 컨슈머리즘을 근대적 소비의 양상으로 소비를 통해 정체성을 획득하는 이데올로기로 설명하였다. 이처럼 소비와 물질주의적 측면을 강조하는 이 개념은 컨슈머리즘이 아닌, '소비주의'로 구분하여 이해하는 것이 바람직하다.

소비자의 권익보호 및 복지추구의 긍정적인 개념으로서의 컨슈머리즘(Consumerism)은 미국에서 태동하였으며, 발전의 역사는 크게 3가지 국면으로 나누어볼 수 있다. 1890년대부터 1910년대까지의 1기, 1920년대부터 1930년대까지의 2기, 1960년대 전후부터 1970년대까지의 3기로 구분되며, 이 중 제3기에서 컨슈머리즘에 대한 논의와 발전이 가장 활발했다고 평가되고 있다. 그리고 바로 이 3기에 우리가 현재 사용하는 컨슈머리즘의 현대적 개념이 정립되었다고 볼 수 있다.

오늘날 우리가 이야기하는 컨슈머리즘은 1962년 존 F. 케네디 대통령이 의회에서 제출한 소비자이익의 보호에 관한 특별교서와 1965년 랄프 네이더(Ralph Nader)의 등장으로 결정적인 실체가 완성되었다. Ralph Nader는 제너럴 모터스와의 공방 끝에 자동차 안전법 등 수많은 소비자보호 관련법을 의회에 통과시켰으며, 다수의 소비자운동을 새롭게 조직함으로써 지식인과 젊은이들의 적극적 참여를 유도하여 대중의 컨슈머리즘 의식 확산에 기여하였다. 이후 컨슈머리즘은 시대적 요청에 따라 기업의 이윤극대화에 대응한 소비자단체,

소비자운동의 소비자보호에 대한 주장과 비판여론을 통해 전 사회적으로 확산되어 기업에서는 피할 수 없는 사회적 힘이 되었다.

한편 국내학자들은 컨슈머리즘의 개념적 토대가 성숙됨에 따라 컨슈머리즘을 사회적 환경과 소비맥락의 변화 속에서 새롭게 재정립해야 함을 강조하며, 컨슈머리즘을 새롭게 조명하였다. 컨슈머리즘과 동일시되었던 초창기의 컨슈머리즘에서 더 나아가 이념적 – 철학적 차원의 개념으로서 소비자와 관계를 가진 모든 조직(개인, 기업, 정부, 단체 등)으로부터 소비자이익을 보호하며, 교환관계가 미치는 모든 영향의 범위를 고려하는 것이 바로 오늘날의 컨슈머리즘이라는 것이다. 즉, 일상생활에서 문제의식을 느끼고 이를 해결하고자 하는 노력으로서 이념과 철학 및 실천적 차원의 운동을 포함하는 개념인 것이다. 종합해보면, 컨슈머리즘이란 소비자를 보호하기 위한 소비자, 정부, 기업 등 제삼자의 조직적 활동으로 파악되며, 인간이 우선이라는 철학과 사상이 포함되어 있다.

즉, 컨슈머리즘이란 소비자를 보호하기 위한 소비자, 정부, 기업 등 3자의 조직적인 활동으로 파악되며, 인간 우선이라는 철학과 사상이 포함되어 있다. [그림 8-1]에 나타난 바와 같이 3자의 조직적인 활동이 요구된다.

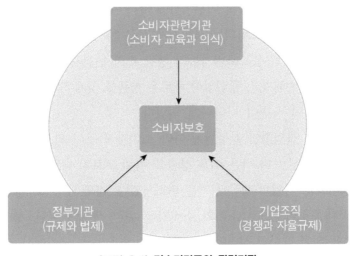

[그림 8-1] **컨슈머리즘의 관련기관**

2 컨슈머리즘의 등장 배경

구매자와 판매자 간 제품, 가격, 품질 등에 대한 대립현상이 나타남에 따라 컨슈머리즘이 발생하게 되었다. 대량생산-대량소비의 시기에 진입하던 때, 기업들은 문제를 발견하고 이를 해소하기 위해 노력하지 않았을 뿐 아니라, 소비자들을 문제해결의사와 그럴 능력이 없는 사람으로 간주함에 따라 시장에서 소비자문제는 계속해서 심화되고 있었다. 기술이 거의 없는 근로자의 고용으로 인해 상품의 질은 저하되고 있었고, 기술 진보는 제품의 복잡성을 증대시켰으며, 제품의 성능과 신뢰성 문제는 물론이고 서비스의 양적 증대 문제마저 나타나게 되었다. 이러한 가운데 소비자들은 계속된 물가 상승으로 인해 보다 우수한 제품을 기대하였고, 때마침 나타난 소비자 지도자의 소비자운동은 소비자들의 의식을 고조시키기에 충분하였다.

위에서 살펴본 영향 외에도, 컨슈머리즘의 주된 등장 배경을 더욱 확대해서 보면 기업 생산 성격의 변화와 소비자 주권의 붕괴를 꼽을 수 있다.

1) 기업 생산 성격의 변화

자본주의와 산업화가 급속히 이루어짐에 따라 새롭고 다양한 상품들이 대량생산되어 대량유통-대량소비되는 사회체계가 구축되었다. 이러한 생산의 변화는 대량소비의 측면 외에도 소비자들의 생활 또한 변화시켰다. 소비자들은 더 편리해졌고, 더 풍족해지고, 끊임없이 새로운 상품을 찾게 되는 등 생활의 윤택함이라는 긍정적인 측면이 나타나게 되었다.

그러나 기업은 산업화가 확장됨에 따라 소비자 욕구와 의사에 부응하는 재화를 생산하기보다는, 더 나은 이윤 창출을 위해 오로지 대량유통과 대량소비를 위한 생산으로 기업의 생산 성격을 변화시켰다. 결국 대량생산에 의해 나타난 고도의 대중소비사회는 소비와 소비자를 위한 생산이 아닌, 생산을 위한 생산, 이윤을 위한 생산의 성격만을 갖게 된 것이다. 바로 여기에서 컨슈머리즘이 발생한 근원적, 구조적 문제를 찾을 수 있다.

2) 소비자 주권의 붕괴

일부 기업들의 허위·과장 광고, 과잉 포장, 계획적 진부화 등은 소비자의 정상적이고도 합리적인 소비생활을 저해할 뿐 아니라 불필요한 노력마저 증가시켰다. 소비자를 이윤 획득의 수단으로 여기는 일부 기업들이 소비자들에게 불필요한 소비를 조장하거나, 계획적 진부화로 사용가치가 남아 있는 제품을 폐기토록 하는가 하면, 상품가격을 지나치게 높게 책정함으로써 소비자잉여마저 착취하기도 한다. 더욱이 고도로 발달된 기술은 현재까지, 일부 기업에게 유해·결함 상품을 시장에 출현시키고 산업공해를 배출함으로써 소비자의 생명·안전뿐 아니라 환경까지 파괴하고 있다. 이로 인해 소비자들은 인간으로서의 행복추구권과 쾌적하고 안전한 생활에서 살아갈 권리마저 침해당하는 등 여전히 여러 가지의 소비자문제를 겪고 있다.

③ 컨슈머리즘의 목표

일반적으로 컨슈머리즘은 소비자교육, 소비자 방어, 기업의 사회적 책임 수행의 세 가지 목표를 갖는다. 이들 목표는 서로 구분되는 지향점이 아니라, 상호 관련성을 가진다.

1) 소비자교육

소비자 정보의 부족은 가장 기본적이고 심각한 소비자문제이다. 소비자에게 정확하고 충분한 정보를 제공하는 것은 무엇보다도 중요하기 때문에, 합리적이고도 바람직한 소비생활에 필요한 정보를 습득하게 하는 소비자교육은 컨슈머리즘의 첫 번째 목표라 할 수 있다. 상품의 가격, 품질·기능, 사용방법, 제조업자 및 판매처의 신용도 등에 대한 정보는 소비자들이 상품을 선택하는 데 매우 유익하게 활용될 수 있기 때문이다.

2) 소비자 방어

소비자 방어(self-defense)란, 소비자가 제반 불이익이나 피해로부터 스스로 방어하는 것을 말한다. 소비자 방어에는 두 가지 방법이 있다. 첫째, 소비자 개인이 스스로 또는 어떤 조직(예컨대 소비자단체 등)과 연계하여 특정 상품의 구매나 특정 상점에서의 구매를 거부하는 보이콧(boycott)의 방법 둘째, 소비자들이 자신들에게 영향을 미치는 법률의 입법과 정책을 지지하거나 반대하는 방법이다.

소비자 방어가 실현되기 위해서는 소비자교육을 통한 소비자의 의식 및 역량의 제고가 먼저 이루어져야 한다. 소비자교육은 소비자 주권 실현을 위한 가장 기본적이고도 중요한 과제인 동시에 컨슈머리즘의 실천적 목표가 되기 때문이다. 소비자가 소비생활에서 발생하는 문제를 인식하고 이를 해결하고자 하는 것은 역량 있는 소비자의 육성에서부터 시작되기 때문에, 결국 소비자 방어와 소비자교육의 상호 관련성은 매우 높다.

3) 기업의 사회적 책임 수행

컨슈머리즘은 의존효과(dependence effect)에 대한 소비자의 저항력을 함양시킴으로써 상품 선택 시 소비자들이 스스로 판단할 수 있도록 하고, 소비자 주권을 확립하는 데 그 목적이 있다. 이를 위해, 개개 소비자 혹은 소비자 조직은 자신들의 통일된 의견을 사업자에게 전달하고, 기업 스스로 여러 가지 사회적 책임을 수행하도록 해야 할 것이다.

4 컨슈머리즘의 역사와 업적

1) 외국 컨슈머리즘의 발전

초기에 컨슈머리즘과 동일한 개념으로 혼용되던 컨슈머리즘은 소비자들이 자신의 권익을 지키기 위해 사업자의 부당행위에 조직적, 비조직적으로 대항하기 위한 운동을 의미한다. 서구에서 시작된 컨슈머리즘은 발생배경에 따라 영국에서 시작된 생활협동조합형 컨슈머리즘, 미국에서 발전된 정보제공형 컨슈머리즘 및 고발형 소비자운동으로 나눌 수 있다.

(1) 제1기 : 생활협동조합형 컨슈머리즘

영국을 중심으로 한 서유럽제국의 컨슈머리즘은 산업혁명 후의 성숙된 자본주의를 배경으로 하고 있다. 이 시기에는 산업혁명으로 야기된 노동자와 자본가의 대립현상이 극심했으며 노동조합운동도 활발하였다. 이러한 컨슈머리즘의 시초는 1844년 12월 영국에서 저임금과 실직의 어려움을 겪던 모직물 직공 28명이 결성한 '로치데일 공정개척자 조합(Rochdale Society of Equitable Pioneers)'이다. 이들은 처음 식품점을 개설하여 성공한 뒤 방직공장을 설립하였고, 조합원이 1만 명을 넘어 성공을 거두자 도매부문에도 진출하여 막대한 수입을 올렸다. 그 수익금은 교육 및 자선 사업에 기부하였으며, 투자 자본에 대해서는 고정이자 지불, 그리고 이익금은 구매 실적에 따라 분배하였다. 이는 오늘날까지 소비자조합의 기본 구조가 되어 왔으며, 로치데일 조합은 세계 협동조합운동의 초석이 되었다.

당시 근로자들은 노동에 대한 정당한 대가를 받지 못하고, 높은 소비자물가, 낮은 품질수준 및 유해식품 등으로 인해 고통받는다고 생각하였다. 이때의 컨슈머리즘은 부당한 노동 조건과 더불어 낮은 품질과 유해식품 등의 문제를 해결하기 위해 생필품을 직접 구입하는 데 중점을 둔 극히 제한된 컨슈머리즘이었다.

(2) 제2기 : 정보제공형 컨슈머리즘

1872년 미국 소비자보호법이 세계 최초로 제정되었으며, 컨슈머리즘이 본격적으로 시작된 것은 그보다 훨씬 뒤인 1900년경이었다. 미국의 컨슈머리즘은 소비자에 대한 정보제공 활동을 중심으로 전개된 것이 특징이다.

미국에서 컨슈머리즘은 1929년 경제공황을 계기로 확산되었다. 경제공황으로 인한 물가상승과 실업사태 속에서 여성단체들이 컨슈머리즘을 전개하게 된 것이다. 그리고 이 당시 체이스와 슐링크(Chase & Schlink)의 저서 『Your Moneys Worth?』 등과 같은 소비자계몽 서적은 컨슈머리즘에 크게 자극을 주었다. 이 책은 기업의 대량생산으로 인한 이익강탈 및 소비자의 구매력 낭비실태를 고발한 것으로, 기만, 강압적인 판매, 계획적 진부화 전략 등을 비판하였고, 소비자 정보를 제공하기 위해 과학적인 상품 표준 및 검사가 필요함을 제시하였다. 뿐만 아니라 소비자들의 생활비 절약 방법, 정부의 제품기준 및 공정한 시험기관 설립 등을 제시함으로써 정부제공형 컨슈머리즘을 이끌었다.

체이스와 슐링크는 1978년에 최초의 상품테스트 기관인 소비자조사연구소(Consumers' Research, Inc.)를 설립하고, 소비자조사지(Consumers' Research Magazine)를 발행하여 소비자들에게 다양한 상품정보를 제공하였다. 그리고 소비자교육운동을 처음으로 전개한 1935년에는 연구소에서 분리된 미국소비자연맹(Consumers Union of U.S.)을 설립하여, 컨슈머리포트(Consumer Reports)를 발간하게 되었다.

한편, 루스벨트 대통령의 뉴딜정책에 따라 정부가 소비자보호에 적극적으로 개입하게 되었고, 연방거래위원회(FTC)는 강력한 소비자 피해구제 권한을 부여하였다. 이처럼 미국에서 발생, 발전한 정보제공형의 컨슈머리즘은 스웨덴, 노르웨이, 영국으로 널리 확산되었다. 그리고 이와 같은 정보제공형 컨슈머리즘과 제2차 세계대전 이후의 대량생산·대량소비 시대를 배경으로 '현명한 소비자'의 육성을 목표로 한 컨슈머리즘 개념이 탄생한 것이다.

(3) 제3기 : 고발형 컨슈머리즘

케네디 대통령의 소비자 4대 권리 공포에 힘입어 미국에서의 컨슈머리즘은 활발해졌다. 정부의 노력 외에도, 사회적으로는 1960년대의 급격한 경제발전으로 인한 환경파괴, 공해의 발생, 유해·결함 상품의 증대, 기업에 대한 불신감 고조 등의 사회적 배경 또한 컨슈머리즘의 확산에 크게 영향을 미쳤다. 더불어 소비자 측면에서는 교육 및 소득 수준이 높아지고 물자가 풍부해짐에 따라 기대수준이 높아진 점, 대중매체들이 소비자문제를 자주 다룸으로써 컨슈머리즘이 대중적 관심을 불러일으킨 점 등이 컨슈머리즘의 확산에 영향을 미쳤다고 볼 수 있다.

그 후, 공정포장표시법(1966), 자동차안전법(1966), 상품보증법(1972) 등의 각종 소비자 관련법이 제정되었으며, 1972년에는 소비자상품안전위원회가 설치되었다. 이러한 조치와 더불어 포드 대통령은 1975년 5번째 소비자 권리인 교육받을 권리를 제창함으로써 소비자교육이 활발하게 전개되는 계기를 마련하였다. 이러한 정부의 노력과 함께, 미국 컨슈머리즘은 랄프 네이더(Ralph Nader)에 의하여 더욱 고조되어, 1966년에는 전국적 소비자 조직인 미국소비자연합회(Consumer Federation of America)가 설립되었다.

이후 미국의 컨슈머리즘은 불량상품 배격, 상품테스트, 가격 인상 반대 등으로 대표되는 이전의 컨슈머리즘과 달리, 기업 규제와 행정 개선을 적극적으로 촉구하는 진보적인 컨슈머리즘으로 변화되기에 이르렀다. 오늘날에는 성숙한 소비자, 즉 '책임 있는 시민 소비자'라는 목표를 강조함으로써 보다 성숙한 컨슈머리즘을 지향하고 있다.

2) 한국 컨슈머리즘의 발전

한국의 초창기 컨슈머리즘은 여성단체들에 의해 주도되었으며, 1970년대 이후 일본을 위시한 타국으로부터 소비자 보호의식이 확산되면서 컨슈머리즘도 활기를 띠게 되었다. 그 발전과정은 다음과 같다.

(1) 1950~1970년대 후반

우리나라 컨슈머리즘의 효시는 1955년부터 시작된 서울여자기독교청년회(서울YMCA)를 꼽을 수 있다. 경제개발 5개년계획이 착수된 1960년대에 들어서자, 1964년에 한국부인회가, 1965년에 대한어머니회가 각각 컨슈머리즘에 동참하였으나, 별 성과가 없었다. 1970년대에 와서 소비자의식 향상과 주부교실중앙회(1972), 주부클럽 연합회(1972), 한국여성단체협의회(1973) 등의 여성단체들이 소비자보호운동과 소비자절약운동을 벌여나가면서 우리나라 컨슈머리즘이 점차 활력을 찾게 되었다.

한편, 1968년 상공부에 소비자문제 전문단체로서 최초로 등록된 한국소비자보호협회가 조직되어 활동을 시작하였으나 이듬해에 활동을 중단하였으며, 1970년대 초반 소비자연맹이 조직되었으나 이마저도 활동을 정지했다가 1978년 협동교육연구원으로 활동을 재개하였다.

이처럼 초기 우리나라 컨슈머리즘은 전문 소비자단체가 아닌 기존 여성단체들에 의한 계몽활동 위주의 운동이 전개되었으나, 그 성과는 크지 않았다. 1970년대 후반까지는 소비자단체에 대한 법적·재정적 지원 부족, 소비자 전문가·지도자의 부재, 컨슈머리즘에 대한 인식 부족 등으로 인하여 소비자단체들이 그 역할을 다하지 못했기 때문이다.

(2) 1970년대 후반~1980년대 중반

1976년 여성단체협의회, 주부클럽, 주부교실, 대한YWCA 등은 당시 경제기획원(현재 기획재정부)으로부터 재정 지원을 받아 소비자보호단체협의회를 조직하였다. 고도성장기였던 60년대와 70년대보다 적극적인 소비자운동이 요구되어 정부가 소비자 활동을 지원했던 것이다. 이후 1979년에 소비자연맹, 1985년에 소비자문제를 연구하는 시민의 모임이 소비자보호단체협의회에 가입하였으며, 같은 무렵 공익단체연구소, 소비자문제연구원 등의 소비자단체들도 출범하였다.

1980년 이후에는 소비자단체들이 관련 국제회의 및 학술회 등의 국제교류에 참여하였으며, 1980년에는 소비자보호법이 제정됨으로써 소비자단체를 조직하고 소비자 보호활동을 지원할 수 있는 제도적 기틀도 마련되었다. 더불어 1987년 전액 정부 출연의 형태로 준사법권과 권력이 부여된 특수공익법인으로 한국소비자보호원(현재, 한국소비자원)이 출범하게 되었다. 한국소비자원은 공산품부터 일상식품에 이르기까지 각종 상품에 대한 유해성이나 안전성을 실험하고, 국내외 소비생활 현황에 대한 연구 및 소비자상담, 월간지 발행 등의 적극적 활동을 펼치는 등 소비자 보호를 위한 공공기구의 역할을 수행하였다.

(3) 1980년대 중반 이후~1990년대

1987년 12월 소비자보호법의 개정으로 인해 컨슈머리즘, 특히 소비자단체에 대한 제도적 지원이 강화되었고, 이로써 우리나라 컨슈머리즘이 도약하는 계기가 마련되었다고 할 수 있다. 즉, 소비자의 7대 권리가 제시되고 한국소비자보호원의 설립이 추가된 동법의 개정이 우리나라 컨슈머리즘 역사에 커다란 전환점이 되었다는 것이다. 그리고 1996년에 소비자보호법이 소비자단체의 권한과 지위를 제도적으로 강화시키는 방향으로 다시 개정됨으로써 우리나라 컨슈머리즘이 본궤도에 오르게 되었다.

(4) 2000~2019년

2000년에는 '소비자보호단체협의회'를 '한국소비자단체협의회(소협)'로 이름을 변경하였다. 이는 당시 전반적인 컨슈머리즘 패러다임이 기존의 피해 사후구제라는 소극적인 소비자보호에서 더욱 능동적인 소비자 주권확립 운동으로 변화했던 것과도 큰 연관이 있다. 이러한 조직적 변화를 바탕으로 2002년 한일 월드컵에 대비하여 외국인 소비자보호센터의 개소 및 판매가격표시 정착 캠페인을 진행하는 등 소비자 권익 수준을 글로벌 수준에 맞추기 위한 노력이 이뤄졌으며, 2003년 자율분쟁조정위원회를 발족함으로써 소비자가 기업과의 분쟁에서 타당한 권익을 추구할 수 있도록 뒷받침하기 위해 노력하였다. 이후 2013년에 자율분쟁조정위원회는 10년간의 활동에 비추어본 민간조정제도의 개선점 및 발전방향, 민간조정제도의 활성화 방안 등의 토론을 개최하였다. 또한 소비자에게 지속적으로 정보를 제공하기 위한 '식품위해정보시스템'의 소비자정보 사이트를 개발하였다.

2000년대 들어 가장 두드러진 컨슈머리즘의 변화는 사이버 컨슈머리즘, 즉 정보화 환경을 기반으로 일어난 새로운 컨슈머리즘이 활발하게 전개되고 있다는 것이다. 특히 한국소비자단체협의회(소협)는 2000년에 디지털시대에서의 소비자보호에 대한 토론회를 열고 관련 논의 등을 진행하기도 하였다. 이러한 움직임 속에 소협과 개별단체는 단체소송제도 도입에 대한 논의 외에도 뉴미디어 및 의료, 금융서비스, 스마트기기, 이동통신서비스 등에 대해 소비자 권익 보호를 위해 꾸준한 노력을 기울였으며, 2013년에는 소비자권익보호기금의 필요성을 대두시키며 활발한 토론을 이어갔다.

(5) 2020년~

소셜네트워크서비스(SNS)로 여론을 움직이는 '행동주의 소비자'가 부상하고 있다. 이들은 자신들의 의견을 강력히 밝히고 요구한다. 이런 요구를 들어주는 기업을 유능하다고 평가하고, 그렇지 않으면 무능한 것으로 여긴다. 다시 말해, 과거 소비자단체가 했던 소비 개선 운동을 개인이 직접 펼치는 것이다.

최근 기업에 대한 정보와 경험이 온라인을 통해 실시간으로 구전되면서 기업들은 이러한 움직임에 적극 대응하고 있다. 단순히 친절한 서비스를 제공하는 것을 넘어 불만을 즉각적으로 개선해 주고, 친환경·윤리적 소비를 할 수 있도록 지원해 브랜드와 기업의 충성도를 높인다.

매일유업은 요구르트 '엔요'에 이어 최근 '상하목장 멸균우유' 제품에서 빨대를 없앴다. 지난해 2월 한 고객이 "다회용 빨대를 사용하는 소비자를 위해 빨대 미제공 소용량 상품을 제공해 달라"는 편지와 함께 빨대 뭉치를 보낸 것이 변화의 시발점이었다. 이로부터 3개월 뒤 회사는 엔요의 빨대를 제거했다. 김진기 고객최고책임자(CCO)가 "빨대 없이 마시기 편한 포장재를 연구하고 있다"며 자필 답장을 보낸 것이 공개돼 화제를 모으기도 했다. 엔요는 액상발효유 시장 점유율 50%가 넘는 제품이다. 빨대를 빼고 편의성이 줄면 매출이 떨어질 수 있어 회사에선 고민이 많았다고 한다. 매일유업 관계자는 "어린이들이 먹는 제품에 빨대가 없으면 불편하다는 반응이 있을까 봐 고심했지만, 장기적으로 친환경 정책을 펼치는 게 옳다고 판단해 빨대를 없앴다"라며 "처음엔 어색해하던 소비자들도 지금은 이해하는 분위기"라고 했다.

이 회사는 지난달 상하농원 유기농 멸균우유 제품에서도 빨대를 뺐다. 또

플로리다 주스, 매일우유(2.3리터) 등 페트(PET) 제품의 포장을 경량화하고, 컴커피 바리스타룰스의 알루미늄 라벨을 제거했다. 회사는 이를 통해 연간 온실가스 배출량 342톤을 줄일 것으로 보고 있다.

CJ제일제당이 지난해 추석 기간 일부 스팸 선물세트에서 노란 플라스틱 뚜껑을 없앤 것도 소비자들의 요구가 바탕이 됐다. 회사 관계자는 "이전에도 플라스틱을 줄이자는 내부 의견이 있었지만, 확신하지 못하던 차에 고객의 니즈를 확인하고 스팸 뚜껑을 제거했다"라며 "올 추석에는 선물세트 전 제품에서 뚜껑을 없앨 방침"이라고 했다. 이 회사는 패키징 센터를 통해 포장재를 개선하고 있다. 올해만 약 340톤의 플라스틱 사용을 줄일 것으로 예상된다.

3) 컨슈머리즘의 업적

(1) 소비자 권리의 법적 보장

1962년 3월 15일 케네디 대통령이 연방의회에 소비자교서를 보냄으로써 컨슈머리즘의 전환점을 마련하였는데, 그 무엇보다도 대통령이 소비자 보호 문제를 최초로 제기하였다는 점에서 그 의의가 크다. 즉, 케네디 대통령이 소비자 권리장전(Consumer Bill of Rights)을 선언하고, '소비자는 권리를 가진다'는 것을 성문화하여 소비자 권리를 보장토록 한 것은 컨슈머리즘이 낳은 대표적 업적이라 할 수 있다. 특히 소비자 권리장전은 전 세계 여러 나라의 소비자 관련 법률 제정에 기본 틀을 제공하였다는 점에서 그 의의가 매우 크다.

소비자 권리의 공포는 결과적으로 소비자 권리의 중요성을 많은 사람들에게 환기시켰으며, 그 내용들이 지역사회에 대한 기업의 기여도를 평가하는 기준 역할을 하였고, 그 후 소비자 관련 법률을 제정하는 데 기초가 되었다는 점에서 높이 평가되고 있다.

(2) 기업의 인식 변화

컨슈머리즘의 또 다른 업적은 바로 소비자 및 컨슈머리즘에 대한 기업의 인식 변화를 들 수 있다. 기업 경영자들이 컨슈머리즘으로 인해 기업의 사회적 책임을 보다 크게 인식하게 되었고, 소비자문제해결에 관심을 기울이게 되었다.

더불어 컨슈머리즘은 기업에게 마케팅 기회를 제공하는 것으로 인식하게 하였다. 단순히 이윤창출을 위해 생산하고 유통하고 판매하는 마케팅 개념에서 벗어나, 그 무엇보다도 소비자의 만족을 최대로 증대시킬 수 있도록 좋은 제품을 개발하고 사회와 환경을 고려하는 마케팅 개념을 도입하게 된 것이다.

(3) 사회문화적 발전

컨슈머리즘은 단순한 소비자 고발이나 부당한 기업행위에 대해 저항하는 것만을 의미하진 않는다. '인간 중심의 복지사회를 이룩한다'라는 가치관과 이념에 바탕을 둔 사회개혁운동으로, 부당 상행위 예방, 소비자와 기업 간의 불신해소 및 도덕심 회복 등 사회문화적 측면에서도 많은 발전을 가져다주었다. 예컨대 개인은 컨슈머리즘 운동에 적극적으로 참여함으로써 자유주의 신념과 공동체의식을 함께 함양할 수 있으며, 사회의 전통적 가치와 풍요로워진 물질적 여건을 조화롭게 받아들일 수 있게 된다.

5 소비자교육의 개념

1) 소비자교육의 개념 및 의의

소비자교육(consumer education)이라는 용어는 1924년 미국의 헨리 하랍(H. Harap) 교수가 처음 사용하였으며 이 당시에는 주로 구매기능에 국한되었다. 그 후 70년대에 들어서자 소비자교육의 개념 정립에 대한 논의가 활발히 진행되었는데, 1968년 국제소비자연맹(IOCU : International Organization of Consumers' Unions)대회에서 처음으로 소비자교육에 대한 정의가 논의되었다. 해당 대회에서 미국 소비자교육위원회(NICE : National Institute for Consumer Education)는 소비자교육에 대해 "소비자 개인의 가치관, 시장에서의 대체안 인식, 사회적 · 경제적 · 환경적인 상황에 비추어 소비자가 합리적이고 현명한 의사결정을 할 수 있도록 이해, 태도, 기능을 전달함으로써 시장에 참여하거나 공적·사적 자원의 이용을 포함한 상황에 참가할 준비를 시키는 노력"이라고 정의하였다. 소비자교육개발프로그램의 연구보고서(The Classification of Concepts in Consumer Education, 1980)에 제시된 소비자교육은 "소비자(개인 및 집단)가 소비자자원을 관리하고 소비자의사결정에 영향을 미치는 제 요인을 변화, 조성할 수 있도록 시민으로서 행동하는 데 필요한 지식과 기능을 가르치는 것이다"라고 정의하고 있다. 이후 1990년대를 거치면서 소비자교육에 대한 정의는 어느 정도 일관되게 정립되었다. 즉, 오늘날의 소비자교육이란 경제적 효용을 높이는 구매론적 관점에서 벗어나 소비자가 개인적·사회적 존재로서 자아실현을 해나가기 위한 소비생활방법을 추구하고 새로운 소비문화를 형성하는 데 필요한 소비자능력(consumer competency)을 개발할 수 있도록 도와주는 것을 의미한다.

이에 소비자교육이란 구매지식 및 소비생활을 합리적으로 관리하고, 구매대안들 가운데 선택하는 데 있어 자신의 소비가 개인과 사회에 미치는 영향을 고려하여 구매를 결정할 수 있는 능력을 갖도록 도와주는 것이다. 그리고 소비자교육은 소비자들이 자신의 부(富)를 극대화시킬 수 있도록 상품 구매 및 소비 능력 향상에 필요한 정보를 효율적으로 획득·이용·평가할 수 있게 하며, 현재의 가치관과 라이프스타일에서 합리적으로 구매, 소비를 할 수 있도록 가르치는 것이다. 결국, 소비자교육은 소비자가 소비생활 주체로서 자신의 권리와 책임을 자각(自覺)하고 필요자원의 관리 및 소비를 합리적으로 할 수 있도록 소비자 지각·능력을 제고시키는 과정이라고 할 수 있다.

소비자교육과 소비자정보와의 관련성에 대해 알아보면, 먼저 니클레스(G. Nickles)는 "소비자정보는 제품 및 서비스에 관련된 것이고, 소비자교육은 보다 현명한 구매결정을 위한 여러 가지 사실·수치의 이용 방법을 가르치는 것"이라 하였다. 또한 소렐리(B. Thorelli)는 "제품 및 소비자 특성에 관한 포괄적인 자료는 소비자교육이고, 개인적인 제공물과 관련된 자료는 소비자정보"라고 설명하면서, 소비자교육과 소비자정보는 개념적으로는 서로 다르지만 상호 보완적 관계에 있다고 설명하였다. 즉, 종합해 보면, 소비자교육은 소비자가 정보를 수집·이해 및 활용할 수 있는 능력을 갖도록 도와주는 것을 뜻하며, 소비자정보는 피교육자인 소비자에 의하여 그 유용성과 깊이가 좌우된다.

2) 소비자교육의 목적

소비자교육의 목적은 소비자가 보다 인간답게, 보다 풍요롭게 생활할 수 있는 능력을 갖게 하는 데 있다. 다시 말해 소비자교육을 통해 도달하고자 하는 궁극적인 목적은, 소비자의 태도와 행위의 긍정적인 변화를 유도하여 소비자능력을 개발하여 소비자주권(consumer sovereignty)을 확립하는 것이라 할 수 있는 것이다. 소비자의 주권이 확립되면 소비자의 자주적인 선택이 시장구조를 통하여 생산구조에 영향을 미치게 되고 그 결과로써 소비자복지(consumer welfare)에 기여하게 된다. 내기(M. Nagy)는 소비자 권리를 침해하는 각종 소비자문제의 해결 방안으로서 기업의 자발적 행위, 정부의 조정 역할 외에도 소비자교육을 제시하면서, 이 중 그 무엇보다도 소비자교육이 가장 중요하다고 주장한 바 있다. 소비자교육이야말로 소비자가 소비생활의 합리성과 질적 향상을 도모하기 위해 역할을 수행할 수 있는 능력을 갖추도록 도와주기 때문이다.

소비자교육의 또 다른 목표는 바로 소비자의 책임에 대한 올바른 인식을 심어주는 것이다. 소비자들이 소비활동을 함에 있어 8개의 권리를 주장하는 것뿐 아니라, 소비자의 책임도 함께 뒤따른다는 이해가 필요하다. 일반적으로 소비자가 부담해야 할 책임으로는 소비하는 모든 재화와 용역의 유용성, 가격, 품질에 대하여 비판할 수 있어야 하는 책임, 상품을 구입하면서 공정한 대우를 받고 있는지 확인하고 참여해야 할 책임, 건전한 시민정신으로 민주사회에 기여할 수 있는 사회적 책임을 깨달아야 할 책임, 환경보존에 대한 책임, 단결에 대한 책임이 있다.

한편 소비자교육의 목적에 대해 소비자원의 보고서(1992)에서는 크게 가치·구매·소비교육 차원으로 구분하였다. 첫째, 가치교육 차원은 소비 행위의 가치문제를 따져보고 바람직한 소비가치 형성을 도모하는 것으로서 소비 행위의 주체성 확보 및 합리적인 소비문화 형성, 소비자가치 기준 형성 등을 포함한다. 둘째, 구매교육 차원은 '무엇을 따져보고 구매를 결정하는 것이 가장 합리적인가'에 대한 의사결정능력을 배양시키는 것으로 경제원리에 대한 이해 증진, 합리적 자원관리 능력의 향상, 소비자문제에 대한 인식 제고, 소비자정보 분석·평가능력 배양, 올바른 상품·서비스 구매방법의 습득 등을 포함한다. 셋째, 시민(의식)교육 차원은 구매문제 발생 시 적극적으로 해결을 꾀함으로써 시민사회 구성원으로서 책임과 의무를 다하는 것으로서, 소비자 불만의 처리와 문제해결 능력의 배양, 소비자 권리의 수혜와 참여 및 실천행위의 동기부여, 소비자 책임의 자각 등의 배양을 목표로 한다.

종합해 보면, 소비자의 교육 목적은 과거의 소비자 보호론에서 벗어나 소비자 주권론적 관점에서 소비생활의 문제를 해결하는 데 도움을 주는 것뿐만 아니라, 소비자가 소비생활 환경을 긍정적인 방향으로 적극적으로 조성하는 것에 초점을 두고 있다.

3) 소비자교육의 필요성

(1) 합리적 소비를 통한 소비자주권 확립

과학기술의 급속한 발전으로 인해 기업의 생산은 더욱 전문화, 세분화, 복잡화, 대량화되고 있으며, 시장의 장벽이 사라짐에 따라 소비자는 다양한 제품에 직면하게 되었다. 이러한 가운데 소비자는 조직적으로 체계화되어 있지 못하고 교섭력이 낮기 때문에, 생산자나 판매자에 비해 정보가 부족하여 전문적인 지식수준이 낮을 수밖에 없다. 더욱이 소비자들은 본인의 실제 지식수준보다 더 높게 지각하는 등 과신하는 경향도 가지고 있어, 비합리적인 소비로 인한 소비자문제의 발생 가능성이 더욱 높아지고 있다.

더불어 오늘날의 경제체제 내에서 재화의 생산여부를 비롯한 모든 중요한 의사결정에 대해 소비자가 결정하기보다는 생산자가 더 큰 결정권을 가지는 등 생산자와 소비자는 비대칭적 힘을 가지고 있다. 이처럼 소비자는 경제구조상 약자의 위치에 놓여 있는 가운데, 아무리 이성적인 소비자일지라도 과거의 경험이나 주변 환경요소, 감정 등에 의해 영향을 받아 비합리적인 선택을 하기도 한다. 소비자의 주권이 확보되는 경제체제가 되기 위해서는 소비자의 합리적인 소비행동이 지속적으로 이루어져야 한다. 이를 위해 소비자들의 의식변화가 우선적으로 전제되어야 하는데, 소비자의식에 가장 영향을 많이 미치는 것이 바로 교육이다. 결국, 소비자교육은 시장경제 체제하에서 일반적으로 약자의 입장인 소비자를 보호하고 이성적인 학습을 통해 합리적인 소비활동을 함으로써 소비자의 주권을 실현시키기 위해 필요한 것이다.

(2) 경제학적 필요성

애덤 스미스는 『국부론』에서 "소비는 모든 생산의 유일한 목표이며 생산자의 이익은 소비자의 이익을 증진시키는 범위 안에서 고려되어야 한다. 이 명제는 완전히 자명하여 증명할 필요가 없다"라고 하면서 소비자주권의 원리를 제시하였다. 그러나 당시에 생산된 것은 순수하게 소비되었던 시기로, 소비자의 문제가 표면화된 것은 생산이 대량화되고 유통상의 장애가 자본주의의 발전을 침해할 정도로 커진 독점단계 이후부터라고 할 수 있다. 이에 이스트우드(D. B. Estwood)는 소비자경제학의 목적에 대해 소비자행동을 평가하고 소비자문제를 분석하기 위한 경제적 이론을 개발하는 데 있으며 소비자의 의사결정 방법에 대한 명확한 이론과 모형을 제공해 주는 것이라 주장하였다.

사실 경제학의 전통이론은 시장의 주체 간에 대칭성이 있기 때문에, 인위적인 조작이나 개입이 가해지지 않는다는 것을 전제로 하고 있다. 그러나 오늘날의 사업자는 기술력, 정보력, 조직력에 있어 소비자에 비해 압도적인 우위를 갖고 있다. 시장에서 발생하는 힘과 정보의 비대칭성은 소비자의 선택을 저해하여 소비자의 의사결정과 소비결과에 부정적으로 영향을 미치게 된다. 이와 같은 관점에서 소비자교육은 미시경제학의 불완전정보이론으로부터 시장의 결함을 보완하는 존재로서 의의가 있다고 볼 수 있는 것이다.

6 소비자교육의 내용

1) 의사결정과정

매일, 매 순간 소비자는 무엇을 살 것인가부터 얼마나, 어디서, 어떻게 구매할 것인가까지 일련의 선택과정을 거치고 있다. 또한 그 결과로 이어지는 소비자행동(문제인식, 정보탐색, 대안평가, 의사결정과 선택, 구매 후의 평가)이 끊임없이 이어지는 생활을 한다. 따라서 소비자에 대한 재화나 서비스를 선택하는 의사결정과정에 관한 내용의 교육은 소비자교육의 기본이 된다.

2) 소비자안전

오늘날에는 소비자안전 교육에 재산의 안전까지 더해져 그 중요성과 비중이 커지고 있다. 소비자안전을 절대적인 개념이 아닌 상대적인 개념으로 본다면 사회의 소비자안전 의식수준은 매우 중요한 의미를 갖는다. 사회의 안전수준을 높이는 데는 많은 사회적 비용이 들고, 정부의 안전기준이 미흡할수록 소비자 개개인의 안전관련 노력은 많이 요구된다. 더욱이 안전은 소비자의 신체 및 재산과 밀접한 관련이 있기에, 소비자운동은 과점기업이나 집중도가 높은 산업의 시장 지배력에 도전하는 것보다 위해상품이나 기만적 행위를 시장에서 몰아내는 일에 초점을 맞추어 왔었다.

3) 소비자정보

소비자정보(Consumer Information)는 소비자가 상품구매 등 소비생활을 할 때 상품구매 등의 의사결정을 하는 데 활용하는 자료가 된다. 소비자는 합리적인 소비활동에 대한 의사결정을 하기 위해 관련 정보를 획득하고 이용하려는 노력이 필요하지만, 소비자가 자료를 획득하는 데는 한계가 있다. 이와 같은 문제를 해소하기 위해, 정부는 소비생활과 관련된 제품정보에 대해 생산자로 하여금 공개하도록 관련 법규에 규정하고 있다. 소비자는 공개된 정보 즉 약관, 사용설명서, 표시 등에 있는 정보를 최대한 활용하여 해당상품의 거래과정에서 자신의 권리와 책임이 무엇인지 명확히 이해한 뒤 의사결정을 하는 것이 습관화될 필요성이 있다.

4) 합리적인 소비행위

소비자가 상품관련 정보를 충분히 확보하고 있더라도, 이러한 소비자정보를 바탕으로 실제 소비자의 합리적인 소비행동이 이루어지지 않는다면 교육은 의미가 없게 된다. 따라서 소비자교육에는 합리적인 소비(rational consumption)를 할 수 있게 하는 내용이 포함되어야 한다.

한편 합리적인 소비는 최소의 비용으로 최대의 효용을 얻도록 하는 경제학적 개념의 효율성과는 차이가 있다. 즉, 합리적인 소비를 하기 위해서는 무엇보다도 소비자 자신이 가진 자원을 얻을 수 있는 능력을 정확히 판단할 수 있어야 하며, 이 한정된 소득으로 최대의 만족을 얻도록 잘 분배하여 자신의 욕구를 최대한 충족시킬 수 있도록 사용해야 한다.

5) 재무관리 이해

재무교육이란, 소비자가 만족을 극대화하기 위해 경제적 자원을 효율적으로 관리하는 데 필요한 지식과 기능을 개발시키는 과정이다. 소비자의 소비행동은 자신의 소득이라는 화폐자원에 큰 제약을 받게 될 뿐 아니라, 생애단계별(Life Cycle)로 지출되는 비용과 소득을 고려하여 자신의 효용이 최대화될 수 있도록 소득배분을 적절히 할 수 있어야 한다. 생활주기에 따라 요구되는 경제자원의 크기가 다르기 때문에 현재에 급급하다 보면 장기적으로 보다 큰 만족을 얻을 수 있는 기회를 상실할 수 있기 때문이다.

그러나 인간의 욕망은 무한하고 소득은 한정되어 있기 때문에 자신의 소득 범위 내에서 지출을 맞추는 것, 그리고 지식과 기능을 습득하여 효율적으로 재무설계를 하는 것은 어려운 것이 현실이다. 지금같이 경제환경이 급변하는 상황에서 재무관리와 관련된 지식은 소비자의 소비행동을 크게 제약하는 경제자원을 조절할 수 있는 능력으로 이어진다. 따라서 장기적인 생활설계와 이에 필요한 필요자원을 예측하여 미리 준비할 수 있는 장기적인 재무관리지식의 습득에 필요한 교육이 체계적으로 시행될 필요성이 있다

6) 가치 선택

소비자는 재화나 서비스에 대한 실제적인 소비 이외에도 소비하는 과정이나 이와 직·간접으로 관련된 활동들에서도 만족을 느끼게 된다. 여기서 어느 활동을 중요하게 생각하며 그것에 대해 얼마나 만족을 느끼게 되는가는 바로, 소비자의 가치관과 소비자가 속한 사회의 판단기준에 따라 달라진다. 따라서 소비자로 하여금 자신의 소비활동이 사회적으로 바람직하며 지속가능한 발전과 부합하는 가치인지를 교육해야 하며, 이를 소비자로 하여금 수용하고 실천하도록 해야 한다.

7) 환경보호적 소비

오늘날의 환경문제는 근본적으로 환경에 대한 인간의 잘못된 인식과 소비에서 비롯되었기 때문에 범지구적인 노력이 요구된다. 환경문제로 인한 환경교육의 필요성은 1972년 스웨덴의 스톡홀름에서 '단 하나뿐인 지구(Only one earth)'라는 주제로 개최된 'UN 인간환경회의' 때부터 인식되었다. 이 회의에서 제창된 'UN 인간환경 선언문'은 환경문제를 세계적 차원으로 부각시키고, 환경교육의 필요성을 인식하게 하는 계기가 되었다. 그 후 환경문제 해결을 위한 환경교육 관련 국제회의에서 환경교육이 인류의 공동과제로 천명되었다.

환경문제가 인간의 환경에 대한 그릇된 가치관과 태도에서 비롯된 것이라고 볼 때, 소비자 환경교육은 그 문제를 근본적으로 시정하는 가장 효율적인 조치라고 할 수 있다. 이는 곧 환경교육의 중요성을 피력함으로써 소비자에 대한 환경교육의 필요성을 더욱 강조한 것이다. 소비자의 소비행동은 사회와 별개로 독립적으로 이루어질 수 없다. 그렇기 때문에 소비자의 행동이 가져오는 사회적 파급효과를 고려해야 한다는 교육, 그리고 개인적인 가치와 사회적 요구에 부응하여 경제적 자원의 사용에 대한 의사결정방법을 습득시키는 교육이 필요하다.

8) 소비자시민성(Consumer citizenship)

경제생활에서 개인은 근로자로서의 역할, 소비자로서의 역할, 시민으로서의 역할을 수행한다. 여기서 시민의 역할은 자신 및 사회와 관련된 정책이나 법에 관한 관심을 가지며 사회공동체를 유지, 발전시키는 역할을 말한다.

한편 소비자는 현 경제체제하에서 판매자나 생산자에 비해 약자의 입장에 있기 때문에 정부는 정책적, 행정적으로 소비자를 지원하기 위한 정책과 제도를 마련하고 있으며, 바람직한 소비환경 마련에 노력을 기울이고 있다. 그러나 아무리 제도적 장치가 마련되어 있을지라도, 소비자가 이를 인지하고 적극적으로 의견을 개진하거나, 참여하지 않는다면 정책의 실효를 거두기 어렵다. 따라서 소비자는 소비생활과 관련된 정책이나 제도 등에 대해 적극적으로 동참하고, 바람직한 방향으로 실천함으로써 소비자의 주권을 확보하고자 하는 노력 즉, 소비자의 시민성이 필요하다.

9) 디지털 소비

엄청난 속도로 진행되고 있는 디지털화는 소비자의 정보능력 차이를 가속화시키고 있으며, 개인정보 유출 등의 새로운 문제를 야기하고 있다. 이러한 소비자문제를 해결하는 데 있어 가장 요구되는 것은 소비자가 디지털 활용기술을 활용하여 자신에게 필요한 정보를 효과적으로 이용하는 능력을 향상시키는 일이다. 정보가 확산되는 디지털 사회에서 소비자는 정보를 판단하고 선택하여 적재적소에 활용할 수 있는 능력이 필요하며, 디지털소비자교육이야말로 합리적인 소비자시민으로서의 역할을 제대로 수행할 수 있는 능력을 개발하도록 하는 유일한 방법이라 할 수 있다. 디지털 사회에서 정보취득 정도가 낮은 소비자의 경우 합리적인 소비자로서의 역할제한뿐 아니라, 사회적응력이 떨어질 수 있다.

더불어, 디지털 스마트기기를 접할 기회가 적은 취약계층 소비자들의 경우, 환경에 대한 지원과 함께 기술습득 능력, 그리고 소비자 평생교육 등이 요구될 것이다.

7 소비자정보

1) 소비자정보의 개념 및 의의

소비자는 제품이나 서비스를 구매함에 있어 많은 불확실성과 위험에 부딪히게 되는데, 이를 최소화하기 위해 정보가 있어야 한다. 소비자정보는 구매의사결정 시의 불확실성 정도를 감소시켜 주는 것으로 소비자의 욕망충족 및 목표달성에 유용하고 유의성 있는 가치를 지니는 것이다. 다시 말해 상품이나 서비스를 구매·사용하는 과정에서 수반될 수 있는 재정적·심리적 불확실성 및 위험을 감소시킬 수 있는 모든 수단이 소비자 정보가 되는 것이다.

소비자정보는 제품이나 서비스를 선택하는 데 있어 시간적-물질적 자원을 줄이고 불확실성 및 위험도 감소시킬 뿐 아니라 가격 및 품질 등에 대해 알려줌으로써 바람직한 선택을 도와준다. 특히 제품의 평가기준에 대한 정보나 대체안들의 장단점에 관한 정보는 더욱 나은 선택을 하는 데 직접적인 도움을 준다. 또한 제품의 사용방법에 대한 정보는 제품을 이용하는 과정에서 제품의 기능을 충분히 활용하도록 하고, 관리방법에 대한 정보는 제품을 좋은 상태로 오랫동안 사용할 수 있게 함으로써 소비자가 지급한 화폐가치에 대한 효용을 최대한 얻을 수 있도록 함은 물론 환경적으로도 바람직한 결과를 초래하게 된다.

이러한 소비자정보의 종류로는 소비자가 상품을 구매·사용하는 데 도움이 되는 정보로, 기업이 제공하는 광고, 설명서, 카탈로그, 품질표시 라벨, 보증서와 소비단체와 국가기관의 여러 인증마크, 간행물, 소비자 개인의 경험 및 입소문, 정부 및 단체가 제공하는 연구 및 조사정보 등이 있다.

2) 소비자정보의 특성

소비자정보는 비록 무형이기는 하나 그것을 획득하고 유통시키는 데는 비용이 수반되는 재화이다. 그러나 소비자정보는 일반적인 사적 재화들과는 다른 특성이 있으며, 또한 소비자가 이를 활용하고 처리하는 과정에서 몇 가지 특성을 보여준다.

(1) 비소비성과 비이전성

소비자정보는 아무리 사용해도 없어지거나 줄어들지 않기에, 반복해서 계속 사용할 수 있다. 그리고 소비자정보는 타인에게 양도해도 자신에게 그대로 남아 있는 특징이 있다.

(2) 공공재적 특성

소비자정보가 일단 공급되기만 하면 공급자가 누구이든 상관없이, 모두가 아무 불편이나 효용의 감소 없이 공동으로 이용할 수 있다. 이러한 특징은 '비배타성'과 '비경합성'으로 표현될 수 있다. 문제는 이와 같은 소비자정보의 공공재적 특성으로 인하여 대부분의 소비자들은 다른 누군가가 소비자정보를 획득하여 제공해 주기만을 원할 뿐, 스스로는 이를 위한 시간과 비용을 들이려 하지 않는다.

(3) 비대칭성

거래당사자 중 한 사람이 가지고 있는 정보를 다른 사람이 정확하게 파악할 수 없는 현상을 의미한다. 제품판매자는 제품에 대해 다른 누구보다 많이 알고 있지만, 제품의 약점이나 부정적인 부분을 모두 알려주면 소비자는 해당 제품을 선택 대안에서 제외시키게 된다. 그러므로 정보를 많이 갖고 있는 경제주체는 다른 상대방에게 진실되고 충분한 정보를 제공하지 않으려 한다.

(4) 비귀속성

생산자나 판매자들은 자신들에게 유리한 정보만을 소비자에게 전달하려고 하는데 이는 소비자와 판매자 사이에 존재하는 정보의 비귀속성 때문이다.

(5) 정보이용자의 능력에 따른 효용성

정보는 같은 정보일지라도, 이용자의 목적지향적인 행동능력에 따라 그 효용 수준이 달라진다. 소비자의 능력에 따라 구매의사결정에 필요한 정보를 적절한 방법으로 탐색하여 획득하는 데 있어 차이가 있으며, 소비자들의 정보처리능력에 따라 획득한 정보들을 토대로 대체안을 비교평가하고 선택하는 데 있어서도 차이가 나타나는 것이다.

한편 정보가 소비자정보로서의 역할을 다하기 위해서는 다음과 같은 바람직한 특성이 요구된다.

- 적시성 : 소비자가 정보를 필요로 할 때 짧은 시간에 얻을 수 있고, 얻어진 소비자정보원으로부터 구매의사결정에 도움이 될 만한 최근의 정보를 얻을 수 있어야 한다.
- 신뢰성 : 정보는 사실에 근거하여 정확해야 하며, 왜곡되거나 편파적이지 않아야 하며, 사실과 다른 잘못된 정보를 제공하지 않아야 한다.
- 의사소통의 명확성 : 정보가 명확하고 쉽게 이해될 수 있으며, 정보제공자와 소비자 간에 명확한 의사전달이 이루어져야 한다.
- 경제성 : 정보에 드는 비용에 관한 것으로 적은 비용으로 획득이 가능해야 한다.
- 접근가능성 : 필요로 할 때 획득이 가능해야 하고 누구든지 획득할 수 있어야 한다.
- 저장가능성 : 보관해 두었다가 필요할 때 다시 사용할 수 있으며, 다시 사용해도 같은 효용을 얻을 수 있어야 한다.

3) 소비자정보관련 문제

소비자들은 대부분의 경우 충분하고 정확한 정보를 갖기 어렵다. 이러한 소비자정보의 부족현상은 상호 관련성이 있는 두 가지 이유에 기인한다. 하나는 정보 획득 비용과 정보로 얻는 이득이며, 또 다른 하나는 시장실패(market failure)에 기인한다.

대체로 정보 수집·처리·평가에는 비용이 소요되는데, 여기에는 수집된 자료를 분석하는 데 필요한 시간·노력, 실제비용 등이 포함된다. 소비자정보는 광범위하게 분산되어 있는데, 이로 인해 소비자들이 필요로 하는 정보를 탐색·획득하는 데는 노력과 비용이 소요된다. 많은 정보가 허위-거짓정보인 가운데, 정보에 대한 소비자들의 식별력이 부족하기 때문에 소비자의 문제가 초래될 가능성이 높아진다. 결론적으로 말해, 소비자들은 불필요한 정보 가운데서 구매의사결정에 도움이 되는 참된 정보를 얻는 데 최선의 노력을 기울여야 하는 것이다. 그러나 현실적으로는 올바른 결정에 의한 실용성 높은 정보를 획득하고, 이를 실제로 이용하는 데 적지 않은 어려움이 따른다. 소비자의 올바른 정보 획득 및 사용을 저해하는 요인은 다음과 같이 정리해 볼 수 있다.

- 일반적으로 소비자는 정보 획득을 위해 많은 노력을 기울이지 않는다. 그 주요 원인은 바로, 소비자들은 시장이 이상적으로 잘 운영되고 있으며, 정보 탐색에 기울인 노력이나 비용에 비해 소비자 자신이 얻을 수 있는 이익이 상대적으로 적다고 느끼기 때문이다.
- 소비자들은 가격 및 품질 정보가 상품 구매에 도움이 된다는 사실에 대해 제대로 인지하지 못할 뿐 아니라, 신뢰도가 높은 정부 관계기관의 제품시험 결과정보가 주어져도 활용하지 않고 있다.
- 소비자는 지식에 따라 행동하지 않는 경향이 있다. 소비자들이 상품 가격 및 품질정보를 갖고 있더라도, 실제로는 이러한 정보를 기반으로 합리적인 소비생활을 하지 않는 것이다. 광고에 따라 쉽게 수동적으로 행동하거나, 감정에 이끌려 행동하는 경우가 바로 그 예이다.
- 제품 가격 및 품질수준이 지나치게 다양하고 복잡하여 소비자들이 확보하기 힘들 정도로 많은 정보가 요구되기 때문이다. 제품에 대한 정보가 주어지더라도 막상 이를 습득하고 제대로 이해하기 어려워지고 있는 것이다.

4) 소비자정보의 원천

소비자의 정보획득방법을 능동적으로 찾는 방법과 수동적으로 찾는 방법으로 구분할 수 있으며, 소비자들이 정보를 획득하기 위해 의존하는 정보의 원천이 소비자의 기억체계 내부에 있는지, 외부에 있는지를 기준으로 내부적(기억)원천과 외부적 원천으로 구분할 수 있다. 그리고 정보제공출처의 특성을 기준으로 상업적 원천, 소비자주도적 원천, 중립적 원천으로 구분할 수 있다.

(1) 상업적 원천

마케터의 직접적인 통제하에 있으며 제품 자체, 포장, 가격, 광고, 판매촉진, 인적판매, 진열, 유통경로와 같은 커뮤니케이션 수단을 포함한다. 즉, 제조업자나 판매업자가 제공하는 정보로, 일반적으로 판매촉진의 일환으로 제공되는 이러한 정보에 대한 소비자 신뢰도는 비교적 낮은 편이다. 그러나 대부분의 제품이 고도로 기술화되어 복잡해지고 있어 소비자들은 점점 이러한 상업적 정보원천에 의존할 수밖에 없게 되었다.

(2) 소비자주도적 원천

가족, 친구, 동료 등 마케터의 직접적 통제하에 있지 않은 모든 개인 간 정보원천을 의미한다. 일반적으로 소비자들은 필요로 한 정보를 자신의 과거 경험이나 친구, 친지, 이웃 등 다른 소비자들의 경험이나 판단에서 얻는다. 그러나 이 같은 정보는 개인적 차원의 주관적인 정보로서 정보의 질적 측면에서 불완전성이 내포될 가능성이 높다. 소비자들의 경험이나 판단은 상이할 수 있으며 편견이 개입된 부정확한 정보일 가능성이 높기 때문이다.

(3) 중립적 원천

신문, 잡지와 소비자원, 시험기관 등 정부 산하기관, 중립적 소비자 단체들로부터 생산되고 배포되는 객관적인 정보를 의미한다. 이들 정보는 대체로 사실에 근거하고 편견이 없어 신뢰성이 높다. 제3기관에 의해 제공되는 이 정보의 대표적인 예로는 제품의 비교평가를 통해 제공되는 비교정보를 들 수 있다.

〈표 8-1〉 정보의 원천

구분	장점	단점
상업적 원천	− 자주 이용가능한 많은 정보가 존재함 − 낮은 정보비용 − 적은 노력으로 이용가능 − 기술적으로 정확하다고 지각	− 편견이 개재될 가능성이 큼 − 필요한 모든 정보가 제공되지 않음 − 신뢰성의 결여
소비자 주도적 원천	− 여러 곳에서 다양한 정보를 얻을 수 있음 − 신뢰성 − 소비자의 욕구에 맞춘 정보 제공 − 낮은 정보비용	− 그릇된 정보의 가능성 − 간헐적이어서 때때로 중단됨 − 소비자가 스스로 추구해야 함
중립적 원천	− 편견이 개재되지 않은 정보 − 사실에 근거한 정보 − 신뢰성	− 높은 정보비용 − 규칙적으로 이용 불가능 − 완벽하지 않은 정보의 가능성 − 정보의 최신성 결여 − 정보이해에 지적기술 필요

8 소비자지식

　소비의 주체로서 소비자들은 반복적인 소비활동을 통해 수많은 정보나 경험을 획득하며 이는 지식이라는 형태로 머릿속에 저장된다. 소비자지식은 상품이나 서비스에 대해 소비자들이 가지고 있는 관련경험 및 친밀감 정도를 의미한다(Duhan, Johnon, Wilcox & Harreell, 1997). Alba & Hutchinson(1987)은 소비자지식을 전문성(expertise)과 친밀감(familiarity)으로 나누고 전문성은 제품과 관련된 과업을 성공적으로 해낼 수 있는 능력이며, 친밀감은 소비자들이 제품과 관련되어 경험하는 정도로 정의하였다. 또한 지식은 기억으로부터 인출 가능한 것 또는 제품에 대한 외부탐색의 발생에 앞서 일반적으로 인출되는 정보로도 알려져 있다(최낙환·나광진, 2000).

　소비자들이 제품에 대해 가지고 있는 지식은 정보탐색활동, 제품평가과정, 제품정보의 이용, 구매의사결정, 학습 등에 조정적(moderating) 영향을 미친다. 소비자가 지닌 정보나 지식은 소비자관심에 영향을 미치고 궁극적으로 구매행동의 변화를 가져온다. 소비자는 지식을 이용하여 대안을 평가하고 그에 따라 제품에 관한 구매결정 등을 내리므로, 소비자가 관련제품에 어느 정도의 지식을 지니고 있는가는 소비행동을 이해하는 데 있어 중요한 요인이다.

소비자지식은 크게 객관적 지식(objective knowledge)과 주관적 지식(subjective knowledge)으로 나누는데, 여기에 경험을 추가해 세 가지로 나누기도 한다. 객관적 지식은 장기기억 속에 저장된 제품군(product class)에 대한 사실적 정보를 말하며, 주관적 지식은 제품군에 대해 그들이 알고 있다고 지각하는 자기평가지식(self-assessed knowledge)을 의미한다(Park, Mothersbaug & Lawrence, 1994).

소비자지식에 있어 객관적 지식과 주관적 지식은 측정방식이 다르다. 일반적으로 소비자가 어떤 객관적 정보를 알고 있는지 사실여부를 확인하는 객관적 지식은 해당사실에 대해 진위형으로 '그렇다(맞다)' '아니다(틀리다)' '잘 모르겠다'로 나누어 측정하며, 잘 모르겠다고 한 경우 오답처리를 하거나 잘 모르는 것과 잘못 알고 있는 것을 구분하기 위하여 분석 시 점수배정을 다르게 하기도 한다. 주관적 지식의 경우는 대개 지식이나 경험 보유에 동의하는 정도를 리커트 척도로 측정한다.

연구자에 따라서는 경험을 주관적 지식의 영향요인으로 보기도 하고 주관적 지식 범주에 포함시키기도 한다. 소비자의 주관적 지식은 과거의 경험에 근거한 판단에 의해 결정된다고 할 수 있기 때문이다. 제품 관련 경험이 자기평가지식에 많은 영향을 미치는 것은, 소비자들이 오랫동안 제품을 사용하고 정보를 탐색해 온 경우, 그 제품에 대해 잘 알고 있다고 생각하기 때문이다. 이처럼 경험정보가 주관적 지식의 판단에 영향을 미칠 수 있거나 주관적 지식 자체가 될 수 있다고 판단하는 것은, 상품과 관련된 경험이 비교적 인출하기 쉬운 것이기 때문이다.

소비자지식을 경험기반지식(experience-based knowledge), 주관적 지식, 객관적 지식의 세 가지로 나누는 경우는, 경험기반지식을 다시 제품의 친밀감 측면에서 탐색(search)과 사용(usage), 소유(ownership) 경험의 세 가지로 분류한다(Park & Lessig, 1981). Park, Mothersbaug & Lawrence(1994)는 제품 관련 경험을 '정보탐색, 제품사용과 구매경험이라는 점에서 소비자자신(the self)과 제품 간의 연관성의 기억으로 정의'하고, 이는 객관적 지식보다는 자기 평가 지식, 즉 주관적 지식에 더 많은 영향을 미친다는 경험적 결과를 내놓았다. 주관적 지식은 제품지식, 구매지식, 사용지식의 3가지로 분류하기도 한다(장흥섭, 2001).

한편 Engel, Blackwell and Miniard(1995)는 소비자지식을 크게 제품지식, 구매지식, 사용지식으로 구분하여 설명하였다. 제품지식이란, 제품 범주와 제품 범주 내에 있는 상표의 인식, 제품 전문용어, 제품 속성이나 특성 및 상표에 대한 신념 등이 포함된다. 구매지식은 제품을 구매하는 데 필요한 정보로, 구매 장소에 관한 것과 구매 시기에 관한 것 등이 있다. 마지막으로 사용지식은 제품이 '어떻게 이용되고, 제품 사용 시 무엇이 요구되는가'에 대한 기억 속의 모든 정보를 의미한다.

9 소비자시민성

1) 컨슈머리즘

본 책에서 지금까지 설명해 온 컨슈머리즘(Consumerism)은 소비자시민성을 형성하는 근본적 관점으로 소비자운동을 넘어서는 철학적이고도 실천적인 개념이다. 이는 소비자권익보호 및 소비자복지추구의 두 가지 큰 개념 틀로도 이해가능하다. 이러한 컨슈머리즘이 나타나게 된 초창기에는 소비자운동과 동일시되었던 반면, 시간이 지남에 따라 단순히 소비자 피해예방 및 구제의 차원을 넘어 소비자주권회복과 인간복지를 지향하는 더욱 높은 차원의 현대적 소비자운동으로 변모하였다.

한편 국내학자인 이기춘(2005), 이기춘과 나종연(2006)은 컨슈머리즘에 대해 새롭게 조명하며 이를 더욱 구체적으로 설명하였다. 이들에 따르면, 컨슈머리즘란 생활에서 문제의식을 느끼고 해결하고자 하는 이념과 철학, 그리고 실천적 차원의 운동을 포함하는 포괄적인 개념이다. 즉, 컨슈머리즘은 일부 단체나 소비자운동가들의 보이콧과 같이 현실적이고 구체적인 행동을 지칭하는 소비자운동과는 분명히 구분되며, 일반적인 생활의 가치와 이념과 철학으로서 소비자의 생활 속에 녹아들 수 있어 실천까지 이끌어낼 수 있는 보다 포괄적인 개념인 것이다.

2) 소비자시민성

(1) 소비자시민성의 이해

심영(2009)에 의하면 사회가 지속적으로 발전하기 위해서 소비자들은 자신의 효용극대화를 위한 경제적 합리성 못지않게 사회와 환경에 미치는 사회문화적 역할과 시민적 역할을 고려하여 소비와 선택행동을 해야 한다. 개인의 이익추구를 자제하고 공동의 이익을 우선하는 자발적 의지를 시민성이라 하는데, 오늘날의 소비사회에서 소비자시민성은 개인이 갖추어야 할 덕목이 되었다.

소비자가 어떻게 시민성(citizenship)을 가질 수 있으며, 소비자시민성(Consumer citizenship)이란 무엇일까? 먼저 시민성의 특징부터 살펴보자. 시장에서 소비자는 공공의 선을 추구함에 있어 사회적으로 권리와 책임을 지니고 있는데, 이는 바로 시민성의 개념 및 특징과 부합한다. Faulks(2000)에 따르면 시민성이란, 근대적 인간이 자신만을 위한 이기적인 특수이익에의 추구를 자제하고 공공의 이익에 우선권을 부여하고자 하는 자발적 의지와 심리적 준비상태로, 권리와 의무의 2개 구조로 이루어져 있다. 이러한 시민성의 특징과 일맥상통하게도, 소비자는 소비자로서의 권리뿐 아니라 소비사회에 대한 문제를 인식하고 이를 해결하기 위한 책임을 가지기 때문에, '소비자시민성'의 개념이 나타나게 된 것이다.

소비자시민성은 소비자의 윤리적 의식과 주체적인 참여를 인식과 행태 면에서 파악할 수 있는 소비자의 정체성에 관한 것으로, 개인의 사적인 소비를 넘어 국가와 세계를 고려할 수 있는 포괄적인 개념이다. 즉, 사적으로 이루어지는 개인의 소비에 대해 자발적으로 성찰하고 문제의식을 가짐으로써 사회적 책임과 참여의 영역으로 사고와 행동을 확장해 나가는, 자율적 주체로서 소비자가 지녀야 할 윤리적 정체성인 것이다. 이처럼 컨슈머리즘의 문제 의식적 시각을 토대로 소비생활의 윤리적 이념과 윤리적 행동을 이루는 모든 것을 포함하는 것이 바로 소비자시민성이다. 그렇기 때문에 소비자시민성은 결국, 시민성과 컨슈머리즘의 융합을 통해 발전되었다. 소비라는 기제를 통해 개인의 정체성과 사회적 의사소통이 영향을 주고받는 현대소비사회에서 시민의 역할과 소비자의 역할이 함께 주어지고 있기에 개인은 시장이라는 환경 속에서 소비과정을 통해 시민으로서의 역할을 수행하는 것이다.

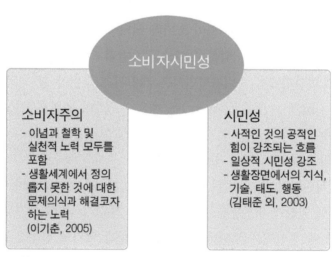

출처 : 김정은 · 이기춘(2008)

[그림 8-2] **소비자시민성의 이해**

소비가 개인의 효용을 극대화하려는 개인적 선택에 기초한 사적인 일로 간주되었던 과거와 달리, 오늘날 일상의 정치화와 개인의 정치적 영향력 증대는 소비자들이 다양한 역할을 수행하게 하였고, 소비의 영역이 사회적 책임을 다하는 공적인 영역으로 부각되고 있다. 이처럼 일상생활에서 개인의 만족을 넘어서 환경 및 사회에 대한 책임을 지닌 시민으로 인식되는 오늘날의 소비자들은 사회구성원이자 시장의 주요 주체로서 권리와 사회적 책임 및 의무를 수행해야 하며, 개인의 이익과 만족을 넘어 환경과 사회를 통합적으로 고려하고 배려하는 시민으로서의 행동을 보여야 한다.

그렇다면 소비자가 일상 소비생활 속에서 시민성을 어떻게 발휘할 수 있을까? 질문에 대한 대답은 바로 화폐투표(dollar vote)로서의 소비이다. 투표이론에 기초하여 소비자주권을 강조하고 있는 이 개념은, 결국 개인의 소비를 일상생활에서 행하는 정치적 임파워먼트로 보고, 소비자에게 시장에 대한 참정권을 부여하는 것이다. 즉, '어느 곳에 소비할 것인가'의 이슈는 기업의 부당함을 알리거나 소비생활의 이슈 등을 공유하고 개인의 의견을 표출하게 함으로써, 소비는 결국 소비자로서 시민성을 발휘하는 적극적인 방법이 되는 것이다. 이러한 소비자시민성은 일상적인 소비생활에서 개인의 만족과 사회의 공공선을 조화롭게 적용시킬 수 있는 소비사회의 자본이 된다.

(2) 소비자시민성의 영역

오늘날 소비자들의 교육수준과 정보취득능력, 의식은 과거에 비해 매우 높아졌다고는 하나, 이러한 소비자의 수준이 윤리적 구매와 반드시 일치하지 않고 있다. 즉 소비자가 아무리 윤리적인 태도를 보인다고 할지라도, 이러한 태도가 여전히 직접적인 행동의 변화나 실천으로 연결되지 못하는 것이다. 이의 원인으로는 유용한 정보의 부족과 공동선의 실현에 대한 소비자의 의지부족 등을 들 수 있는데, 국내학자인 김정은과 이기춘(2009)에 따르면 소비자시민성이야 말로 태도와 행동 간의 명확한 영향과 방향을 설정해 준다고 설명하고 있다.

'소비자시민성'이란 소비윤리를 근간으로 나타난 구체적인 소비자 참여와 실천의 행동으로, 소비자로서의 책임의식 견지라는 수준을 뛰어넘어 실제의 실천적 수준을 강조하는 개념이다. 보다 구체적으로 설명하자면, 윤리적 정체성 및 자기성찰, 그리고 참여 및 행동으로 사회적 책임을 다하는 '소비자시민성'은 소비자가 지니는 대의적인 잣대인 '소비윤리'와, 행동지표로서의 '소비자참여 및 실천'의 개념을 포함한다. 오늘날 소비자는 기업, 정부와 함께 시장을 꾸려가는 주체로 인식되고 있으며, 환경 및 사회의 소비환경에 대한 책임을 지닌 존재로서 일상의 공공화라는 시민성의 개념과 맞닿아 있는 것이다. 이 중 소비윤리는 앞서 살펴본 바와 같다. 간단히 요약하자면, 소비윤리는 사회의 여러 면과 미래세대를 동시에 배려하는 덕목으로, 작게는 소비행위에 있어 법을 어기지 않는 것부터 시작하여 확장적으로는 옳지 못한 시장 내 행위를 제지하고 공공선을 지향하는 정의감이다. 이는 소비자의 도덕심에 기반함으로써 소비자시민성의 근본적·의식적 토대로 볼 수 있다. 이러한 윤리의식에서 더 나아가 소비자시민성은 소비자의 행동적 참여와 실천을 포함한다. 소비자의 참여행동은 개인의 구매 의사결정과정에서 이루어지는 정보탐색과 의사소통에서 기업과 정부의 행동에 영향을 미치고 소비자를 조직화하는 행동까지 포함한다. 다시 말해, 기업과 정부의 결정에 영향을 미치는 조직적 사회운동뿐 아니라, 매일매일 일어나는 일상적인 개인의 소비과정에서 축적되는 윤리적 소비자참여까지 아우르는 것이다.

한편 소비자참여의 유형은 집단적 차원과 개인적 차원의 두 영역으로 분리가 가능하다. 먼저, 집단적 차원이라 함은 목적을 가진 조직적인 단체 활동이나 당장의 소비와 연관되지 않은 장기적이고 간접적인 범주의 이타적 소비윤리의 실천을 일컫는다. 개인적 참여는 소비자로서 사회적 책임을 인지하고, 직접적인 일상의 소비생활에서 정보를 탐색하고 구매를 결정하는 전 과정에서 소비윤리를 고려하여 행동하는 것을 의미한다. 이러한 개인영역은 다시 적극적 의사표현의 영역과 타인의 견해에 대한 수용 및 학습으로 나누어지는데, 온-오프라인에서 의견과 정보를 생산하고 공유하는 행동과, 타인의 의견 및 여러 정보를 참고하여 의사결정에 숙고하는 행동이 바로 그것이다.

김정은과 김기춘(2008)에 따르면 소비자시민성의 영역은 아래의 〈표 8-2〉와 같이 크게 개인적 소비영역, 공동체 소비영역, 환경과 세계 소비영역 각각에 대한 소비윤리의식과 소비자참여행동으로 구성된다.

〈표 8-2〉 소비자시민성의 개념틀

소비영역 / 구성요소	개인적 소비영역	공동체 소비영역	환경과 세계 소비영역
소비윤리의식	• 상거래 시 개인행동에 대한 윤리적 평가 • 기업평가에 있어서 개인소비의 윤리적 활용에 관한 인식 • 개인의 소비가 미치는 사회적 의미에 관한 인식	• 공공시설/서비스이용에 관한 윤리적 인식 및 책임의식 • 사회적 형평성 문제에 관한 소비자 인식 • 미래세대에 대한 현재 소비의 배려 인식	• 환경에 미치는 소비의 영향에 관한 인식 • 소비의 지속가능성에 대한 인식 • 세계에 미치는 기업의 생산과정 윤리성 및 인권에 관한 인식
소비자참여행동	• 올바른 시장이해를 위한 정보활용 정도 • 기업의 제품과 서비스에 관한 적극적인 의사표현 정도 • 구매를 통한 기업평가에의 참여 정도 • 자발적인 소비자교육 참여 정도 • 개인소비의 자발적인 사회 기부 정도	• 공공서비스/기물에 관한 올바른 정보의 활용 정도 • 정부와의 원활한 의사소통 정도 • 공공서비스 개선을 위한 자발적인 참여 정도 • 올바른 지역공동체 건설을 위한 자발적 커뮤니티 참여 정도	• 환경오염을 방지하기 위한 정보의 활용 • 기업이나 타 국가의 생산과정에 대한 비판적 관심과 실천 • 환경친화적 소비활동을 위한 자발적 참여 정도 • 다국적기업의 활동에 대한 비판적 참여 정도

출처 : 김정은·김기춘(2008), 소비자시민성의 개념화 및 척도개발

3) 초연결사회, 오늘날의 소비자시민성

오늘날 소비자들의 온라인 사용이 확장되고 있다. 특히 소셜미디어(social media)는 원자화된 소비자 각각을 네트워크를 통해 연결하는 역할을 하고 있으며, 소속감이나 친밀감 그리고 신뢰 등의 정서적 가치를 제공해 주고 있다. 소셜미디어를 통해 소비자들은 시간과 공간의 제약 없이 세계 각지에서 일어나는 일들을 실시간으로 접하고 있으며, 지체 없는 쌍방향 의사소통으로 개인 간 정보나 의견을 공유하며 문제를 해결하고 있다. 과거에 오프라인 중심으로 소비자 간 의사소통이 이루어졌다면, 이제는 온라인, 소셜미디어 중심으로 확장되어 움직이고 있는 것이다.

소셜미디어는 개인과 개인의 소통을 확장시켜 줌으로써 관계를 이어주는 역할을 한다. 그러므로 소셜미디어를 이용하면서 소비자 개인은 더 넓은 사회자본(social capital)을 갖게 된다. 사회자본이란, 개인들의 사회적 연결망을 통해 타인과 상호작용함으로써 유대감 및 친밀감 속에 형성하는 것으로, 개인을 둘러싼 다양한 관계 속에서 창출되는 것으로 알려져 있다. 사회적 관계망이 축적되면 사회적·정서적 지지뿐 아니라 풍부한 정보와 자원의 교류가 가능해짐으로써 문제를 인식하거나, 더 나아가 다양한 문제를 해결하기 용이해진다. 실제로 Lin과 Lu(2011)의 연구에 따르면 개인은 SNS를 통해 기존의 사회적 관계를 강화하고, 새로운 관계를 형성하며, 이를 통해 새로운 정보의 입수 및 공유 등 사회적 자본을 형성하기 위해 SNS를 이용한다고 밝혀 소셜미디어가 사회자본 형성의 기제로 작용한다. 결국 유추해 보면, 이렇게 형성-확장된 사회자본은 개인의 사회참여와 의사결정, 공공선의 협력과 성취능력을 증진시킬 수 있는 것이다.

그렇다면 소셜미디어의 사용으로 인해 증가된 소비자 개인의 사회자본은 소비자시민성에 어떠한 영향을 미칠까? 국내외 학자들에 따르면 소셜미디어로 인해 축적된 개인의 사회자본과 연결망은 시민성을 함양시키는 것으로 보고되고 있다. 오프라인을 넘어 시공간의 제약 없이 더 넓은 의사소통이 가능한 온라인상에서 소비자는 일상적 소비활동에서의 제품불매운동에 참여하거나 윤리적 소비에 참여하거나, 기업의 부당함을 알리고 의견을 표출하는 등 소비자시민성을 충분히 발휘할 수 있는 것이다. 실제로 최근 트위터, 페이스북, 인스타그램, 카카오 등의 SNS를 이용하여 소비자 간 정보를 공유함으로써 특정 기업에 대해 비판하며 불매운동(boycott)을 진행하거나, 특정 모범적 기업에 대해 바이콧(buycott)을 진행하기도 한다. 실제로 Chen(2010)은 소비자운동의 하나인 보이콧의 거시개념에 대해 윤리적 의식을 바탕으로 사회적 변화를 추구하는 것으로 정의하였으며, 이는 개인 및 SNS, 온라인 등에서 이루어질 수 있음을 설명한 바 있다.

SNS 사용의 확장은 우리를 초연결사회로, 그리고 4차 산업혁명의 단계로 이끌었다. 영국에서 시작된 1차 산업혁명 이후 오프라인상에서의 시장과 도시공간은 경제적 및 사회적 활동의 중심장소로 재조명되었으며, 2차 산업혁명 이후 시장과 도시공간은 대량생산과 대량소비의 장이 되었다. 20세기 후반 인터넷의 등장으로 시작된 3차 산업혁명은 정보통신기술 및 네트워크 기술을 바탕으로 시공간에 구애받지 않는 온라인상의 개인을 등장시켰으며, 이때부터 소비자는 누구나 원하는 정보를 쉽게 취득할 수 있게 되었다. 반면 2016년 1월에 열린 다보스포럼(세계경제포럼, WEF)에서 초연결·초지능·대융합의 시대로 들어가는 4차 산업혁명의 시작이 선포되었는데, 이는 인터넷을 넘어 초연결 네트워크를 기반으로 한 공유경제와 시민 중심의 사회라는 새로운 관점을 의미한다. 다양한 과학기술과 스마트폰의 보급 확대로 사물과 사람, 공간 등의 서로 다른 구성요소들이 거미줄처럼 연결되어 초연결사회로 진입하게 된 것이다.

이에 소비자들은 정보생산과 공유를 넘어, 공유경제를 구성하는 데 주체로서 부각되고 있다. 단순히 소비과정을 통한 시민성 발휘를 뛰어넘어, 이제는 소비자이자 일종의 생산자로서 시민성을 발휘함과 동시에 사회적 부가가치를 생산하는 것이다. 예를 들면, 자신의 남는 방을 소셜미디어를 통해 알려 여행객에게 제공하는 사례, 릴레이라이즈(RelayRides)와 겟어라운드(Getaround)와 같이 차주가 자동차를 사용하지 않을 때 차를 잠시 빌려 쓰는 사례, 태양광 패널을 통해 에너지를 생산하여 판매하는 사례 등은 다른 소비자에게 시간과 장소의 효과적인 재분배 외에도 지구환경보호와 지속가능한 발전을 이끄는 데 주체가 되는 소비자의 참여이다. 물론 이는 컨슈머리즘의 이념인 비판의식이 결여된 단순한 경제적 행동으로 비추어질 수 있으나, 그런데도 초연결사회에서 상호관계성이 높아진 소비자들은 필요를 느끼는 다른 소비자에게 실시간으로 자원을 분배하고 환경보호 등 지속가능한 사회로의 이행에 직접적으로 참여하는 등 개인적-사회적인 부가가치의 생산을 통해 공유가치를 창출하고 있다.

	1차 산업혁명	2차 산업혁명	3차 산업혁명	4차 산업혁명
	18세기 말	19~20세기 초	20세기 후반	2015년~
	증기기관 기반의 기계화 혁명	전기에너지 기반의 대량생산 혁명	컴퓨터와 인터넷 기반의 지식정보 혁명	IoT/CPS/인공지능 기반의 만물초지능 혁명
주요 주체	국가	국가	국가, 지자체	국가+시민
사회형태	공업 사회	대량소비 사회	기업가 위주의 사회	시민 위주의 사회
교통/통신	철도, 증기, 운하	자동차, 항공기	정보통신기술, 네트워크기술	초연결 네트워크, 자율주행차량
에너지	석탄, 증기	석유, 가스	전기	신재생에너지
커뮤니케이션방식	책, 신문 등	전화기, TV 등	인터넷	SNS, IoT, ICS 등

출처 : 삼정KPMG(2016) 수정 후 사용

[그림 8-3] **산업혁명과 사회형태의 변화**

ESG와 정부 그리고 민간조직

PART

4

ESG를
생각하는
소비와 소비자

09 중앙정부

CHAPTER

1 중앙정부의 소비자 행정

우리나라 중앙정부의 소비자 행정 운영체제는 공정거래위원회가 소비자보호 정책을 총괄·조정하고 업무 특성에 따라 각 행정부처에서 각각의 소관 업무를 수행하는 구조를 취하고 있다. 소비자보호 행정은 공정거래위원회 소비자정책과에서 그 업무를 총괄하고 있으며, 광역시 시, 도, 군 등의 지방자치단체는 공정거래위원회와 기획재정부의 지휘·감독을 받아 자체 소비자보호과나 물가지도계, 공정거래계, 소비자보호계 등에서 소비자보호 업무를 맡고 있다.

한편, 소비자정책의 운영체제는 매년 초, 각 중앙행정부처별로 소비자정책을 수립하고, 공정거래위원회 소비자정책국에서는 각 중앙행정부처로부터 제출된 소비자정책을 종합하고, 이를 기초로 소비자정책을 수립하여 소비자정책위원회의 심의를 거쳐 최종적으로 확정하게 된다. 따라서 우리나라 소비자정책은 공정거래위원회의 소비자정책위원회에서 정책을 심의·의결하고, 각 행정부처별로 그 소관 사항을 집행하고 있다. 요컨대, 소비자 행정조직은 공정거래위원회에서 소비자 업무를 총괄하고 각 행정부처에서 소관업무를 수행하는 이중적 구조 형태를 가진다.

우리나라는 1994년 각 중앙행정기관에서 추진하는 소비자정책을 조정·통합하기 위해 재정기획부(현재 기획재정부)에 소비자정책과를 설치하였다. 1980년대 중반부터 시작된 소비자정책 추진을 위한 국가 차원의 법령 및 기구의 정비가 어느 정도 완비되면서 1990년대에는 지방소비자 행정이 소비자정책의 새로운 과제로 등장하였다. 이에 정부는 1995년 말 소비자기본법을 개정하여 지방자치단체들이 소비자보호 조례를 제정하여 시행할 수 있도록 법적 근거를 마련하였다. 2008년 새 정부 출범과 함께 정부조직의 대대적 개편이 이루어지면서 소비자정책 기본계획 및 종합시행계획 수립, 소비자정책위원회 권한이 기획재정부에서 공정거래위원회로 이관되었다.

공정거래위원회의 주요 기능은 다음과 같다.

첫째, 경쟁촉진 : 각종 진입장벽 및 영업활동을 제한하는 반경쟁적 규제를 개혁하고 경쟁제한적 기업결합을 규율함으로써 경쟁적 시장환경을 조성한다. 시장지배적 지위남용행위, 부당한 공동행위, 기타 불공정거래행위를 금지함으로써 시장에서의 공정한 경쟁질서를 확립한다. 정부 각 부처에서 정책을 수립할 때 경쟁의 원리가 중요한 요소로 고려되도록 하기 위하여 정부에 경쟁원리를 확산시킨다.

둘째, 소비자 주권 확립 : 소비자에게 일방적으로 불리하게 만들어진 약관조항을 시정하고 표준약관을 보급함으로써 불공정 약관으로 인한 소비자 피해를 방지한다. 허위, 과장의 표시, 광고를 시정하고 소비자 선택에 꼭 필요한 중요 정보를 공개하도록 함으로써 소비자가 정확한 정보를 바탕으로 합리적인 선택을 할 수 있도록 한다. 할부거래, 방문판매, 전자상거래 등 특수한 거래분야에서 나타날 수 있는 특수한 유형의 소비자 피해를 방지한다.

셋째, 중소기업 경쟁기반 확보 : 하도급대금지급, 물품수령 등 하도급 거래에서 발생할 수 있는 대형업체들의 각종 불공정행위를 시정함으로써 중소 하도급업체의 발전기반을 확보한다. 대형 유통업체, 가맹사업본부 등이 거래상의 우월적 지위를 이용하여 중소 입점, 납품업체, 가맹점에게 행하는 각종 불공정행위를 시정한다.

넷째, 경제력 집중 억제 : 대기업집단 계열사 간 상호출자, 채무보증 금지, 부당내부거래 억제 제도 등을 운영함으로써 선단식 경영체제의 문제점을 시정한다.

1) 중앙행정부처

개별 관련행정부처는 소비자보호를 위한 각종 제도의 개발, 소관별 소비자보호 정책의 수립 및 시행, 위해 방지, 물품 및 서비스의 기준설정 및 고시, 시험·검사 및 조사, 물품 표시기준의 설정, 광고의 기준 제정, 소비자 정보의 제공, 소비자 피해의 구제, 시험·검사시설의 설치 등을 수행하고 있다.

2) 공정거래위원회

2008년 2월 정부조직법 개정에 따라 소비자정책 종합·조정 기능을 이관받은 공정거래위원회는 소비자기본법의 제·개정 및 운영 권한을 모두 갖게 됨으로써 우리나라 소비자정책을 총괄하는 기관이 되었다. 이는 경쟁정책과 소비자정책의 연계 추진을 통해 소비자후생을 극대화하고 시장경쟁을 촉진하여 기업 및 국가경쟁력을 제고하기 위한 것으로 보인다.

사실 소비자정책과 경제정책은 소비자후생 증대라는 공통의 목적을 가지고 있으며 상호 보완적으로 작용한다. 경쟁정책을 통해 시장경쟁이 촉진되면 기업이 품질 좋고 값싼 제품을 출시하기 때문에 소비자 선택의 폭이 넓어져 소비자 권익이 증대된다. 또한 소비자정책을 통해 소비자들의 합리적 선택이 보장되면 기업의 경쟁을 촉진시켜 가격 인하, 품질 향상, 기술 개발 등이 촉진된다.

공정거래위원회가 소비자정책을 총괄함에 따라 이러한 선순환 관계에 따른 시너지 효과를 기대할 수 있게 되었고, 부처별 업무 중복을 극복할 수 있어, 보다 효율적인 정책 추진이 가능해졌다.

2024년 공정거래위원회 주요 업무와 추진계획은 다음과 같다.

(1) 추진성과와 평가

2023년 공정거래위원회는 공정한 시장경제를 확립하기 위해 다양한 법 집행과 정책을 추진했다. 주요 성과로는 혁신경쟁을 촉진하는 시장환경 조성, 민생 밀접 분야에서의 담합 및 독점력 남용행위 엄단 등이 있다. 예를 들어, 백신 입찰 담합(과징금 409억 원), 독일 승용차 4사 배출가스 저감기술 담합(과징금

290억 원), 철강선 가격담합(과징금 548억 원) 등이 있었다. 또한, 공정거래정책 추진 인프라 확충을 통해 사건처리의 전문성과 심결의 독립성을 제고했다. 2023년에는 238건의 시정조치와 3,880억 원의 과징금 부과를 기록했으며, 1,000억 원의 피해금액을 지급하고 1,200억 원의 공정거래 및 소비자 분쟁을 해결했다.

(2) 2024년 업무추진 여건 및 방향

① 업무추진 여건

2024년은 고물가·고금리 국면에서 경제주체의 어려움이 가중될 것으로 예상된다. 경제성장률은 2.2%, 기준금리는 3.5%, 소비자물가상승률은 2.6%로 전망된다. 경기 둔화에 취약한 영세기업·자영업자 보호와 기업 규제 완화 요구가 증가할 것으로 보인다.

디지털 경제의 심화로 기존 공정거래정책의 한계가 드러나고 있다. 디지털 경제는 거래 효율성과 소비자 편의성 증대 효과가 크지만, 플랫폼 독과점과 새로운 유형의 소비자 피해 등의 문제가 발생하고 있다. 이에 따라 각국은 합리적 규제방안을 논의하고 입법 대안을 마련 중이다.

② 업무추진 방향

2024년 공정거래위원회의 비전은 '민생·혁신을 지원하는 공정한 시장경제 구축'이다. 이를 위해 다음과 같은 핵심 과제를 설정했다.

- 역동경제 뒷받침하는 공정거래질서 확립 : 플랫폼 생태계 전반에 공정한 거래여건을 조성하고, 디지털 경제 민생안정·혁신을 지원하는 법률 제정 등을 추진한다.
- 중소기업·소상공인의 안정적 거래기반 구축 : 중소·벤처기업의 정당한 몫을 보장하고, 소상공인의 사업여건을 개선하며, 피해구제 지원을 강화한다.
- 소비자 권익이 보장되는 환경 조성 : 경기 위축에 대응하는 소비기반을

마련하고, 디지털 거래환경에서의 소비자 보호를 강화하며, 소비자 안전
기반을 구축한다.

- 대기업집단 제도의 합리적 운영 : 부당내부거래 및 편법적 규제회피를 엄
정 대응하고, 대기업집단 제도를 합리적으로 개선한다.

③ 핵심 추진과제

- **역동경제 뒷받침하는 공정거래질서 확립**

디지털 경제 민생안정 · 혁신을 지원하는 '플랫폼 공정경쟁 촉진법'을 제정하
여 스타트업 · 소상공인 · 소비자들의 부담을 야기하는 플랫폼 독과점 문제를
신속히 해소할 방안을 추진한다. 또한, 플랫폼 입점업체의 당면 애로사항을 해
소하고, 다양한 결제수단 대비 높은 수수료율 및 긴 정산주기로 인한 소상공인
의 부담을 완화한다.

- **중소기업 · 소상공인의 안정적 거래기반 구축**

중소 · 벤처기업의 정당한 몫을 보장하는 환경을 조성하고, 소상공인의 사업
여건을 개선하며, 피해구제 지원을 강화한다. 예를 들어, 중소기업과 소상공인
의 피해구제를 위해 다양한 지원 방안을 마련하고, 공정한 거래 환경을 조성하
는 데 중점을 둔다.

- **소비자 권익이 보장되는 환경 조성**

경기 위축에 대응하는 소비기반을 마련하고, 디지털 거래환경에서의 소비자
보호를 강화하며, 소비자 안전기반을 구축한다. 이를 위해 소비자 권익을 보호
하는 다양한 정책을 추진하고, 소비자 안전을 위한 기반을 확충한다.

- **대기업집단 제도의 합리적 운영**

부당내부거래 및 편법적 규제회피를 엄정 대응하고, 대기업집단 제도를 합
리적으로 개선한다. 이를 통해 대기업의 부당한 내부거래를 억제하고, 공정한
시장경제를 구축한다.

2024년 공정거래위원회는 공정한 시장경제를 확립하고, 민생을 지원하며, 혁신을 촉진하는 다양한 정책을 추진할 계획이다. 이를 통해 중소기업과 소상공인의 안정적 거래기반을 마련하고, 소비자 권익을 보호하며, 대기업집단의 공정한 운영을 도모할 것이다. 이러한 정책 추진을 통해 공정한 시장경제 환경을 조성하고, 국민의 경제적 안정과 번영을 지원할 것이다.

피심인과 심사관에게 동등한 위원 보고 기회를 부여하고, 조사 → 심판 부서 인사이동을 제한하는 등 조사–심판 부서 간 분리 운영을 강화할 계획이다.

3) 한국소비자원

한국소비자원은 소비자의 권익을 증진하고 소비생활의 향상을 도모하며 국민경제의 발전에 이바지하기 위하여 국가에서 설립한 전문기관이다.

> **제37조(유사명칭의 사용금지)** 이 법에 따른 한국소비자원이 아닌 자는 한국소비자원 또는 이와 유사한 한국소비자보호원 등의 명칭을 사용하여서는 아니 된다.
>
> **제44조(준용)** 한국소비자원에 관하여 이 법에 규정하지 아니한 사항에 관하여는 「민법」 중 재단법인에 관한 규정을 준용한다.

소비자의 권익을 증진하고, 소비생활의 향상을 도모하기 위하여 1987년에 발족한 공공기관(위탁집행형 준정부기관)으로, 발족 당시에는 한국소비자보호원이라는 이름을 썼으나 2007년 3월 한국소비자원으로 명칭을 변경했다.

한국소비자원의 주요 업무는 다음 각 호와 같다(소비자기본법 제35조 제1항).

① 소비자의 권익과 관련된 제도와 정책의 연구 및 건의
② 소비자의 권익증진을 위하여 필요한 경우 물품 등의 규격·품질·안전성·환경성에 관한 시험·검사 및 가격 등을 포함한 거래조건이나 거래방법에 대한 조사·분석
③ 소비자의 권익증진·안전 및 소비생활의 향상을 위한 정보의 수집·제공 및 국제협력
④ 소비자의 권익증진·안전 및 능력개발과 관련된 교육·홍보 및 방송사업
⑤ 소비자의 불만처리 및 피해구제
⑥ 소비자의 권익증진 및 소비생활의 합리화를 위한 종합적인 조사·연구
⑦ 국가 또는 지방자치단체가 소비자의 권익증진과 관련하여 의뢰한 조사 등의 업무
⑧ 그 밖에 소비자의 권익증진 및 안전에 관한 업무

① 정책 연구

우리나라의 소비자정책을 효과적으로 추진하기 위해 소비자법령 정비, 소비자보호제도 개선, 소비자정책의 선진화 등 다양한 연구를 수행하고 있다. 또한, 연구 결과를 토대로 관련 행정기관과 국회에 정책과 입법을 건의하는 한편 정책 결정의 참고자료로 활용하도록 기초자료를 제공하고 있다.

소비자 문제의 원인과 양상을 규명하며 실태 조사·사례 분석·대안 평가 등 다양한 방법으로 도출한 개선방안을 관계 당국에 건의하며 필요시 행정당국이 바로 시행에 옮길 수 있도록 법령과 제도의 구체적인 시안을 마련한다.

그동안 소비자기본법(소비자보호법), 제조물책임법, 약관규제법, 할부거래법, 방문판매법, 전자상거래소비자보호법, 소비자생활협동조합법 등 우리나라의 주요 소비자법률의 제·개정 작업을 주도하였다.

향후에는 글로벌 시장의 개방 확대, 정보통신기술의 진보, 신기술의 출현 등 정책 환경의 변화에 따른 새로운 소비자 문제에 적극 대응하기 위해 지속적으로 노력할 계획이다.

② 거래개선

한국소비자원은 소비생활과 관련된 상품과 서비스의 거래 전 과정에서 소비

자중심의 시장을 형성하고 기업과 소비자가 함께 발전할 수 있는 건강한 소비시장 구현을 위하여 부당한 거래 관행과 제도를 개선하고 있다.

일반적인 상품 및 서비스로부터 금융·보험, 정보통신과 같은 전문서비스 분야를 비롯하여 전자상거래에 이르기까지 다양한 거래형태에 대한 부당성 조사와 허위·과장된 표시·광고·약관에 대한 시정활동, 왜곡된 유통구조의 개선을 위한 실태조사 및 개선안 마련을 통해 소비자 권익증진을 위한 정책 수립에 반영하고 있다.

기업 스스로 소비자 친화적인 시장 환경을 조성하도록 CCM(소비자중심경영) 인증제도를 운영한다. 공정거래위원회가 인증하고 한국소비자원이 운영하는 CCM 인증제도는 기업이 수행하는 모든 활동을 소비자 관점에서, 소비자 중심으로 구성하고 관련 경영활동을 지속적으로 개선하고 있는지를 평가한다.

③ 피해구제

평생을 살아가는 과정에서 불가피하게 직면하게 되는 소비자 피해와 관련하여 사업자로부터의 적정한 보상조치를 신속하게 받을 수 없는 경우에는 헌법에 보장된 소비자 기본권에 대한 침해가 문제된다. 그동안 소비자 피해구제의 문제가 소비자 문제로서 중요한 정책적 과제로 등장한 것도 이러한 이유라고 할 수 있다. 특히, 소비자 피해의 원인 규명이 대체적으로 쉽지 않다는 점, 사업자와 소비자 개인 간의 역량이 대등하지 않은 점 등을 감안하여 헌법에서도 제124조에 소비자보호를 위한 국가의 역할규정을 두고 있다.

• 피해구제 가이드라인

소비자 피해를 야기한 사업자에게 합리적인 보상을 권고하기 위해서는 물품의 사용 또는 용역의 이용과정에서 발생한 손해액 전부를 원칙으로 하되, 손익상계와 과실상계 절차를 거쳐 최종 손해액을 정하게 된다.

또한 합리적 보상권고를 위해 당사자 간의 법적 권리와 책임을 분석하기 위해서는 「방문판매등에관한법률」 등 특수거래관련 소비자기본법령과 「의료법」 「자동차관리법」 등 각 품목관련 소비자기본법령이 우선적으로 활용되고 있다.

그 밖에 피해구제 업무를 담당하는 실무자들의 피해보상 권고 가이드라인으로는 공정거래위원장이 소비자기본법 제16조 제2항 및 시행령 제8조 내지 제9조의 규정에 의하여 고시하는 「소비자분쟁해결기준」이 주로 활용되고 있으며, 그 밖에 민법 또는 민사특별법과 판례 등에 따라 처리된다.

「소비자분쟁해결기준」은 소비자기본법 시행령 제9조의 규정에 의해 분쟁 당사자 간에 보상방법에 대한 별도의 의사표시가 없는 경우에 한하여 분쟁 해결을 위한 합의 또는 권고의 기준이 된다. 소비자 피해의 발생원인 및 책임규명은 피해와 관련된 현물의 확인, 또는 과학적 시험검사와 사실조사 결과 등 객관적 증거자료에 의해 처리되고 있다.

- 피해구제 제외 대상

한국소비자원은 소비자 피해를 구제함에 있어 소비자기본법 제35조 제2항 및 동법 시행령 제28조에 의거하여 다음과 같은 경우에는 피해구제 처리대상에서 제외하고 있다.

- 사업자의 부도·폐업 등으로 연락이 불가능하거나 소재파악이 안 되는 경우
- 신청인(소비자)의 주장을 입증(입증서류 미제출 포함)할 수 없는 경우
- 영리활동과 관련하여 발생한 분쟁, 임금 등 근로자와 고용인 사이의 분쟁, 개인 간 거래 등 소비자와 사업자 사이의 분쟁이 아닌 경우
- 국가 또는 지방자치단체가 제공한 물품 등으로 인하여 발생한 피해인 경우
- 소비자분쟁조정위원회에 준하는 분쟁조정기구에 피해구제가 신청되어 있거나 피해구제절차를 거친 경우
- 법원에 소송 진행 중인 경우 등

- 피해구제 절차

한국소비자원의 피해구제를 받기 위해서는 먼저 소비자상담센터(1372번)에 상담 신청이 필요하다. 상담직원은 소비자 피해에 대한 적절한 처리방법 등을 안내하고, 당사자와의 원만한 처리가 어렵다고 판단되는 건에 대해서는 한국소

비자원에 피해구제를 신청하도록 안내하고 있다.

　한국소비자원에 접수된 피해구제 신청 건은 피해구제 부서로 이관되어 사건 처리 담당직원의 사실조사가 시작된다. 사실조사는 우선 사업자에게 접수사실을 통보하고 지정된 양식에 의해 해명을 요구하게 된다.

　이러한 사실조사와 법률조사를 통해 사업자에게 피해보상을 권고하며, 양 당사자가 이를 수용하면 종결 처리된다. 만일 당사자 일방이라도 보상안을 수용하지 않는 경우에는 소비자분쟁조정위원회에 조정을 신청하여 조정 결정으로 처리하게 된다.

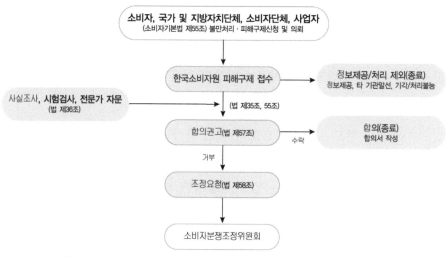

출처 : 한국소비자원(http://www.kca.go.kr)

[그림 9-1] 소비자 피해구제 절차

④ 소비자 안전

　한국소비자원은 소비자 위해(危害)정보를 수집·분석·평가하고 위해 다발 품목에 대한 심층적인 조사 및 제품 안전성 시험검사를 통하여 소비자 안전을 도모한다.

　소비자 안전은 사업자가 제공하는 제품이나 시설물, 용역(서비스)의 결함으로 인해 발생하였거나 발생할 우려가 있는 신체 또는 재산상의 위해를 모두 포함한다.

지속적으로 증가하는 소비자 위해정보를 체계적으로 수집·관리하기 위하여 CISS(Consumer Injury Surveillance System, 소비자위해감시시스템)를 운영하고 있다. CISS는 위해정보제출기관인 전국의 병원 및 소방서와 1372 소비자 상담센터, 소비자 위해정보 신고 핫라인(080-900-3500) 등을 통해 위해정보를 수집하고 분석·평가하여 관련 조치를 취할 수 있도록 구축된 소비자 위해상황 상시감시 시스템이다.

소비자안전센터는 소비자의 안전을 확보하기 위한 업무를 수행하기 위해 소비자기본법에 의해 설치된 법적 기구로, CISS를 통해 수집·분석된 위해정보를 바탕으로 물품 등 안전성에 관한 사실 공표와 위해 물품 제공 사업자에 대한 시정권고 권한을 갖고 있다. 이를 통해 관계 기관에 리콜 및 제도개선을 건의하고, 사업자에게 시정을 촉구하며, 소비자에게 안전정보를 제공하는 등 소비자 안전 확보를 위해 노력하고 있다.

⑤ 시험검사

한국소비자원은 소비자의 일상생활과 밀접한 각종 상품의 품질·성능·안전성 등을 시험·검사하여 소비자에게 상품 정보를 신속하게 제공하고 업체의 품질 향상을 유도한다. 소비자 분쟁의 대상이 된 상품은 과학적 시험을 통해 인과 관계를 규명함으로써 공정한 분쟁 처리의 근거를 제시한다.

한국소비자원은 상품 시험검사를 통해 제품의 기능·내구성과 같은 품질 정보와 더불어 소비자 관점에서 상품의 가치를 평가함으로써 소비자에게 합리적인 상품 선택정보를 제공하고, 관련 기업의 품질 경쟁력 향상에 기여하고 있다.

또한 관리의 사각지대에 있거나 새롭게 국내에 유입되는 상품, 생명공학 등 첨단기술을 이용한 상품과 같이 새로운 소비자 문제를 야기할 수 있는 제품에 대한 시험검사기법과 평가방법의 연구 및 모니터링을 통해 관련법의 제·개정을 유도함으로써 소비자 안전 확보를 위한 제도마련에 기여하고 있다. 특히,

영·유아용 제품, 국민다소비 식품, 피해다발 제품 등에 대한 신속하고 정확한 안전성 시험과 평가를 통해 소비자 위해환경 개선에 앞장서고 있다.

한국소비자원은 현재 식품영양분석실, 위해세균분석실, 유해화학물질분석실, 기능성의류평가실, 제품안전평가실, 생활용품평가실, 소음음향특성평가실, 전자파특성평가실 등 약 40여 개의 시험실과 다양한 정밀시험기기를 갖추고 있다. 전문지식과 경험을 겸비한 직원들이 국가·지방자치단체, 소비자·소비자단체가 의뢰하는 시험을 객관적이고 공정한 절차와 기준에 따라 실시한다.

⑥ 소비자교육

한국소비자원은 소비자 피해 예방, 소비자 행정, 기업체 소비자 업무, CCM 인증 업무 등 다양한 주제로 학교·정부·기업 등을 대상으로 소비자 교육 및 연수를 실시하고 있다.

교사·학생을 대상으로 하는 교사 연수·소비자교육 시범학교·견학 프로그램, 소비자 행정 담당 공무원 교육, 소비자 상담 담당자 교육, 기업체 소비자 업무 담당자 교육, 소비자중심경영(CCM: Consumer Centered Management) 인증기업 교육 등이 있다. 또한 소비자 교육 전문기관으로서 다양한 소비자 교육 수요에 대응하기 위해 외부 기관에서 요청 시 전문지식을 갖춘 강사를 파견하고 있다.

한국소비자원은 소비환경의 빠른 변화에 소비자들이 능동적으로 대처하고 학교, 민간단체, 공공기관 등 교육 수요가 있는 곳에서 활용할 수 있도록 분야별·계층별 소비자교육 콘텐츠를 기본서, 동영상, PPT 등 다양한 형태로 제작해 보급한다.

⑦ 소비자정보

한국소비자원은 소비자 법령·정책 자료, 각종 시험검사·조사·연구 보고서, 소비자 피해 사례·예방 정보, 소비자 선택 정보 등 각종 분야의 정보를 온·오프라인을 통해 제공한다.

한국연구재단 등재지인 '소비자 문제연구'는 소비자 관련 법령·정책, 시장·조사, 안전·피해 등 소비 생활 환경 전반에 걸친 주제의 논문을 수록한다. 이외에도 각 부서에서 수행한 시험검사와 조사·연구 결과를 보고서로 발간한다. 1988년 1월에 창간한 월간 〈소비자시대〉는 현명한 소비 생활에 도움을 주는 상품·서비스 정보, 피해 사례와 예방 정보 등을 담은 소비자 전문지이다. 이들 자료는 한국소비자원에서 PDF 등 전자파일로도 열람할 수 있다.

온라인 커뮤니케이션 환경이 발전함에 따라, 이메일링(소비자정보뉴스레터·소비자정책동향), SNS(블로그·트위터) 서비스 등 다양한 온라인 채널을 통해 신속하게 정보를 제공한다. 공정거래위원회가 구축하고 한국소비자원이 위탁 운영하는 '스마트 컨슈머'는 소비자정보를 종합적으로 제공하는 포털사이트로서 소비자들의 합리적 선택에 도움이 되는 다양한 정보를 제공한다.

스마트컨슈머에서는 한국판 컨슈머리포트인 비교정보 콘텐츠 '비교공감'과 소비자가 직접 평가하고 정보를 공유하는 '소비자톡톡' 등 소비자가 구매에 참고할 수 있는 정보를 제공한다.

4) 소비자중심경영(CCM) 인증제도

소비자중심경영(CCM: Consumer Centered Management) 인증제도는 기업이 상품 및 서비스를 기획하고 판매하는 모든 활동에서 소비자를 중심으로 생각하는지, 소비자를 위해 얼마나 노력하는지 공정거래위원회가 주관하고 한국소비자원이 운영하는 인증제도이다.

소비자중심경영의 기본 개념은 전사적으로 모든 임직원이 제품 및 서비스의 기획부터 개발 및 생산·판매에 이르기까지 소비자가 필요(Needs)로 하는 것과 원하는 것을 끊임없이 예측하고 탐구하여 제품과 서비스에 그 가치를 담아 소비자 만족도를 지속적으로 향상시킴으로써 궁극적으로 기업의 경쟁력을 제고하고, 소비자의 효용을 극대화시켜 나가는 경영 활동이다. [그림 9-2]는 소비자중심경영의 기본 개념을 설명하고 있다.

출처 : 한국소비자원(www.kca.go.kr)

[그림 9-2] **소비자중심경영 기본 개념**

① 목적 및 필요성

기업의 소비자 지향적 경영 문화 확산과 소비자 친화적인 시스템 구축·정비를 통한 대내외 경쟁력 강화와 소비자 권익 증진 노력을 통한 소비자 후생 증대가 소비자중심경영의 목적이다. 기업은 아래의 필요성에 따라 자율적으로 소비자중심경영의 시스템을 구축·운영하고 지속적으로 개선하며 실천해야 한다.

• 소비자 측면

소비자는 소비생활에서 안전이 확보되어야 하고, 위해로부터 적극적인 보호를 받을 수 있어야 한다. 인터넷과 모바일 환경의 발전으로 소비자는 다양하고 신속하게 많은 정보를 습득하고 있으며, 또한 주도적인 커뮤니티 활동과 합리적이고 똑똑한 소비를 추구하는 '스마트 컨슈머'가 증가하고 있다. 기업은 소비자중심경영을 통해 모든 소비자에게 최상의 제품과 서비스를 제공하도록 노력해야 한다.

• 사회 및 비즈니스 측면

– 기업의 경쟁력 강화

소비자중심경영은 수집하고 분석된 소비자의 소리(VOC) 정보를 상품·서비스 품질 향상과 개선, 주요 경영 자원으로 활용하여 소비자 관점에서 기업을 운영하는 것이다. 이러한 활동은 임직원의 소비자에 대한 이해도를 높이고 고객 지향성을 확보하여 소비자불만을 예방할 수 있다. 궁극적으로 소비자중심경영은 고객의 만족도를 높여 경영 효율을 극대화하고, 이러한 기업의 실천노력을 대외에 알림으로써 소비자에 대한 신뢰 제고와 이미지를 개선하여 기업의 가치를 높이고 경쟁력을 향상시킨다.

– 기업에 대한 사회적 기대

소비자중심경영은 기업 및 경영자의 부적절한 행위를 예방하기 위하여 윤리경영을 실천하도록 요구하고 있다. 더 나아가 기업의 사회적 책임을 강조하고 소비자를 포함한 이해관계자에 대한 배려와 진정성 있는 실천을 요구하고 있다.

이러한 사회적 기대에 충족하는 것은 기업의 지속가능경영을 위한 필수적인 요소이다.

– 다른 회사와 경쟁

소비자중심경영은 제품과 서비스로 인한 소비자의 효용 증대를 요구하고 있다.

소비자로부터 선택을 받고 기업 간 경쟁에서 우위를 점할 수 있는 기회를 소비자중심경영을 통해 실현한다.

② 인증기업 인센티브

심의를 거쳐 인증기업으로 선정되면 공정거래위원회는 해당기업에 CCM 인증을 부여하고 인증마크 사용 권한 및 관련 인센티브를 제공한다. 인증기업은 공정거래위원회 명의의 CCM 인증서와 함께 인증마크를 사업장에 게시하거나 홍보물, 광고 등에 사용하여 소비자에게 홍보할 수 있게 되며, 공정거래위원회에서 제공되는 인센티브의 적용을 받는다(공정거래위원회, 2015.12.24).

공정거래위원회가 제공하는 인센티브의 첫 번째는 공정거래위원회에 신고되는 '표시·광고의 공정화에 관한 법률', '방문판매 등에 관한 법률' 및 '전자상거래 등에서의 소비자보호에 관한 법률' 위반 사건 중 개별소비자피해사건에 대해 인증기업에 우선 통보하여 당사자의 자율처리를 유도하고 있다. 이에 대하여 소비자가 그 결과를 수락하는 경우 공정거래위원회는 별도로 조사 및 심사절차를 진행하지 않는다.

두 번째로 인증기업이 '표시·광고의 공정화에 관한 법률', '방문판매 등에 관한 법률', '전자상거래 등에서의 소비자보호에 관한 법률', '약관의 규제에 관한 법률', '가맹사업거래의 공정화에 관한 법률', '대규모소매점에 있어서의 특정불공정거래행위의 유형 및 기준 지정고시', '경품류 제공에 관한 불공정거래행위의 유형 및 기준 지정고시' 및 '신문업에 있어서의 불공정거래행위 및 시장지배적 지위남용 행위의 유형과 기준' 등 공정거래위원회가 운영하는 소비자 관련 법령의 위반으로 공표명령을 받은 경우에는 제재수준을 경감해 주고 있다.

세 번째로 소비자의 날 포상기업으로 추천될 수 있는 자격을 가지게 된다. CCM 인증기업에 대한 추천은 현장평가점수(20점 배점)·성과관리(20점 배점)·운영기간(20점 배점)·피해구제처리(10점 배점)·홍보/광고실적(10점 배점)·네트워크실적(20점 배점) 등 6개 항목(100점 만점)을 평가하여 선정하고 있다.

CCM 인증기업 임직원에 대한 추천은 직급 및 근무기간(50점 배점)·CCM 운영실적(30점 배점)·대외협력실적(20점) 등 3개 항목(100점 만점)을 평가하여 선정하고 있다.

마지막으로 인증기업에게는 인증마크 사용권이 부여되어 인증마크를 사업장에 게시하거나 홍보물, 광고 등에 사용이 가능하다.

이러한 인증기업으로서의 권한과 인센티브의 유효기간은 인증일로부터 2년이며, 2년이 경과한 이후에는 재평가를 통하여 지속적으로 인증을 갱신해야 한다. CCM 인증기업은 인증을 획득함과 동시에 CCM을 모범적으로 운영함으로써 소비자불만이나 피해가 줄어들어 소비자 후생에 기여할 수 있도록 관리해야 할 의무를 함께 가지게 된다(공정거래위원회, 2011).

　이러한 CCM 인증제도가 인증기업들에게만 이로운 것이 아니라 소비자측면과 공공부문 측면에서도 기대효과를 가늠해 볼 수 있다. 우선 소비자는 상품 및 서비스 선택정보 제공 효과를 통해 인증기업과의 소비자 문제 발생 시 CCM 운영체계에 따라 신속하고 합리적인 해결이 가능하다. 더불어 공공부문에서는 사후 분쟁 해결 및 시정조치에 필요한 비용 절감 효과도 기대해 볼 수 있다(김태영, 2013).

◎ 인증 및 운영기관
◆ 인증기관 : 공정거래위원회
◆ 운영기관 : 한국소비자원

◎ 인증기업 인센티브
◆ 공정거래위원회에 신고된 소비자피해 사건 자율처리 권한 부여
공정거래위원회에 신고된 표시광고법, 방문판매법, 전자상거래소비자보호법 위반 사건 중 개별 소비자피해 사건을 인증기업에 우선 통보하여 당사자의 자율 처리 유도하여 소비자가 결과를 수락하는 경우, 공정거래위원회의 별도 조사 및 심사절차 면제

◆ 법 위반 제재수준 경감
인증기업이 표시광고법 등 공정거래위원회가 운영하는 소비자 관련 법령의 위반으로 공표 명령을 받은 경우 제재수준 경감(※ 근거 규정: 공정거래위원회로부터 시정명령을 받은 사실의 공표에 관한 운영 지침)
인증기업이 표시광고법 등 공정거래위원회가 운영하는 소비자 관련 법령의 위반으로 과징금을 받은 경우 해당 과징금 고시에서 규정하는 범위 내에서 과징금 경감(※ 근거 규정 : 표시광고 위반행위에 대한 과징금 부과기준, 전자상거래소비자보호법 위반 사업자에 대한 과징금 부과 기준 등)

◆ 우수기업 포상
인증기업 및 소속된 개인에 대한 포상

• 인증마크 사용 권한 부여

인증기업에게 인증마크 사용 권한 부여

인증기업은 인증마크를 사업장에 게시하거나 홍보물, 광고 등에 사용 가능

◎ 인증마크

기본형　　　　　　　　　　　　　가로형

10 소비자단체 및 한국소비자단체협의회

CHAPTER

1 소비자단체 및 한국소비자단체협의회 활동 내용

소비자단체는 민간 소비자정책 추진 주체로서 소비자들의 현실과 법·제도 사이의 간격을 메워주는 역할을 한다. 이러한 소비자단체의 업무는 소비자기본법에서도 제시되고 있는데, 이는 1980년 소비자보호법에서 시작하여 현재에 이르기까지 약간의 수정을 제외하고는 그대로 유지되고 있다. 소비자기본법에서 제시하는 소비자단체의 업무는 다음과 같다.

- 국가 또는 지방자치단체에 대한 소비자보호시책에 관한 건의
- 물품 등의 규격·품질·안전성·환경성에 관한 시험·검사 및 가격 등을 포함한 거래조건이나 거래방법에 관한 조사·분석
- 소비자 문제에 관한 조사연구
- 소비자의 교육 및 계몽
- 소비자의 불만 및 피해를 처리하기 위한 상담·정보제공 및 당사자 사이의 합의의 권고

이 중 거래조건이나 거래방법에 대한 조사분석과 소비자불만 처리 및 합의의 권고 업무를 수행함에 있어, 정식으로 등록된 소비자단체의 경우 일정한 인센티브를 부여받고 있다. 거래에 관한 조사분석을 위해, 등록소비자단체는 사업자에 대한 자료 및 정보제공요청권을 인정받기 때문이다. 더불어 등록 소

비자단체는 소비자단체협의회에 의한 자율적 분쟁조정제도를 이해할 수 있는 등, 시험·검사 및 조사·분석, 피해구제 및 분쟁조정 업무을 비교적 수월하게 수행할 수 있다.

한편 소비자단체협의회란, 10개의 소비자단체와 255개의 지역단체가 결합하여 소비자운동을 전개하는 조직이다. 현재 한국소비자단체협의회로 명명되는 협의회에는 다음과 같이 10개의 소비자단체가 회원단체로 활동하고 있다.

〈표 10-1〉 소비자단체의 목적과 활동내용

단체명	단체의 목적 및 활동내용 소개
녹색소비자연대	소비자의 권리를 보호하며 환경을 고려하는 소비생활을 함께 실천함으로써 생태환경을 보전하고 안전하고 인간다운 사회를 건설하는 데 이바지함을 목적으로 한다.
한국여성소비자연합	여성·사회·환경·소비자·민간단체로서 가정주부로 하여금 주부의 가치관을 정립시키고 숨겨진 자질과 능력을 향상시켜 건전하고 바람직한 가정을 유지, 발전시킬 수 있도록 하여 사회기능의 담당자로서 지역사회 발전과 국가발전에 이바지함을 목적으로 한다.
소비자교육중앙회	주부의 사회성을 개발하고 봉사정신을 함양함으로써 가정과 지역사회의 복지향상에 기여하며, 민주시민으로서의 역할을 체득하고 실천함을 목적으로 한다.
한국소비자교육원	생활의 모든 영역에서 소비자의 관심사를 찾아내고, 정보를 개발해 내고, 경험들을 지식으로 정리해 내는 통합 운영을 필요로 하는 산업사회의 정보화시대에, 삶의 품질을 향상시키고, 합리적 소비생활을 안내하는 것을 목적으로 한다.
한국 YMCA전국연맹	예수 그리스도의 복음과 삶을 따라 함께 배우고, 훈련하며 역사적 책임의식과 생명에 대한 감성을 일구어 사랑과 정의와 평화의 실현을 위하여 일하며 민중의 복지향상과 민족이 통일 그리고 새 문화 창조에 이바지함으로써 이 땅에 하느님 나라가 이루어지게 하는 것을 목적으로 한다.
한국소비자연맹	21세기 정보시대에 새롭게 대두되는 소비자 문제를 해결하고 소비자권리 향상을 위한 활동을 지속적으로 전개한다. 또한 소비자들에게는 소비자의 권리와 책임을 바탕으로 합리적이고 지혜로운 소비생활을 영위해 나가도록 소비자의식 제고를 위한 활동에 주력한다.

소비자공익네트워크	급속한 사회환경의 변화에 대처할 수 있는 과학적이고 합리적인 소비자 계발과 동시에 현장체험에 바탕을 둔 건전한 소비실천 확산에 중점을 둔다. 환경보전실천운동의 일환으로 자원절약과 재활용의 생활화, 소비행태 연구 및 교육, 실천운동을 통한 환경보존과 안전한 먹거리 확보 등 생활 속의 현명한 소비자 양성에도 중점을 두며, 국내의 소비자관련 연구 및 정보제공 등을 통해 국제화 시대에 능동적으로 대응하는 성숙한 소비자 의식 계발과 시민활동을 계도한다.
소비자시민모임	소비자 주권을 확립하고 소비자의 삶의 질을 향상시키는 데 기여하고자 1982년 11월 창립총회를 개최, 1983년 1월 20일 김동환 변호사를 초대 회장으로 하여 발족된 이래 자발적, 비영리적, 비정치적 전문 소비자단체로서 20년간 꾸준히 소비자운동을 전개해 왔다.
한국부인회	기술화·정보화·국제화의 발전에 발맞추어 여성의 자주성과 자립심을 고취시키며 잠재능력을 개발하여 정치·경제·교육·문화·가정 복지 분야에서 정의사회와 양성평등을 이룩하며 합리적인 소비생활로 복지사회 실현에 기여함을 목적으로 한다.
한국 YWCA 연합회	젊은 여성들이 하나님을 창조와 역사의 주로 믿으며 인류는 하나님 안에서 한 형제자매임을 인정하고 예수그리스도의 가르치심을 자기 삶에 실천함으로써 정의, 평화, 창조질서의 보전이 이루어지는 세상을 건설함을 목적으로 한다.

2 소비자단체 및 한국소비자단체협의회 역할

한국소비자단체협의회와 소비자단체가 현재 수행하고 있는 주요 역할에 대해 살펴보면 다음과 같다.

1) 소비자상담과 피해 구제(Consumer Complaints Service) 총괄

10개의 회원 소비자단체의 소비자상담실 및 전국의 소비자상담실에서는 소비자가 부정불량상품이나 부당한 거래, 서비스 등으로 인해 피해를 입었을 때 이를 보상해 주고 개선을 위한 고발상담 활동을 하고 있는데, 본 협의회에서는 전국의 소비자상담을 총괄하여 실생활에서 발생하는 소비자 문제를 정리하고, 소비자에게 유용한 정보를 제공하며, 소비자를 위한 정책수립 및 시행을 위한 자료로 활용될 수 있도록 관리한다.

2) 정보화 사업

인터넷 시대의 도래로 소비자들이 다양한 정보의 홍수 속에서 소비자에게 필요한 정보를 탐색하여 합리적이고 안전한 생활을 영위할 수 있도록 하기 위하여 전국의 소비자상담실에서 접수되는 소비자고발상담을 데이터베이스로 구축하여 자료의 활용도를 높이고 있다.

3) 소비자운동 자원지도력, 실무지도력 강화(Education)

한국소비자단체협의회에서는 전국의 소비자운동 실무자들을 대상으로 실무지도력 강화를 위하여 매년 실무자교육을 실시하고 있다. 또한 소비자운동에 참여하는 자원지도력의 양성 및 강화를 위하여 자원지도자 및 자원봉사자 교육을 진행한다. 또한 각 회원단체에서는 소비자 의식을 계발하기 위해 전국의 소비자를 대상으로 교육을 실시하고 있다. 경제동향, 소비자의 권리, 환경문제, 상품광고, 소비자관련 법률, 소비자 정보수집, 상품구매요령 등 일상생활에 꼭 필요한 소비지식이다.

4) 월간 〈소비자〉 발간 및 홍보활동(Information)

1978년 9월부터 소비생활의 정보를 모아 월간 〈소비자〉를 발행한다. 상품테스트, 실태조사, 고발처리 등의 결과를 비롯한 각종 소비자 정보를 담은 〈소비자〉는 소비자에게 생활정보를 주는 한편 소비자 주권의식을 높이는 역할을 한다. 여기에 나타난 소비자의 고발, 희망, 기대 등은 기업에 전달되어 품질, 서비스개선 등 소비자의 이익을 위한 방향으로 나아가도록 한다. 월간 소비자는 일반소비자뿐만 아니라 전국의 대학교 도서관 및 초, 중, 고등학교에 배포되어 소비자교육을 위한 교재 및 자료로 이용된다.

5) 정책 연구 및 제안활동(Relations with Government and Industry)

소비자관련 법률 및 제도를 만들기 위한 각종 정책연구와 정책제안활동을 한다. 소비자보호법, 제조물책임법, 약관규제법, 전자상거래보호법, 식품위생법, 주택임대차보호법, 방문판매 등에 관한 법률 등의 제정 및 개정에 소비자단체의 의견을 적극 반영하고 있으며 소비자의 의견을 최대한 수렴하여 정책 및 법률 제정에 반영하고자 세미나 및 공청회를 개최하고 있다.

6) 물가조사 및 감시활동(Monitoring) 총괄

한국소비자단체협의회에서는 전국에서 활동하고 있는 372명의 물가감시원들과 함께 기초생활필수품 및 개인서비스요금에 대한 정기물가조사와 특별물가조사를 실시한다. 소비자의 가계에 미치는 영향이 큰 공공요금을 포함한 기초생필품 및 개인서비스 가격에 대해 전국에서 매월 2회의 정기적인 가격조사를 통해 지역의 가격형성과 물가변동 추이를 살펴보고 담합에 의한 가격인상 등을 견제하며, 지역주민들에게 자세한 가격정보를 공개하여 소비자의 알권리를 만족시키는 활동을 하고 있다.

또한 변화하는 소비환경에 따라 사회적·시기적으로 소비자들에게 민감한 부분에 대해 전국 36개 지역에서 특별물가조사를 실시하여 소비자들에게 유용한 가격정보를 제공하고 합리적인 소비생활을 위한 가이드라인을 제시한다.

7) 캠페인(Campaigns)

합리적인 소비문화 캠페인을 꾸준히 벌여 소비자의 물가 불안 심리로 인한 충동구매, 사재기 등을 억제하고 낭비적인 소비생활태도의 개선을 유도해 왔다. 각 회원 소비자단체별로 다양한 주제에 따라 캠페인을 전개하고 있으며 단체의 연대가 필요한 경우에는 회원 소비자단체들이 함께 캠페인을 전개하기도 한다.

8) 국제협력(International Relationships)

세계 각국의 소비자단체가 서로 정보를 교환하기 위해 정보를 제공하며 악질적 수출에 제재를 가하고 소비자 국제경찰 기구를 설치하여 국제무역의 악성 거래를 감시/감독하며 벌칙을 두고 있다.

국제 소비자기구(CI, Consumer International)는 1960년 4월에 설립되어 이러한 목적으로 운영되는 민간소비자기구연합체로서 비정부(NGO)의 성격으로, 현재 100개 이상의 국가에서 200개 이상의 단체가 참여하고 있다. 우리나라에서도 한국소비자단체협의회, 한국소비자연맹, 소비자시민모임 단체가 가입되어 있으며 CI에서 개최하는 세미나, 워크숍, 회의 등에 단체들이 참여하고 있다. 또한 세계시장의 단일화에 따라 나타나는 여러 소비자 문제의 해결 및 사전예방 등을 위하여 CI뿐 아니라 다양한 분야에서 국제 연대와의 협력을 위해 노력하고 있다.

9) 소비자단체소송제도

사업자로부터 집단적으로 피해를 입은 소비자들은 기본적으로 「민사소송법」에 따라 소송을 통해 손해를 배상받을 수 있다. 이러한 소송은 소비자 개인이 할 수 있지만 동일한 피해를 입은 소비자들이 함께 소송을 제기하고 싶다면, 다수의 피해자가 원고가 되어 소송을 진행하는 '공동소송'이나, 피해를 입은 소비자들이 대표자를 선정하고 그에게 자신의 권한을 위임하여 대표자가 소송을 진행하는 '선정당사자' 제도를 활용할 수 있다.

하지만 현실적으로 대부분의 소비자들은 소액의 피해를 입으며, 상호 간 결집력이 약하기 때문에 다수가 함께 모여 이를 진행하는 것은 매우 어려운 게 사실이다. 이러한 문제를 해소하기 위해 소비자단체소송제도가 2006년 「소비자보호법」 개정 당시에 도입되어 2008년부터 시행되고 있다. 이에 소비자단체는, 소비자의 생명·신체 또는 재산에 대한 권익이 직접적으로 침해되고 그 침해가 계속될 경우 법원에 해당 침해행위의 금지·중지를 구하는 소송을 제기할 수 있게 되었다.

이처럼 소비자단체소송제도가 마련되어 있으나, 아직은 유명무실하다는 평가가 이어지고 있다. 소비자단체소송제도가 시행된 2008년 이후 2015년까지 사회적으로 물의를 일으킨 집단적 소비자 피해가 많이 있었음에도 소비자단체소송은 1건만 진행되었다. 2016년에 들어서 이동통신사를 상대로 한 2개의 소비자단체소송이 법원의 허가를 받아 진행되고 있을 뿐이다. 이처럼 집단소송제도의 활용이 부진한 이유는 소비자단체가 엄격한 요건을 충족하여 소비자단체소송을 진행해도 해당 침해행위를 중지할 수 있을 뿐 소비자 구제에 궁극적인 도움을 줄 수 없기 때문인 것으로 해석되고 있다.

3 소비자단체의 발전방향

1) 디지털시대에서의 소비자운동

기존의 소비자운동은 상품의 질, 가격, 공정한 거래 및 안전성에 초점을 둔 소비자 권익 보호 중점의 운동이었다. 그러나 스마트기기를 통해 언제 어디서든 온라인에 접속할 수 있어 소비자 개인과 개인이 초연결화되는 오늘날의 디지털 사회에서는, 소비자의 정보력을 바탕으로 소비자 스스로가 정보의 생산자이자, 제공자이자, 의견 선도자로서 인터넷을 기반으로 한 소비자운동의 주체세력이 되었다. 인터넷을 통한 소비자운동의 장점은 바로 시장의 주요 주체 간에 쌍방향 커뮤니케이션이 실시간으로 이루어질 수 있다는 점이다. 이러한 디지털 시대에서 소비자운동의 특성을 살펴보면 다음과 같다.

(1) 소비자주도의 운동

인터넷을 통한 소비자와의 쌍방향 커뮤니케이션의 발달로 인해 소비자 간의 정보교류가 활발하며, 소비자들의 폭넓은 의견을 다양하게 수렴할 수 있다. 소비자 여론 형성이 과거와 달리 매우 빠르게 이루어지고 있으며, 소비자 스스로의 주권을 지키고 권리를 증진시키기 위한 소비자 간의 정보공유도 실시간으로, 그리고 확장적으로 이루어지고 있다. 예컨대 오늘날의 소비자들은 시공간을 초월한 온라인의 공간에 수시로 접속하면서, 특정 상품이나 브랜드를 사용하는 소비자들끼리 커뮤니티를 형성하고 경험과 정보를 공유하여 더 나은 서비스의 개선과 함께 소비자 권익을 증진시키고 있다.

기존의 소비자운동은 소비자의 적극적 참여가 결여된 채, 일부의 소비자단체 회원들이 주도하는 '소비자 없는 소비자운동'이었다. 대부분의 소비자들은 단체활동에 관심을 기울이거나 적극 참여하지 않은 채 언론을 통해 활동내용을 듣거나, 일부 소비자운동가의 노력의 결과로 혜택을 입는 무임승차자의 문제를 띠고 있었다. 그러나 디지털 시대의 소비자운동은 소비자 스스로가 소비자정보의 제공자이자 가공자라는 점에서 바로 '소비자 주체의 소비자운동'으로 볼 수 있을 것이다.

(2) 전문성과 다양성을 살린 운동

기존의 소비자운동은 운동주체에 의한 캠페인성 활동이 주류였다. 일부 단체 회원을 동원하여 소비자 의식개선을 위한 홍보 활동이 대부분이었던 반면, 디지털 시대의 소비자운동은 온라인을 통해 자연스럽게 각 소비자들을 참여시킴으로써 전문성을 살린 새로운 소비자운동의 장을 열었다. 예컨대 다양하고 복잡한 분야에 대한 소비자 전문 사이트들이 등장하면서 전문정보가 소비자들 사이에서 공유되고 이를 통해 문제를 인식하고 개선의 목소리를 내는 등 소비자운동의 다양성과 전문성 측면에서 긍정적인 효과가 나타나고 있다.

한편 상품과 서비스의 다양성, 복잡성이 증대되며, 시장이 빠른 속도로 변화하는 속도의 경제하에서, 낯선 유형의 소비자문제에 대한 소비자정보 생산 및 순발력 있는 대응방식은 여전히 요구되고 있다.

(3) 네트워킹화하는 운동

국가 간의 시장 장벽이 무너짐에 따라 소비자문제는 초국가적으로 나타나는 보편성의 특성을 띠게 되었다. 이에 소비자운동 또한 이제는 국가를 넘어, 세계적인 연대운동의 네트워킹이 필요하게 되었다. 국제소비자기구(Consumers International, CI)도 각국 수준에 맞는 정책개발 및 운동의 조언을 넘어, 이제는 전기주거 차원의 캠페인과 운동의 노력을 기울이고 있을 정도이다. 이처럼 소비자운동의 국제화와 운동가들의 네트워킹화는 바로 통신수단의 발달에 기초하며, 디지털 시대가 심화됨에 따라 소비자운동의 세계화와 소비자단체의 국제적 연대는 더욱 증진될 것으로 예상되고 있다. 즉, 인터넷을 통해 세계적인 연대운동의 네트워킹으로 시민단체의 세계화(civil globalization), 소비자의 지구촌화(consumer globalization)가 이루어져야 하는 것이다.

2) 국내 소비자단체의 과업

소비자단체는 소비자보호와 소비자권익증진을 위해 소비자의 목소리를 대변하며, 궁극적으로는 컨슈머리즘(Consumerism)의 확대에 중추적 역할을 수행한다고 볼 수 있다. 더욱이 소비생활의 영역이 확장됨에 따라, 소비자단체의 역할이 모든 소비생활 관련 분야로 확대되고 있으며, 다루어야 할 소비자문제도 더욱 복잡·다양해지고 있다. 소비자단체들의 역할 및 기능이 더욱 중요해지고 있는 가운데, 향후 국내의 소비자단체가 해결해야 할 과제나 나아가야 할 방향은 다음과 같이 꼽을 수 있다.

(1) 시장의 감시-평가자로서의 전문적 역할

향후의 소비자단체는 시장의 감시-평가자로서의 역할이 무엇보다도 중요하며, 이를 위해 시장 조사-분석의 업무에 대한 전문성이 요구된다. 현대사회의 소비자문제는 고도로 다양화, 전문화, 그리고 복잡화되고 있기에, 소비자 개인이 사업자에 대항하고 문제를 해결할 수 없는 영역이 증가하고 있다. 통신서비스, 금융거래, 온라인거래 등이 바로 그 대표적인 예라고 볼 수 있다. 이에 소비자단체가 소비자의 선택과 권리 실현에 도움이 되는 전문화된 정보를 제공해야 할 필요가 증대되고 있으며, 이러한 요구사항에 부응하기 위해 소비자단체의 전문성 확보가 크게 요구되는 것이다.

(2) 소비자권리실현의 조력자 역할

소비자단체는 상담기관 및 피해구제기관으로서의 역할을 수행해 왔으며, 피해구제가 이루어지지 않을 때는 자율적 분쟁조정기관이나 소비자분쟁조정위원회에 소비자를 대리하여 분쟁조정을 신청하는 등 소비자 권리실현을 위해 노력해 왔다. 앞으로 소비자단체에는 상담기관으로서 그리고 피해구제기관으로서의 전문성을 확보하고, 분쟁조정의 모든 전 단계에서 소비자를 조력하는 중추적인 역할이 요구된다. 이를 위해서는 소비자중심적 사고뿐 아니라, 소비자의 어떠한 문제나 분쟁에 대해 조언할 수 있는 법적 소양과 전문성을 갖출 필요가 있다.

(3) 소비자단체의 집단소송제 및 징벌배상제 도입

불특정 다수의 피해자가 발생하는 소비생활의 영역에서 신속하고 공정한 피해구제와 사회적 비용 절감, 동일한 행위의 재발 방지 및 억지 효과, 국제 경쟁력 제고 등을 위해 소비자단체의 집단소송제도 도입 및 확대가 요구된다. 집단소송법의 제정은 동일 또는 유사한 피해가 발생하는 소비자분야 등 각 분야에서 다수 소비자피해의 신속한 구제는 물론이고, 사업자의 불법행위 방지 및 억지효과, 사회적 비용 절감효과, 그리고 국내 기업의 국제경쟁력 제고에도 긍정적인 영향을 미칠 것으로 기대된다.

단 이러한 집단소송제는 징벌배상제와 함께 도입되어 활용되어야 할 것이다. 고의 또는 중대한 과실에 의한 기업의 불법행위에 대해 사회적 책임을 보다 엄중히 묻고, 더 이상 불법행위가 반복되지 않도록 징벌배상의 책임을 지도록 해야 한다. 이를 통해 소비자 피해를 입은 당사자들에 대한 배상으로 가해자의 도덕적 해이를 방지하고, 특히 소비자의 생명이나 신체에 피해를 가한 경우에는 법적 상한을 두지 않는 징벌배상을 도입해야 할 것이다.

(4) 다양한 소비자활동의 수행주체로서의 역할

4차 산업혁명에 의해 소비생활의 영역과 소비자 역할이 확대된 가운데, 소비자단체는 1986년 소비자보호법 이래로 제시된 5가지의 주요 업무(① 국가 또는 지방자치단체에 대한 소비자보호시책에 관한 건의, ② 물품 등의 규격·품질·안전성·환경성에 관한 시험·검사 및 가격 등을 포함한 거래조건이나 거래방법에 관한 조사·분석, ③ 소비자문제에 관한 조사연구, ④ 소비자의 교육 및 계몽, ⑤ 소비자의 불만 및 피해를 처리하기 위한 상담·정보 제공 및 당사자 사이의 합의의 권고) 외에도 다양한 활동을 수행할 수 있을 것이다. 소비자 데이터 활용과 제공, 온라인 소비자 계몽활동, 소송수행, 활발한 국제협력 등 시대정신에 걸맞은 창의적인 활동영역의 확장을 기대할 수 있다.

(5) 유기적 협조체계 구축

2016년 가습기살균제 피해사건 사례를 보면, 소비자피해문제에 대한 발생전 사전 감지부터 발생 후 피해처리까지의 일련의 과정에서 소비자행정 중추기관의 역할이 부재하였으며, 2014년 세월호 사건 역시, 안전 불감증이 초래한 대형 재난 사고였음에도 관련 소비자 피해 예방이나 피해처리 등에 소비자 중심적 접근이 부족하였다. 소비자문제는 안전, 경제, 산업, 교육, 문화, 금융, 환경, 통신 등, 삶의 문제를 둘러싼 모든 분야에서 지속적으로 발생할 수 있으므로 소비자문제를 해결하기 위해서는 각 부처와 기구 간에 유기적인 협조체계를 구축할 필요가 있다. 소비자단체와 행정기관과의 상시적인 소통과 협력을 통해 소자피해 보상, 제품안전, 물가안정 등 전반적인 사회·경제적 기조와 정책이 소비자 중심적으로 이루어질 수 있어야 할 것이다.

더불어 4차 산업혁명의 경제·사회환경 변화 속에서 새롭게 나타나는 복잡하고 다양한 소비자문제에 효율적으로 대처하기 위하여, 정부 소비자정책기관과 민간 소비자보호기구, 그리고 국제소비자기구들 간의 유기적인 협조체계 구축도 요구된다.

11 ESG와 연관된 인증제도

CHAPTER

1 환경상품과 환경마크제도

① 환경상품

환경친화적 상품, 녹색상품, 그린상품, 환경재 등으로 불리기도 하는 환경상품은 상품의 제조·사용·폐기 시 환경에 유해한 영향을 적게 미치는 상품이라고 할 수 있다. 인간과 동물류의 건강에 유해하지 않은 제품, 제조·사용·폐기 과정에서 에너지와 자원을 과다하게 사용하지 않는 제품, 과대포장 등으로 불필요한 쓰레기를 많이 배출하지 않는 제품, 환경파괴를 유발하는 물질을 사용하지 않는 제품을 가리킨다.

이러한 환경상품 중에는 제품이나 포장이 재활용 가능한 것, 재료가 재활용된 것, 재충전 및 재사용이 가능한 것, 에너지 효율성이 높고, 폐기 후 생분해가 쉬운 것 등도 있다. 즉, 환경상품은 일반적으로 원자재 구입에서부터 생산, 유통, 그리고 사용 및 사용 후 폐기 단계에 이르기까지 제품의 전 과정에 걸쳐 보다 적은 자원과 에너지를 사용하며, 인체와 자연에 영향이 적거나 없는 제품이라고 할 수 있다.

환경상품이 대거 등장하게 된 것은 대량생산·대량소비로 인한 쓰레기가 인류와 지구의 생존마저 위협할 정도가 되었고 기업의 생산활동과 소비자의 소비활동으로 인한 환경오염이 심각한 상태에 이르게 되면서, 환경규제가 크게 강화되어 왔기 때문이다.

특히 기업은 오랫동안 생산 과정에서 발생한 오염물질을 수동적 자세로 적절히 처리해 왔으나, 환경규제가 지속적으로 강화되고 세계무역기구(WTO)에서 무역과 환경의 연계가 심화됨에 따라, 사후처리 방식으로는 오염물질 배출량을 줄이는 데 한계가 있을 뿐 아니라, 그에 따르는 비용 또한 감당할 수 없다는 인식을 하게 된 것이다. 이에 따라 환경오염을 생산 공정에서 원천적으로 줄일 수 있고 비용 절감을 통해 기업 경쟁력을 높일 수 있는 환경상품을 생산하기에 이르렀다.

② 국내 환경마크제도

환경마크제도는 같은 용도의 다른 제품에 비해 '제품의 환경성[1]'을 개선한 경우 그 제품에 로고(환경마크)를 표시함으로써 소비자(구매자)에게 환경성 개선 정보를 제공하고, 소비자의 환경마크 제품 선호에 부응해 기업이 친환경제품을 개발·생산하도록 유도해 자발적 환경개선을 유도하는 자발적 인증제도이다.

1979년 독일에서 처음 시행된 이 제도는 현재 유럽연합(EU), 북유럽, 캐나다, 미국, 일본 등 현재 40여 개 국가에서 성공적으로 시행되고 있으며, 우리나라는 1992년 4월부터 시행하고 있다.

환경마크의 법적 근거로는 「환경기술 및 환경산업 지원법」 제17조(환경표지의 인증)에 따라 같은 용도의 다른 제품에 비하여 제품의 환경성을 개선한 제품에 환경부장관이 환경마크를 부여한다. 환경마크제도는 기업과 소비자가 환경친화적인 제품을 생산, 소비할 수 있도록 소비자에게는 정확한 제품의 환경 정보를 제공하여 환경보전활동에 참여토록 하고, 기업에게는 소비자의 친환경적 구매욕구에 부응하는 환경친화적인 제품과 기술을 개발하도록 유도하여 지속 가능한 생산과 소비생활을 이루고자 하는 것이다.

[그림 11-1]은 2017년 1월 28일부터 환경부에서 시행했던 환경마크, 탄소마

---

[1] 제품의 환경성이란 재료와 제품을 제조·소비·폐기하는 전 과정에서 오염물질이나 온실가스 등을 배출하는 정도 및 자원과 에너지를 소비하는 정도 등 환경에 미치는 영향력의 정도를 말한다.

크 등 여러 마크를 통합시켜서 '환경통합인증'마크를 개정한 로고이며, 현재보다 높은 환경기준을 만족시키는 제품에는 프리미엄 환경마크를 부여하고 있다.

[그림 11-1] **환경마크 로고**

③ 외국 환경마크제도

해외에서 시행 중인 대표적인 환경관련 표시제도는 환경마크제도, 에너지관련제도, 재질표시제도 등이 있으며, 해당제도가 개별국가 차원에서 운영되는 경우와 여러 나라에서 공동으로 운영하는 형태 등으로 다양하게 존재한다.

주요 국가의 환경마크 인증에 대해 살펴보면 〈표 11-1〉과 같다.

〈표 11-1〉 주요 국가 인증마크

일본 [에코마크(Eco Mark)] 	비영리 재단법인 일본환경협회에서 1989년 도입하여 운영하고 있는 일본 대표 환경라벨링제도로 세계에서 가장 활발한 운영성과를 기록하고 있다. 일본 녹색구매법에 따른 품목별 녹색구매기준과 연계하여 인증기준을 설정하고 있으며, 녹색구매 활성화를 위해 일본녹색구매네트워크(GPN)와 공동사업을 운영하고 있다. 운영기관 : 일본환경협회 http://www.ecomark.jp/english/ 현황 : 사무용품, 가구, 건축자재 등에 대한 57개 기준을 운영하고 있으며 인정상품 수 : 50,075, 그중 인정시설 수 : 4,137 (기업 수 : 1,460, 라이선스 수 : 4,745 / 2023년 2월 22일 현재)

중국 [환경표지(環境標志)] 	1993년 중국환경표지제도 시행고시에 의거하여 도입되었으며, 국가환경보호총국, 국가품질검사총국 등 11개 관련부처가 환경표지 상품 인증위원회에 참여하고 있다. 국가환경보호총국 산하 환경인증센터(ECC)가 환경표지 인증기준 제정, 환경연합인증센터(CEC)가 인증심사 업무를 담당하고 있다. 운영기관 : 환경연합인증센터(CEC) http://www.mepcec.com 현황 : 건축자재, 가전제품, 사무기기 등에 대한 96개 기준을 운영하고 있으며 149,000여 개 제품 인증 유지(2014.4.)
대만 [그린마크(Green Mark)] 	1993년 대만 행정원에 의해 도입된 환경라벨링제도로서 대만환경개발재단(EDF)이 위임받아 기준 개발 및 인증 업무를 수행하고 있다. 1999년 도입된 대만조달법 녹색조달기준에서 대만 공공기관이 그린마크 인증제품을 구매하도록 규정함에 따라 인증제품 수가 급격히 증가하고 있다. 운영기관 : 대만환경개발재단(EDF) https://greenlife.epa.gov.tw/greenLabel 현황 : 사무기기, 가전제품, 건축자재 등에 대한 127개 기준을 운영하고 있으며 12,000여 개 제품 인증 유지(2014.4.)
태국 [그린라벨(Green Label)] 	1994년 순수민간단체인 태국환경연구원(TEI)이 산업부(Ministry of Industy)의 후원을 받아 도입·운영하는 환경라벨링제도로, 주로 페인트, 형광램프, 사무기기 품목에 인증이 집중되어 있다. 운영기관 : 태국환경연구원(TEI) http://www.tei.or.th/greenlabel 현황 : 사무기기, 가전제품, 건축자재 등에 대한 73개 기준을 운영하고 있으며 500여 개 제품 인증 유지(2014.4.)
호주 [환경라벨(Good Environmental Choice)] 	호주 환경라벨링제도는 2001년 민간 비영리기관에 의해 도입된 자발적 제도이며, GECA가 기준 및 제도 운영, GECS가 인증 업무를 수행하고 있다. 운영기관 : 호주 우수환경선택(Good Environmental Choice Australia) http://www.geca.org.au/ 현황 : 사무기기, 생활용품, 재활용 제품 등에 대한 38개 기준을 운영하고 있으며 2,000여 개 제품 인증 유지(2014.4.)

뉴질랜드 [환경라벨 (Environmental Choice New Zealand : ECNZ)] 	뉴질랜드 환경라벨링제도는 1992년 도입된 정부 프로그램으로서 민간기관에 위탁되어 운영되고 있다. 2005년부터 환경부 주도로 정부 녹색구매 프로그램을 도입하여 환경라벨링 인증제품을 우선적으로 구매하도록 유도하고 있다. 운영기관 : 뉴질랜드환경재단(New Zealand Environmental Trust : NZET) http://www.enviro-choice.org.nz 현황 : 사무기기, 건설자재, 재활용 제품 등에 대한 39개 기준을 운영하고 있으며 2,000여 개 제품 인증 유지(2014.4.)
미국 [그린실(Green Seal)] 	1989년 민간 비영리기관인 그린실(Green Seal)에 의해 도입되었으며, 주로 화학제품에 대한 기준을 운영하고 있다. 정부, 학교, 단체 등과 협력하여 공공 및 산업계가 그린실 인증제품 등 녹색제품을 구매하는 것을 지원하고 있다. 운영기관 : 그린실(Green Seal) http://www.greenseal.org 현황 : 생활용품, 건축자재 등에 대한 31개 기준을 운영하고 있으며 3,900여 개 제품 인증 유지(2014.4.)
북유럽 [노르딕스완(Nordic Swan)] 	북유럽 5개국(노르웨이, 스웨덴, 핀란드, 덴마크, 아이슬란드)이 노르딕 각료회의(Nordic Council of Ministers)의 결정에 따라 1989년 도입한 환경라벨링 제도로, 노르딕 환경라벨링위원회(NMN)에서 대상품목 선정, 인증기준 설정 등 제도운영에 관한 의사결정을 담당하며, 이에 근거하여 국가별로 지정된 인증기구에서 제품 인증업무를 담당하고 있다. 운영기관 : 노르딕 환경라벨링위원회(NMN) http://www.svanen.se/en/ 현황 : 사무기기, 가전제품, 자동차용품 등에 대한 60개 기준을 운영하고 있으며 6,000여 개 제품 인증 유지(2014.4.)
캐나다 [에코로고(EcoLogo)] 	1988년 캐나다 정부에 의해 도입되었으며 민간 기업인 테라초이스가 위임받아 제도를 운영하고 있다. 인증제품이 캐나다뿐만 아니라 미국 북부지역에서도 널리 유통되고 있다. 2010년 테라초이스는 다국적 기업인 UL에 의해 인수·합병되었으나 캐나다 내에서의 에코로고 운영은 캐나다 환경부의 허가하에 운영되고 있다. 운영기관 : 테라초이스(TerraChoice) http://ecologo.org/en/ 현황 : 건축자재, 산업용품, 생활용품 등에 대한 50개 기준을 운영하고 있으며 10,000여 개 제품 인증 유지(2014.4.)

독일 **[블루엔젤(Blue Angel)]** 	1978년 독일 정부에 의해 도입되었으며, 세계 최초로 도입된 환경 라벨링이다. 독일 환경·자연보호·원자력안전부(BMU)에서 소유하고 있으며, 연방환경청(UBA)에서 대상품목 선정 및 인증기준 설정 등 제도운영에 관한 의사 결정을 담당하고 있다. 또한 RAL gGmbH는 이러한 기준에 의해 블루엔젤 인증심사를 한다. 운영기관 : 독일 환경·자연보호·원자력안전부(BMU), 연방환경청(UBA), RAL gGmbH http://www.blauer-engel.de/en/index.php 현황 : 어린이용품, 전기·전자제품, 건축자재 등 120개 제품군, 12,000개 제품 인증 유지(2014.4.)
대만 **[녹색건축자재(Green Building Material)]** 	2004년 대만 내무부에 의해 건축 내부 인테리어에 사용되는 자재의 실내 환경 및 인체 유해성을 감소시키기 위해 도입되었다. 비정부 기구인 대만 건축·빌딩연구원(TABC)에 의해 운영되며, TABC의 '친환경 건축자재 평기 기준'에 따라 실내장식 재료, 바닥재, 창호, 벽지, 페인트 등에 인증을 부여하고 있다. 운영기관 : 타이완 건축·빌딩 연구원 (Taiwan Architecture & Building Center, TABC) http://www.cabc.org.tw/en/index.htm 현황 : 4개 기준(건강, 생태, 재활용, 고성능), 520개 제품 (2014.4.)

출처 : 한국환경산업기술원(https://el.keiti.re.k) 참고하여 저자 수정

2 국제환경라벨링네트워크

국제적으로는 각국의 환경표시제도 운영기관 협의체인 국제환경라벨링네트워크(GEN : Global Ecolabelling Network)가 지난 94년에 결성되었으며, 현재는 환경마크제도를 시행 중인 대부분의 국가가 회원으로 가입하여 활동 중이다. 전 세계 47개국에서 27개 환경라벨링제도를 시행하고 있으며, 특히 EU와 북유럽 5개국은 환경라벨링을 공동으로 운영하고 있다. 국제표준화기구(ISO)에서는 환경정보의 전달방식에 따라 환경라벨 유형을 세 가지로 구분하고 각 유형별로 환경라벨이 갖추어야 할 최소요건을 ISO 14024시리즈로 규정하고 있다.

출처 : 환경부(2015.6.)

[그림 11-2] **주요 국가의 환경마크 ISO 14024(제1유형 환경라벨링) 기반 환경마크**

③ 외국 환경마크제품 소비현황

① 글로벌

아시아 지역의 친환경제품 소비의지가 가장 높은 것으로 나타나고 있다. 2014년 닐슨(Nilsen)의 조사결과 추가적인 비용 부담에도 불구하고 친환경 제품을 구매하겠다는 소비자의 비율은 전체 55%로 2011년 대비 10% 증가한 모습을 보여주고 있다.

지역별로는 아시아가 64%로 가장 높고, 북아메리카 42%, 유럽은 40%로 그 뒤를 잇고 있다. 또한 제품 구매 시 포장용기에 부착된 라벨이나 친환경 정보를 확인하는 소비자는 아시아 지역이 60%를 상회하며, 유럽은 36%, 북미는 32% 수준을 보이고 있다.

② EU

소비자의 높은 환경의식과 엄격한 환경규제를 배경으로 친환경소비가 활성화되어 있으며, 친환경과 웰빙 제품의 수요는 지속적인 성장 추세에 있다.

재생과 웰빙은 유럽의 환경트렌드 중 하나로 이러한 제품에 대한 수요는 연평균 약 9%대로 성장 중이다. 일례로 프랑스 친환경 천연화장품 시장은 2012년 3억 3천만 유로로 연평균 10% 이상 성장하고 있으며 2015년은 5억 유로 규모로 예상된다. 또한 독일은 2012년 유럽 친환경시장 매출액의 30%를 점유하고 있다.

③ 일본

탈원전 계획에 따른 에너지 소비 최적화 상품이 유행하고 있다.

가정에서 전력수요를 조절할 수 있는 친환경 스마트 하우스나 에너지 제로 하우스 보급이 확대되고 있고 일본 최대 편의점 체인인 세븐일레븐은 5,000개 점포 조명을 LED로 교체하는 등 2011년 대지진 이후 '전력 사용 제한령'에 따라 에너지소비 최적화 상품 소비가 증가하고 있다.

④ 중국

중국의 4대 소비 트렌드에 '친환경 녹색소비'가 포함되었다.

2014년 11월 Mintel사 조사결과 2015년 중국의 4대 소비 트렌드는 ① 스마트소비, ② 친환경녹색소비, ③ 온·오프연계 소비, ④ 소비자 참여형 소비로 전망됐다.

응답자 중 47%가 환경오염이 호흡기질환 등 질병을 유발하고, 56%가 식품

안전에 우려를 표시하고 있는 것으로 볼 때 중국의 친환경제품 시장은 크게 성장할 것으로 예상된다.

〈표 11-2〉 국제표준화기구(ISO)[2]에 따른 환경라벨링 분류

표시마크	유형	특징
친환경 환경부	제1유형(ISO 14024): 동일용도의 제품 가운데 전 과정에 걸친 환경성이 우수한 제품을 선별해서 인증하는 제도 제품의 전 과정에 걸친 환경영향을 제삼자가 평가하여 친환경제품임을 인증하고 부착한 로고	제삼자인 공인기관에 의한 인증이므로 객관적인 신뢰성을 보장할 수 있다.
Recycle Ricoh사의 재활용 제품선언 알려지가 없는 無형광	제2유형(ISO 14021): 제품의 생산자가 자체적으로 제품의 환경성에 대한 주장을 할 수 있는 방법·조건 등을 정하는 제도로 기업 또는 사업자가 자체적인 평가절차와 인증과정을 거쳐 부여한 마크 제품의 친환경성을 생산자가 스스로 주장하기 위해 부착하는 로고나 문구	제조사가 스스로 주장해 부착한 라벨이므로 그에 따른 책임이 필요하다. (제조사의 무분별한 주장에 따른 가이드라인이 필요함)
CO₂ 탄소발자국 000g	제3유형(ISO 14025): 제품 및 서비스의 원료채취, 생산, 수송·유통, 사용, 폐기 등 전 과정에서 발생하는 환경영향을 7개 범주로 계량화해 정확히 산정했을 때 부여하는 인증 제품의 전 과정에 환경성과를 계량적으로 산출하고 그 결과를 제품에 표시	소비자에게 계량적인 정보를 제공함으로써 수요에 맞는 선택적 구매를 유도할 수 있다.

2) 국제표준화기구(ISO) 물자와 서비스의 국제 간 교류를 용이하게 하고 지적·과학적·기술적·경제적 분야에서 국제 간의 협력을 도모하기 위하여 세계적인 표준화와 그와 관련한 활동을 하는 비정부 기구

우리나라는 1997년 '국제환경라벨링 운영기구 협의체(GEN)'에 가입하여 국가 간 상호인정협정(MRA)을 체결하고 공동기준개발 등 국가 간 교류를 활발히 추진하고 있다. 상호인정협정(MRA)은 상대국과 상호 환경라벨제도 및 검증방법의 신뢰성을 상호 인정하고, 인증제품의 상대국 인증취득 신청 시 검증협력 등을 약속하는 협정이다. 특히, 한·중·일 3개국은 PC, 사무용복합기, 비디오 재생·기록기, TV 등 4개 품목에 공통기준개발과 이에 대한 상호인정협정이 체결되어 있다. 이에 따라 3개국 간에는 상대국가의 환경마크를 취득하고자 할 때 공통기준 항목에 대한 재검증을 면제하고 있다.

4 WWF와 인증제도

세계자연기금(WWF : World Wide Fund for Nature)은 스위스에 국제본부를 둔 세계 최대 규모의 국제 비정부 자연보전 기구로, 전 세계 약 100여 개국에 500만 명 이상의 회원들이 글로벌 네트워크를 통해 함께 활동하고 있다. 멸종위기종 보전을 주목적으로 1961년 설립된 WWF는 인류와 자연이 조화를 이루며 사는 미래를 만드는 것을 궁극적인 목표로 현재 해양, 기후·에너지, 담수, 산림, 식량, 야생동물에 이르기까지 전 지구의 자연을 아우르는 종합적인 보전활동을 펼치고 있다.

세계적으로 영향력 있는 WWF는 2014년 공식적으로 한국 법인인 WWF-Korea(세계자연기금 한국본부)를 설립하였으며, 1600+ 판다와 어스아워(Earth Hour/지구촌 전등 끄기) 등 대중이 자연보전에 관심을 가지고 함께 참여할 수 있는 다양한 캠페인을 비롯하여, 해양보전과 기후·에너지 이슈에 집중한 프로그램을 운영하고 있다.

① 원자재 시장이 중요한 이유

인류는 현재 지구 가용범위의 1.5배에 달하는 속도로 자연 자원을 소비하고 있어 자연과 인류에 엄청난 부담이 발생하고 있다. 인구 증가 및 소득 증대와 함께 인류의 수요도 증가하고 있다. UN이 발표한 자료에 따르면 향후 40년간 필요한 식량의 총량은 지난 8000년간 재배된 총량을 합친 것보다 많다. 어떻게 하면 인구 증가에 따른 식량, 연료, 섬유 등 원자재 수요 증대를 충족하면서도 식수를 보존하고 기후를 안정시키며 깨끗한 공기와 야생지역을 후세에게 물려줄 수 있을까?

② 역점분야

WWF는 자연 생태계에 막대한 영향을 미치는 15개의 핵심 원자재(목재, 펄프/종이, 흰살생선, 팜유, 대두, 참치, 면화, 사탕수수, 자연산 새우, 바이오에너지용 작물, 쇠고기, 자연산 사료어, 유제품, 양식 새우, 양식 연어)를 선정하였다. 이 핵심 원자재 생산 활동은 불법 벌목 또는 남획 등과 많은 연관이 있으며, 이러한 잘못된 생산 방법으로 인해 생물다양성 감소와 주요 보전지역이 오염 및 훼손되었다. 또한, 이 원자재는 수억 명의 사람들의 생계와 식량 공급에 영향을 미치는데, 이 중 직접적인 영향을 받는 인구의 상당수는 극빈층에 속한다. 그렇기에 환경적, 사회적, 경제적 이익을 창출할 수 있는 원자재 생산 방식으로 개선할 필요가 있어 WWF는 핵심 원자재에 대해 신뢰할 만한 인증제도가 시장에 새롭게 도입되도록 지원하고 있다.

③ WWF의 영향

• 사회적 영향

신뢰할 수 있는 기준은 현지인의 법적, 관습적 권리를 인정하며, 노동자의 근무조건과 관련한 기준을 제시하고, 생산 업체가 현지 공동체에 긍정적인 영향을 미쳐야 함을 명시한다. 또한 문제를 제기하고 갈등을 해결하는 방법을 다루는 등 거버넌스 개선에도 도움이 된다.

인증제도는 최적관리기법(BMPs, Better Management Practices)을 장려하며 이는 소규모 생산자의 수확량과 소득을 증대시키는 데 기여한다. 일례로 "더 나은 면화(Better Cotton)"를 생산하는 파키스탄 농가에서는 물과 화학약품 사용을 줄여 평균 15%가량 수입을 증가시켰다. 인도의 소규모 대두 생산자들 또한 기술 지원을 바탕으로 최고 50%까지 수확량을 증대시켰다.

- 산림파괴

세계산림책임관리회(FSC, Forest Stewardship Council) 인증은 책임감 있게 관리되는 산림을 이용해 목재와 종이 생산이 이루어졌음을 증명하는 제도이다.

FSC 기준에 따라 속성수(fast-growing tree) 농장을 관리할 경우, 목재, 펄프, 섬유 수요가 자연림에 가하는 부담을 줄일 수 있다.

	**세계산림책임관리회(FSC)**
	FSC 인증은 목재/종이 제품 원자재 시장과 관련된 인증 중에서 환경적, 또 사회적으로 가장 인정받는 인증이다. 산림에 미치는 영향뿐 아니라 일하는 근로자와 지역사회에 피해가 가지 않도록 하기 위한 관리 기준을 가지고 있다. 산림 관리 인증은 산림 경영자 또는 산림 소유자를 대상으로 지속가능한 관리 기준을 세워 잘 부합하는 대상에게 부여된다. 3가지 주요 기준으로는 첫째, 산림 관리 관련 법규와 토지 사용법 준수. 둘째, 지역 사람들의 권리 존중 및 노동자의 권리 존중. 셋째, 환경에 미치는 영향 고려가 있다. FSC Chain of custody (FSC COC) 인증은 목재 또는 종이 제품 생산업체, 제조업체, 유통업체를 대상으로 부여되는 인증이다. 그 모든 경로가 친환경적이어야 하며, FSC 기준에 부합하여야 한다. FSC 인증 마크가 부착된 제품은 산림에서부터 내가 사용하기까지 모든 과정에 있어서 친환경적인 방식으로 생산, 제작, 가공, 유통된 제품이다.
	**지속가능한 팜유 생산을 위한 협의회(RSPO)**
	RSPO 인증은 지속가능한 방식으로 팜유를 생산하고 제조해 환경 및 생태계에 미치는 영향을 줄이도록 하는 인증제도이다. 지속가능한 팜유 생산을 위한 협의회는 전 세계에서 가장 수요량이 많은 식물성 기름인 팜유가 생산 및 제조될 때 환경과 사회적으로 책임을 다할 수 있도록 하는 엄격한 기준을 세웠다. 팜유 생산자는 RSPO 기관이 세운 엄격한 기준에 의해 생산과정을 평가받는다. 처음 무사히 인증을 부여받았더라도, 기준에 맞춰 잘 지켜지지 않을 경우 언제라도 인증 취소가 가능하다. 팜유 생산자는 팜유 농장을 위해 산림 또는 보전 지역을 함부로 훼손해서는 안 된다. 모든 팜유 관련 제품을 다루는 기업들은 RSPO 멤버가 되어 RSPO 기준에 맞춰 생산된 팜유를 지속가능한 수량보다 초과해서 사용하지 않도록 하고, 다른 지속가능하지 않은 방법으로 가공/생산된 팜유와 섞어서 팔지 않아야 한다. 이러한 기준으로 생산, 제조, 가공된 제품에 RSPO 인증마크가 붙어 소비자에게 제공된다.

- 담수

세계양식책임관리회(ASC, Aquaculture Stewardship Council) 기준은 양식장이 수질과 해양 생태계에 미치는 부정적인 영향을 최소화하기 위해 수립되었다. ASC는 폐기물과 영양분 방출, 어류 탈출을 엄격히 통제하고, 예방용 항생제 사용을 전면 금지하며, 서식지와 포식자, 생물다양성에 미치는 영향을 최소화한다. BMP는 면화나 사탕수수 같은 작물경작에 사용되는 물의 양을 크게 줄인다. "더 나은 면화"를 생산하는 인더스 계곡의 면화농가는 물 사용량을 1/3 이상 절감시켰다.

- 해양환경

세계해양책임관리회(MSC, Marine Stewardship Council) 인증을 받은 어업은 책임감 있게 관리되며, 지속가능한 수준으로 조업하여 미래의 어류 자원을 보존한다. ASC 인증 양식장에서 사료로 쓰이는 자연산 어분은 MSC 인증 원료만으로 만들어져야 한다. 또한 ASC는 양식어류 1kg당 사용할 수 있는 자연산 어류의 양을 엄격히 제한한다.

	세계해양책임관리회(MSC)
	MSC 인증은 단순히 친환경 먹거리임을 나타내는 인증이 아니다. MSC 인증을 받은 수산물은 이 제품이 내 식탁에 올라오기까지 어디서, 어떠한 방법으로 어획되어 어떻게 생산, 제조, 유통되었는지 모두 추적 가능하다. MSC 기관에서 인증한 경로를 통해 생산된 수산물 제품은 MSC 인증마크가 부착되어 출시되고, WWF는 레스토랑과 시장을 포함한 소비자에게 MSC 인증 수산물 제품을 취급하도록 권유한다.
	세계양식책임관리회(ASC)
	ASC 인증은 MSC 인증과 비슷하지만, 양식장과 양식 수산물을 관리하는 인증 제도이다. 이 인증 또한 수산물 요리가 어디서, 어떠한 방법으로 양식되어 어떠한 경로를 통해 생산, 제조, 유통되었는지 추적 가능하다.

- 기후

인증 원자재는 숲과 기타 자연생태계를 개조시키지 않고 생산함으로써 기후에 미치는 영향을 감소시켰다.

- 생물 다양성

보전가치가 높은 지역을 보호하고 개선하는 것은 신뢰할 수 있는 인증제도의 중요한 척도이다. FSC 인증 생산자는 본인이 관리하는 숲에 서식하는 멸종위기종에 대한 보호계획을 수립해야 한다.

MSC 인증 어장은 혼획을 줄이고 바닷새나 바다거북, 고래류 등에 미치는 영향을 줄이기 위한 계획을 수립해야 한다. MSC 인증 조건에 따라 남아프리카 헤이크(민대구과) 저인망 어업은 조류를 쫓는 줄을 도입해 바닷새 사망률을 90%가량 감소시켰고, 목숨을 잃은 알바트로스도 2004년 기준 약 7,200마리에서 2010년에는 80마리로 감소했다.

5 ESG와 연관된 인증제도

인증제도란 평가대상이 그에 적용되는 평가기준에 만족하는지 여부를 판단하기 위해 자격을 갖춘 자가 평가를 직접 수행하거나 제3자의 평가결과를 근거로 입증하는 행위를 말한다. 인증제도는 법적 근거의 유무에 따라 법정인증제도와 민간인증제도로 구분되며 법정인증제도는 또다시 강제성의 유무에 따라 강제인증과 임의인증으로 나뉘어진다. 또한, 각 부처에서 시행하고 있는 인증제도는 인증, 형식승인, 검정, 형식검정, 형식등록 등 인증대상의 특성에 따라 다양한 명칭으로 운영되고 있다.

⟨표 11-3⟩ 그 밖에 ESG와 연관된 인증

	BCI(Better Cotton Initiative)
	2005년 스위스에서 설립된 세계에서 가장 큰 면화 지속가능성 프로그램이다. 면화 경작 시 환경에 미치는 영향을 최소화하고, 생산자의 지역사회 생활개선을 지원하는 비영리 단체다. 독한 농약과 살충제의 사용을 최소화하고, 부당한 노동력과 아동 노동을 금지하며 원면 공급 사슬의 투명성을 증진하고자 하는 데 목적을 두고 있다. 생산자와 브랜드 외에도 의류를 만드는 원사, 편직, 염색, 봉제 등 모든 관련 공급망이 BCI의 허가를 받아야 가입할 수 있기 때문에 생산 과정에 대한 투명한 정보를 받아볼 수 있다.
	B Corps(B Corporation)
Certified ⓑ **Corporation**	글로벌 비영리 조직 B Lab에서 수여하는 사회 및 환경 부분의 성과에 대한 민간 인증이다. 전 세계 85개 국가와 150여 개의 산업 분야, 5천5백여 개의 구성원을 갖춘 B Corporation의 인증을 받기 위해서는 기업의 전체적인 활동이 사회 및 환경에 미치는 영향력 평가에서 최소 80점 이상을 획득해야 하며, B Corporation의 약속을 회사 관리 문서에 통합해서 명시해야 한다. 또 3년마다 재인증을 받아야 자격이 유지된다. 그러나 이 인증을 받았다고 브랜드가 모든 면에서 윤리적이거나 지속가능한 것은 아니니 평가에 참고해야 한다.
	Bluesign
	직원에게 안전한 작업환경을 제공하고 생태발자국을 최소화하기 위해 노력하는 섬유 제조업체에 수여되는 인증이다. 이 인증마크를 단 브랜드는 섬유제조의 모든 단계에서 환경에 안전하며 자연 자원에 부담을 주지 않는 원료만 사용한다. 소비자보호, 공기오염, 수질오염 및 근로환경 등 4가지 핵심 요소를 비롯해 생산에 필요한 자연자원이 효율적으로 활용되었는지도 평가 기준에 해당된다.
	C2C(Cradle to Cradle)
	'요람에서 요람으로'라는 뜻처럼, 제품이 어떻게 만들어지는가에 대한 윤리뿐만 아니라 인증된 제품이 수명을 다하기 전까지 환경에 미치는 영향에 대해서도 주목한다. 물질 건강, 물질 재사용, 재생 에너지 및 탄소관리, 물관리, 사회적 공정성이 5가지 품질범주를 통해 제품을 평가하며, 그 결과에 따라 베이직, 브론즈, 실버, 골드, 플래티넘으로 점수를 매긴다.

	**Canopy** 산림을 보호하는 데 도움이 되는 비즈니스 솔루션을 개발하기 위해 7백50개 이상의 회사들과 협력하는 국제 비영리 단체다. 정책개발부터 짚으로 만든 종이, 펄프 제품까지 다양한 해법을 제시해 공급망의 혁신을 촉진하고 있다. 이 인증은 섬유 및 종이 공급업체 모두에게 수여될 수 있다.
	**Ecocert** 프랑스의 유기농 인증기관으로 세계 최대 규모의 인증기관 중 하나. 원래 유기농 농산물에서 시작해 지금은 유기농 섬유 인증의 선구자로서 지난 20년 동안 식물성 원료 사용을 촉진하는 데 힘써 왔다. 이 라벨을 받은 직물은 곧 GOTS(Global Organic Textile Standard), OCS(Organic Content Standard) 및 Ecological & Recycled Textiles 인증을 받았음을 의미한다.
	**ETI** 윤리적 거래 주도권, 줄여서 ETI는 기업과 노동조합, 비정부기구(NGO)가 주도하는 연합체로 단독으로 일하는 개별 기업이 해결할 수 없는 착취와 차별 문제를 집단적으로 해결함으로써 전 세계 노동자의 권리에 대한 존중을 촉진하고 있다. 기본 강령을 통해 작업 조건이 안전하고 위생적이며 아동 노동과 차별이 금지되고 생활임금 지급이 보장되며 고용은 규칙적, 근무 시간은 제한되어 있음을 보장한다.
	**Fair Trade Certified** 1983년에 미국에서 시작된 공정거래인증은 빈곤을 퇴치하고 지속가능한 개발을 위한 것으로 책임감 있는 비즈니스, 의식적인 소비주의, 공유 가치의 혁신적인 모델을 구축해 왔다. 이 인증은 노예 노동이나 아동 노동을 금지하고, 안전하고 공정한 노동조건에서 공정한 급여를 받은 이들이 근무하는 공장에서 생산된 제품이라는 것을 의미한다.

	### Fair Wear Foundation
	공급망에서 가장 노동 집약적인 부분인 의류생산, 특히 바느질·재단·트리밍 공정에 초점을 맞추고 있다. 1백40개 이상의 브랜드와 보다 공정한 의류 제작방법을 모색하고 있으며 공장, 노동조합, NGO 및 정부와 직접 협력해 공급망 전반에 걸친 새로운 해법을 제시한다.
	### Fur Free Retailer
	모피를 사용하지 않는 기업과 윤리적인 제품을 찾는 소비자를 연결해 주는 프로그램. 소비자에게 소매업체의 모피 정책에 대한 정확한 정보를 제공해 현명한 쇼핑을 할 수 있도록 돕는다. 전 세계 25개국 이상에서 운영되며 수백만 명의 지지자를 대표하는 주요 동물 및 환경보호 단체인 모피반대연합(Fur Free Alliance)의 국제 이니셔티브이다.
	### GOTS(Global Organic Textile Standard)
	오가닉 인증마크 중 가장 대중적으로 알려져 있으며 생태학적 및 사회적 기준을 포함해 유기농 섬유에 대한 세계 최고의 섬유가공 표준이다. GOTS의 품질보증 시스템은 전체 섬유 공급망에 대한 현장 검사 및 인증을 기반으로 한다. 국가 간 표준을 통합하고 전 세계 4천 6백여 개의 공장에서 1백40만 명 가량의 작업자를 모니터링하고 있다. 수확 후 처리부터 의류 제조까지 작업자와 도매업체는 연간 현장 검사를 받아야 하며 그 과정이 매우 까다롭기 때문에 가장 신뢰할 수 있는 인증 중 하나로 평가받고 있다.
	### GRS(Global Recycled Standard)
	국제재생표준인증은 공급망 전체에서 재활용된 원자재를 추적하는 Textile Exchange가 시행하는 자발적인 국제 표준이다. 재활용 재료의 사용을 늘리는 것을 목표료 재활용 원료의 함량뿐만 아니라 사회적, 환경적, 화학적 준수 여부를 엄격하게 평가한다.

	### LWG(Leather Working Group) 환경적인 요인을 최소화한 가죽을 검열하는 가죽협회. 전세계 1천 명 이상의 회원이 활동하고 있으며 환경 보호를 위한 지침에 따라 골드, 실버 또는 브론즈 등급으로 가죽 제혁소 및 거래자를 승인하고 평가하고 있다. LWG 감사는 1제곱피트의 가죽을 생산하는 데 필요한 에너지, 재활용된 폐기물의 비율 등과 같은 절대적인 기준을 통해 진행된다.
	### NSF International 위생 및 식품안전요구사항을 표준화하기 위해 미시간대학의 공중보건대학에서 1944년에 설립했다. 전 세계인의 건강을 보호하고 개선하는 것을 목표로 하는 독립적인 글로벌 조직이며 스탠더드팀은 공중보건표준의 개발을 촉진하고 서비스팀은 제품 및 서비스를 테스트, 감사 및 인증한다. 여기에 섬유, 의류 및 신발 회사 등에 맞춤형 교육과 교육리스트 관리 및 컨설팅 솔루션도 제공한다. GRS, OCS 인증도 포함해서 평가한다.
	### OCS(Organic Content Standard) 5~100% 유기농 재료를 포함하는 모든 비식품에 적용되는 국제인증기준이다. 제3자 검사를 통해 최종 제품에 있는 유기 물질의 존재와 양을 확인하고 출처에서 최종 제품까지 원료의 흐름을 추적한다. 또한 OCS 100은 인증된 유기농 재료가 95% 이상 포함된 제품의 가공, 제조, 포장, 라벨링, 거래 및 유통을 다룬다.
	### PETA 세계 최대의 동물권리 단체. 가장 많은 수의 동물이 오랜 기간 동안 극심한 고통을 겪는 4가지 영역인 실험실, 식품산업, 의류무역, 연예계에 주목한다. PETA 인증은 의류, 액세서리, 가구 또는 장식 제품에 동물이 사용되지 않았음을 의미하며 브랜드의 자체 감사로 진행되기 때문에 완전비건(Vegan)임을 확인하기 위해서는 별도의 검증을 거치는 것이 좋다.

SAAS(Social Accountability Accreditation Services)

사회적 책임 기준과 규범을 유지하기 위해 기업이 수행하는 활동을 감독하고 확인하는 인증기관. SA8000이라는 표준을 만들어 조직이 직장에서 사회적으로 허용되는 프랙티스를 개발하고 유지 및 적용하도록 권장한다. 브랜드 혹은 기업이 SAAS 인증을 받았다는 것은 이들이 비즈니스 운영 방식을 개선하기 위해 노력하고 있다는 것을 의미한다. 또한 SAAS가 사용하는 엄격한 평가 및 품질 보증 시스템으로 인해 실제 해당 기업이 더 나은 방향으로 변화하는 중이라고 할 수 있다.

SAC(Sustainable Apparel Coalition)

지속가능한 생산을 위한 의류, 신발 및 섬유 산업의 선도적인 연합. 목표는 의류 산업이 불필요한 환경 피해를 일으키지 않고 사람과 지역사회에 긍정적인 영향을 미치는 산업으로 거듭나는 것이다. Higg Index는 환경영향평가를 수치로 변환하도록 만들어진 지수를 활용해 환경과 사회적 노동 영향력을 측정하며 이를 통해 투명성과 효율성, 친환경적인 생산 방식을 도모하게 하는 역할을 한다.

Standard 100 by OEKO-TEX

섬유에 대한 안정성을 의미하는 가장 유명한 라벨. 이 마크가 부착된 경우 해당섬유의 모든 구성요소에 대해 유해 물질 테스트를 완료했으며 인체에 무해하다는 의미를 갖는다. 유아용 제품과 같은 가장 엄격한 요구사항을 통과한 클래스 1등급부터 실내 장식품, 액세서리를 포함한 장식 재료에 해당하는 클래스 4등급까지 총 4단계로 나뉘어 있다.

WRAP(Worldwide Responsible Accredited Production)

의류, 신발 및 봉제 제품 공급망의 진실성을 유지하는 데 중점을 둔 세계 최대의 독립인증 프로그램. 전 세계에 걸쳐 안전, 보건, 법률 및 인도적이고 윤리적인 제조 공정을 보장하는 12 WRAP 원칙(법률 및 직장 규정 준수, 강제 노동 금지, 아동 노동 금지, 법정 근로 시간 등)에 따라 작업장을 인증하고 있다. WRAP 인증 심사는 전체 생산 프로세스를 검사하며 소비자에게 제품이 윤리적으로 생산된다는 확신을 준다.

WFTO(World Fair Trade Organization)

글로벌 커뮤니티이자 공정거래를 실천하는 사회적 기업의 검증기관. WFTO의 보증 제도는 노동자, 농민, 장인의 이익을 최우선으로 하는 사회적 기업에 초점을 맞춘 유일한 국제검증 모델이다. 독립적인 감사를 통해 해당 기업이 비즈니스 및 공급망 전반에 걸쳐 공정무역의 10가지 원칙(경제적으로 취약한 생산자를 위한 기회창출, 투명성과 책임, 공정거래 관행 등)을 준수하는 기업임을 확인하고, 확인된 회원은 WFTO의 보장공정무역 제품 라벨을 무료로 사용할 수 있다.

출처 : Harper's BAZAAR Korea(2022.11.)

참고
문헌

구명진, 김난도, 김소연, 나종연, 여정성, 최현자(2015). 소비가치 측정을 위한 척도개
　　발 연구. 소비자학연구. 26(6): 235-266.
권미화, 이기춘(2000). 청소년소비자의 소비행동의 합리성에 영향을 미치는 요인. 한
　　국가정관리학회지. 18(2): 175-190.
김난도, 전미영, 최지혜, 이수진, 권정윤, 이준영, 이향은, 한다혜, 이혜원, 추예린(2022).
　　트렌드 코리아 2023. 미래의창.
김동양, 황유식(2022). ESG 사용설명서. 마인드빌딩.
김명선(2022). 뉴마켓 새로운 기회. 경이로움.
김용섭(2022). ESG 2.0. 퍼블리온.
김용진, 고민정(2017). 빅데이터 활동과 광고사례 기반의 소비자 행동론. 생능출판사.
나석권(2021). ESG 경영의 과거, 현재, 미래. 사회적가치연구원.
대한상공회의소(2022.05.31). ESG경영과 기업의 역할에 대한 국민인식 조사. 대한상공회의소.
대홍기획데이터플래닝센터(2022.11.). 2023년 소비를 이끄는 7개의 라이프 시그널. 대홍기획.
더벨thebell(2022.01.10). 뚫려버린 감사시스템, 거버넌스 재정비 과제로. 신문기사 인용.
데일리임팩트(2021.06.14). 남양유업이 ESG 경영 실패의 '반면교사'가 된 까닭.
매일경제(2021.03.28). 사과껍질 스니커즈, 버섯 핸드백… 에르메스도 나선 '비건 패션'
　　뜬다. 신문기사 인용.
서여주(2018). 소비자중심경영(CCM) 인증의 공신력이 소비자 성과에 미치는 영향에
　　관한 연구-신호이론의 접근을 통해. 고객만족경영연구. 20(3): 1-25.
_____(2021). 소비와 시장. 2판. 백산출판사.
_____(2022). 소비자 그리고 라이프스타일. 2판. 백산출판사.
_____(2022). 소비자행동과 심리. 2판. 백산출판사.
세정일보(2022.12.21). 공정위, 소비자 기만한 발란·트렌비 등 4개 명품플랫폼 불공정
　　약관 '시정'. 신문기사 인용.
손광표, 황원경(2021.09.). 소비자가 본 ESG와 친환경 소비 행동. KB금융지주경영연구소.
신지현(2022). 한권으로 끝내는 ESG 수업. 중앙books.
신한카드(2023.01.11). 신한카드가 선정한 2023년 트렌드 키워드 'co-EXIST'.
신현암, 전성률(2022). 왜 파타고니아는 맥주를 팔까. 흐름.
아시아타임즈(2023.01.04). 한국투자저축은행 횡령 파문… 새해부터 저축은행 '가시

방석'. 신문기사 인용.

안태욱(2022). ESG관련 우려사안과 기업가치 : ESG 성과, CSR 성과, 기부금지출효과에 관한 실증연구. 동국대학교 대학원 박사학위논문.

원종현, 정재은(2015). 소비가치에 따른 1인 가구 세분화와 구매행동—Sheth의 소비가 치 이론을 중심으로. 소비자학연구. 26(1): 73-99.

전국경제인연합회, 김앤장(2021). 글로벌 기준으로 본 ESG 경영 사례집 : 분야별 국내외 ESG 사례.

전기홍(2022). ESG경영이 소비자의 참여의도와 기업. 전주대학교 대학원 박사학위논문.

정진섭(2022). 기업의 ESG경영이 기업이미지, 브랜드자산 및 구매의도에 미치는 영향 : 중국 산동성 스타벅스를 중심으로. 충북대학교 대학원 석사학위논문.

지용빈, 서영욱, 박지연(2022). 소비자 변화와 ESG 경영. 크레파스북.

코다이라 류시로(2022). ESG 한번에 이해하기. 유원북스.

한경오피니언(2021.10.12). 왜 패션·자동차업계는 '비건 레더'를 주목하는가. 신문기사 인용.

한국경제신문, 한국경제매거진 전문기자(2021). ESG : K-기업 서바이벌 플랜 : 개념부 터 실무까지. 한국경제신문.

한승호(2022). 중소기업에서의 ESG활동과 조직동일시가 직무만족에 미치는 영향. 건 국대학교 대학원 박사학위논문.

한지인(2022). ESG 브랜딩 워크북. 북스톤.

EURO Monitor(2023). Top 10 Global Consumer Trends 2023.

Holbrook, M. B.(1999). Introduction to consumer value. Consumer value: A frame-work for analysis and research. pp.1-28.

Jung, G.(1961). Methods in Experimental Physics.

Kahle, L. R.(1986). The nine nations of North America and the value basis of geo-graphic segmentation. Journal of Marketing. 50(2): 37-47.

McCrae, R. R., & Costa, P. T.(1987). Validation of the five-factor model of personality across instruments and observers. Journal of personality and social psychology. 52(1): 81.

MITEL(2023). 2023 Global Consumer Trends.

Rokeach, M.(1973). The nature of human values. Free Press.

Sheth, J. N., Newman, B. I., & Gross, B. L.(1991). Why we buy what we buy: A theory of consumption values. Journal of business research. 22(2): 159-170.

Vinson, D. E., Scott, J. E., & Lamont, L. M.(1977). The role of personal values in marketing and consumer behavior. Journal of marketing. 41(2): 44-50.

Zeithaml, V. A.(1988). Consumer perceptions of price, quality, and value: A means-end model and synthesis of evidence. Journal of marketing. 52(3): 2-22.

저자 약력

서여주

이화여자대학교 일반대학원 경영학 석사
이화여자대학교 일반대학원 소비자학 박사

前 IDS & Associates Consulting 컨설턴트
    경기연구원 연구원
    한국직업능력개발원 연구원
    과학기술정책연구원 부연구위원

現 알토스랩 대표
    가천대, 강남대, 단국대, 을지대, 한양대 외래교수
    우송대, 한남대 겸임교수
E-mail: drsuhyj@wsu.ac.kr

서여주 박사는 소비자에 집중된 수많은 이슈들에 관심을 가진 학자로서 최근에는 소비자가 인식하고 있는 기업의 가치, 즉 진정성(authentic)에 관한 연구를 중점적으로 진행하고 있다. 2016년 소비자정책교육학회와 2018년 고객만족경영학회에서 우수 논문상을 수상하였다. 소비자행동, 소비자심리 및 문화 그리고 소비자정책에 관하여 학계는 물론 실무적 영역에서 선도적인 문제제기를 하고 있다. 대학에서는 기업과 소비자에 대한 명확한 이해를 바탕으로 강의를 진행하면서, 소비자 중심적인 시각에서 소비자 만족과 효용을 극대화하는 가교역할을 담당하고 있고, 기업이 소비자 니즈를 재빨리 확인할 수 있는 소비행동에 대한 다양하고 심층적인 정보를 수집·가공하여 소비자 후생향상에 기여할 수 있는 정책연구 또한 꾸준히 개발하고 있다.

대표 저서로는『고객서비스 능력 향상을 위한 고객응대실무』,『소비자행동과 심리』,『소비와 시장』,『소비와 프로모션』,『소셜 미디어와 마케팅』,『소비자 그리고 라이프스타일』,『365 글로벌 매너 : 당신의 결정적 차이를 만들어 줄 법칙』 등이 있다.

저자와의
합의하에
인지첩부
생략

ESG를 생각하는 소비와 소비자

2023년 2월 25일 초 판 1쇄 발행
2024년 8월 31일 제2판 1쇄 발행

지은이 서여주
펴낸이 진욱상
펴낸곳 (주)백산출판사
교 정 성인숙
본문디자인 오행복
표지디자인 오정은

등 록 2017년 5월 29일 제406-2017-000058호
주 소 경기도 파주시 회동길 370(백산빌딩 3층)
전 화 02-914-1621(代)
팩 스 031-955-9911
이메일 edit@ibaeksan.kr
홈페이지 www.ibaeksan.kr

ISBN 979-11-6567-905-7   93320
값 21,000원